U0557123

黄泰岩教授在长白山天池

作者简介

黄泰岩 经济学博士、教授、博士生导师，现为教育部首届人文社会科学长江学者特聘教授；辽宁大学教授；中国人民大学中国民营企业研究中心主任。曾任中国人民大学经济学院副院长、经济研究所所长、中国经济改革与发展研究院院长、《经济理论与经济管理》杂志主编。兼任全国高校“社会主义经济理论与实践研讨会”秘书长，中国中小企业国际合作协会常务理事，国家发改委中小企业大讲堂首席经济学家，北京市社科联常委，北京市企业文化建设协会副会长及山东大学、中山大学等多所大学兼职教授等。

1957年生于山东省招远市。1975年投笔从戎，成了坦克兵。1979年考入中国人民大学经济系，先后攻读学士、硕士、博士学位，1988年毕业留校任教。1990年被特批为副教授，1992年6月被特批为教授，1993年被国务院学位委员会特批为博士生导师，同年享受政府特殊津贴。1993年1月～1994年11月在美国南加州大学经济系做访问学者，1995年5月～1995年12月在美国洛杉矶做美国市场经济研究。

主要研究方向为中国经济改革与发展、市场理论、企业理论。先后出版《社会主义市场运行分析》、《美国市场和政府的组合与运作》、《中国经济改革发展报告》、《探求市场之路》、《与企业家谈经论道》、《中国经济热点前沿》、《国外经济热点前沿》、《中国城镇居民收入差距》等专著（含主编、合著）20多部，发表论文400多篇。先后获得省部级以上科研奖励10多项。被国务院学位委员会授予“做出突出贡献的中国博士学位获得者”称号，列入北京市第一批跨世纪人才培养人选、教育部第一批跨世纪人才培养人选、国家人事部“百千万人才工程”第一、二层人选、北京市新世纪理论人才。

先后承担省部级以上科研项目10多项，美国福特基金会、日本北九州大学等国际合作项目多项，希望集团、台湾国泰人寿股份公司等委托项目10多项。

教育部“长江学者奖励计划”资助项目
北京市社会科学理论著作出版基金重点资助项目

国外经济热点前沿

（第四辑）

黄泰岩　主编

经济科学出版社

图书在版编目（CIP）数据

国外经济热点前沿（第四辑）/ 黄泰岩主编．—北京：经济科学出版社，2007.6

ISBN 978－7－5058－6430－6

Ⅰ．国…　Ⅱ．黄…　Ⅲ．经济－研究－世界　Ⅳ．F11

中国版本图书馆 CIP 数据核字（2007）第 099542 号

目　录

前　言

2006年8月6日，我应宋冬林教授的盛情邀请第二次前往长白山。第一次到长白山是9年前北京市委宣传部组织的跨世纪“百人工程”国情调查活动项目之一。据介绍，长白山是我国东北海拔最高、喷口最大的活山体，它的形成约有200万年，是中华十大名山之一，被称为“千年积雪万年松，直上人间第一峰”。长白山天池是长白山的最美处，天池水缓缓溢出，化作高达68米的长白山瀑布，瀑布从悬崖峭壁飞流直下，恰似一条白龙从天而降。而且天池水有出口无进口，显示了天池内在的无穷力量和奉献的博大胸怀。按当地的说法，长白山地理气候极为独特，被称为“一山有四季、十里不同天”。因此，到长白山能清晰地看到天池，据说是极其幸运的。是否能看到天池似乎就成了检验一个人“命运”如何的试金石，而且一次看到有偶然性，两次都能看到那就有必然性了，说明这个人的“命运”真好！

9年前，当我第一次来到长白山清晰地看到壮观而神秘的天池时，我为自己的幸运而欢欣鼓舞，似乎对自己的未来也有了无限的憧憬。9年后，当我怀着惴惴不安的心情再次登上长白山，看到我脚下那清晰的天池时，就像多年未见的老友重逢般兴奋无比，当我拥抱它那博大的胸怀时，从我内心油然而生出的是感恩之情。

今年是我人生旅途中整整第50个年头。圣人曰："五十知天命"。何为知天命，我的理解：俗点说就是知道自己是老几；雅点说就是自知之明，怀着一颗平常心去做事。也就是说，能为则为，不能为而又想为的要千方百计去为，最终实在不能为的最好选择就是放弃。命为凡夫俗子，何必去强求达官贵人的运。有了这样一颗平常心，虽然渴望成功，但没有什么是应该的，从而也就没有了抱怨。凡是得到的，就会自然生出感恩之心、报恩之情；凡是得不到的，坦然一笑了之，因为我努力了，问心无愧了。这与阿Q不同，因为强调了一个"为"字，不论是"无为而为"，还是"有为而为"，都要有为，只是坦然为的结果，正所谓"谋事在人，成事在天"。所以，能为不为是懒蛋，不能为非为是疯子。

回首五十年，自感命运不错。虽然有很多需要自省的，但已甚为知足。命运命运，没有命就没有运，是命决定着运，而运又改善着命。对我来说，命好的标志就是在我人生道路的每个关键点上都有贵人相助，他们是我的老师、领导、朋友和家人，等等，恕我在此不一一写出他们的名字，因为我把他们已铭刻在心而终生不忘；运好的标志则在于正是有了他们的帮助，才使人生九十九难的坎坷路在我这里变成坦途或变得不那么坎坷，收获了颇多学术生涯的"第一"。而且更重要的是，好运又进一步优化了我的命。我非常欣赏李嘉诚说的这样一句话，并用于自勉："因为我公道公正，很多年来，很多机遇都是跟我合作的人送来的，追来给我的。这一点是我的一个秘密。"

但是，在运气不错时需要谨记的是：有了运，千万别忘了自己的命，丢了命，什么也就没有了。中国有个词叫"舍得"。它告诉我们：先"舍"后"得"，不"舍"不"得"。所以，对于好运万不可贪婪，要有感恩之心，报恩之情。

我相信，发自心底的感恩，是一个人好运、平安、幸福、快乐的源泉；发自肺腑的报恩，是一个人勤奋、创造、给予、执著的动力。

今年《中国经济热点前沿》和《国外经济热点前沿》已进入第四个年头，我现在还很难判断她是森林中的一棵小草，还是处女地里的一棵小树，但看到她一年年的茁壮成长，并感觉到一丝丝诱人的前景，我还是为此而心跳。感谢四年来学界的鼓励和认同；感谢教育部、北京市社科联和出版社各位领导、专家和朋友们给予的精神和物质的支持与帮助；感谢媒体的鼓与呼[①]；感谢写作团队的精诚合作与辛勤劳动。我认为，就本书的工作而言，最好的感恩，还是落到一点上，就是努力把本书做得越来越好。

本书继续牢记在写作《第一辑》时所确立的如下宗旨和目的：

"创新是一个民族的灵魂，也是经济学的生命力之所在。因为经济生活在发生着日新月异的变化，经济学的实践性，就要求经济学必须不断地创新。但经济学的创新，不可能离开经济学发展的文明大道，而必须建立在已有的经济学文明成果的基础上。因此，对已有经济学文献包括国内文献和国外文献的系统梳理，就成为经济学创新的基本前提。

经济学的创新之所以要以文献的系统梳理为基本前提，就是因为任何理论的创新，都需要对该理论的发展前沿有准确的把握。如果你不知道别人已经完成了什么，不知道理论演化到了什么程度，现有的理论有什么局限性，那么你就不可能达到真正的理论创新。理论创新不是自己坐在屋子里凭空想像出来的，而是在对现有理论的批判中和在解决理论与实践的矛盾中实现的。否则，就会出现这样的笑话：自己以为探求到了经济学的真理，实际上别人早已完成了，只是你不知道而已。

本书的工作就是努力对已有经济学文献的系统梳理，我希望通过这一工作，达到以下两个基本目的：一是为经济学的研

---

① 《中国经济热点前沿》一书的主要结论已先后在《人民日报》(2007年2月9日)、中共中央党校的《理论动态》、中国社科院经济所的《经济学动态》等报刊杂志发表，产生了积极的社会反映。

究或者理论创新提供一个比较全面和系统的研究成果基础，或至少是一个研究资料的基础，使研究者一书在手，就可以非常简单、容易地浏览到经济学研究的最新前沿资料，省去了自己查找的麻烦、综合的麻烦，从而节省大量的研究时间和精力。从这个意义上说，本书是经济学研究者的必备工具书，也是经济学教学的必备参考书。二是为经济学的研究或者理论创新提供一种研究规范。通过这种规范，锻造出一个经济研究的平台，或者说一个经济研究的新起点，使大家能够在这个新的平台上或者新的起点上推进经济学的进一步创新，从而减少经济学的重复研究。这不仅有助于优化研究资源的合理配置，实现经济学研究的帕累托改进，而且有助于建立一个客观的科研成果社会评价机制，激励经济学研究的不断创新。”

本书是对国外经济学热点有关文献的系统梳理，2006 年中国经济学文献的系统梳理将以其姊妹篇《中国经济热点前沿》（第四辑）为书另行出版。今年本书的选题与往年相比发生了一些微调，即基于把国外研究综述与国内热点问题建立起联系的理念，针对国内热点问题选择相应的选题进行国外文献的综述，目的就是本书不仅要展示国外的研究前沿，而且也要为国内的热点理论研究提供更广阔的背景和知识基础。当然，由于我们的水平和对资料的掌握有限，难免有一些相当精彩的选题和观点没有被综述进来，从而使研究成果反映得不够全面，敬请有关专家、学者谅解。同时我们也诚心诚意地欢迎有关专家、学者支持和帮助我们，以使我们的工作越做越好。

参加本书写作的有：时磊、郑江淮（第一章）；牛飞亮、黄庆华（第二章）；郑江淮、张杭辉（第三章）；李鹏飞（第四章）；顾严（第五章）；陆明君、郑江淮（第六章）；周业安（第七章）；张培丽（第八章）；金铁鹰（第九章）；陆善勇、于宁（第十章）；刘凤良、徐少锋（第十一章）；黄纯纯（第十二章）；周明月（第十三章）。他们分别来自于中国人民大学、南京大学、辽宁大学、广西大学和西北工业大学的教授、博士生导师、副教授、讲师、博士生等。全书最后由我统稿和定稿。

本书的出版，得到了北京市社会科学理论著作出版基金的资助。正是有了他们的帮助，我国的理论之树才更加根深叶茂。经济科学出版社的吕萍主任及其同事们也为本书的出版给予了热情的帮助，在此表示衷心的谢意。

黄泰岩

2007年5月于辽宁大学留苑

第一章　二元经济理论研究的新进展

到目前为止，二元经济理论仍然是研究发展中国家所面临的经济问题的最为合适的理论工具之一。虽然在20世纪60、70年代二元经济理论研究的一些假设与结论遭到了极大的批评，使得其逐渐淡出人们的研究视野，但是越来越多的经济学家发现，现有的经济理论，主要是增长理论并不能为我们研究发展中国家提供足够的启示，很多时候我们不得不自觉不自觉地回到二元经济的理论框架。

Temple（2005）指出，在理解发展中国家经济的发展过程中，二元经济模型毫无疑问应当处于一个核心的位置。他告诫增长理论家们，当代的经济增长理论对于理解发展中国家的经济增长的贡献可能是十分有限的，尽管跨国研究似乎已经成为一个非常时髦的研究领域，但是这一理论的研究基础建立在单部门的基础上。Temple认为，增长理论的数量方法在某种意义上带来的结论可能是具有破坏性意义的，所以他建议回到二元经济理论来解释发展中国家的经济发展。

但是这种回到二元经济理论，就像经济学中经常讲的“回到斯密”、“回到马克思”一样，需要在原有理论的基础上对之做出一番新的解读。毫无疑问，在这方面国外的理论家为我们做出了榜样。另一方面，二元经济理论越来越多地成为研究发展中国家的一种背景知识，在研究发展中国家的收入分配、经济增长、劳动力就业、人口迁移等方面，它都起到了越来越重要的作用，从而得出许多与新古典经济学完全不一致的经济结论。中国作为世界上最大的一个发展中国家，许多经济问题的研究如果脱离了二元经济这个背景，可能就会得出许多与现实完全相悖的理论结论。

一、对传统二元经济的批评及其反思

（一）传统二元经济理论的批评及其反驳

Arthur Lewis（1954）开篇就提出他的研究是建立在很多古典假设基础上，至于为什么在研究发展中国家的时候需要采用古典假设，Lewis没有给予更多的交代，这为后来的新古典批评留下了极大的空间。不可否认，二元经济社会正是古典经济学家们所处时代的重要特征，古典经济学家们认为在农业中存在一个制度决定的工资，这一工资在一定时期内几乎保持不变，这是李嘉图（1815）的土地的边际报酬递减与马尔萨斯的人口悲观论结合的必然产物（Gustav Ranis，2003）。当然还有其他的古典的假设。例如，所有的工资都用于消费，所有的利润都用于储蓄，系统是储蓄推动的，也就是萨伊定律；所有的投资基金都分配于商业化部门或者非农业部门。

Gustav Ranis（2003）对这些批评进行了反驳，他认为新古典经济学家们忽视了传统农业社会的分享规则，它不是一个可以随着时间变化的工资。二元经济模型假设农业工资与农业工人的平均产品相关，而不是必然相等，因为一部分可能被作为再投资或者其他。这样我们就可以看到一个随着时间缓缓上升的，而不是水平的刘易斯型的劳动供给曲线。在短期内它可能是水平的，长期内可能是个分段函数，计量结果就是一个缓缓上升的供给曲线。而且有关传统农业社会收入分享机制的机理研究也已经进行了很多，关于收入分享规则的人类学证据由Geertz（1963），Scott（1976），Hayami和Kikuchi（1982）提供了一个案例。Debraj Ray（1998）从农业社会的风险的角度，利用相互保险以规避风险使得传统农业社会的收入分享机制成为一种理性的选择。Fei和Ranis（1997）利用日本1870～1920年，中国台湾地区1950～1970年的数据获得了一个农业工资缓缓上升的曲线，直到刘易斯拐点出现。在刘易斯拐点到达之前，农业生产率和农业工资之间的缺口不断加大，工资毫无疑问不符合新古典有关市场出清的理论假设。对于其他古典假设的改变，Ranis认为，改变这些假设毫无疑问是不会破坏二元经济模型的基本结论。

新古典经济学对传统二元经济理论的另一个批评是有关传统农业社会的劳动力的零边际产出假说。Schultz（1964）和 Sen（1967）对之进行了严厉的批评，他们检验了农业劳动力的部分再分配是否使得农业产出可以不受影响，得出了相反的结论。Gustav Ranis（2003）认为这个错误是由于 Lewis（1954）的不谨慎以及 Fei，Ranis（1964）为了数学上的方便而导致的误解。他认为基本的观点是农业的边际产出是很低的，足够的低于竞争性工资以及收入份额。Lewis（1972）也认为，边际生产率是否为 0 或者微不足道并不是他们分析的核心所在，这导致一个毫不相干的争议，所以 Ranis 认为新古典的批评有转移注意力（Red Herring）之嫌。

还有一个批评是针对城市工资高于农村部门的假设，因为新古典理论认为如果市场是完全的，那么二者的工资价格应当是相等的，那么就不会存在劳动力的流动。Arthur Lewis（1954）与其他经济学家一样把其视为理所当然的，Harris 和 Todaro（1970）对之进行了解释，指出城市存在最低工资的管制是城市工资高于农村的原因。这一假设更是引来更多的批评，因为新古典本来就是反对市场管制的。Krichel 和 Levine（1999），Bharati Basu（2004）提出一个内生工资扭曲的框架，认为是城市部门的效率工资引发了城乡之间的人口迁移，并且 Basu 证明在内生的工资扭曲的这种特性下，迁移通过创造更多的工作和减少两部门之间的实际工资差异来减轻扭曲的程度。所要求的管制也不像外生扭曲下那样在政治上和经济上难以实施。

通过反驳新古典对二元经济理论的批评，Ranis、Basu 试图告诉我们传统二元经济理论的问题并没有我们想像得那么大，而且 Ranis 通过引用许多研究成果说明在研究当代发展中国家的现实世界时，二元经济理论是极其有用的（同样的观点见 Niels-Hugo Blunch 和 Dorte Verner，2006）。当然 Ranis 也承认，二元经济理论需要在当代经济学发展的背景下进行重新评估，为其假设寻找更为合理的机制基础，对其基本结论进行实证检验也许是非常重要的重新思考二元经济理论的关键。

（二）对二元经济理论的实证检验

理论是否能经受现实检验是考察理论合理性的非常重要的方面。当代增长理论为我们提供了一个非常好的案例，在索罗（1956）发展出其增长模型以后，由于他的理论的诸多方面与卡尔多（1965）总结的现代经济增长的许多“特征性事实”存在不符，所以对增长理论的进一步发展就势在必行，在 20 世纪 80 年代 Romer（1986），Lucas（1988）开创了新增长理论。通过现实数据对经济理论进行检验的方法被称之为“校准”。对二元经济理论的检验与校准工作在近年来也取得了较大的进展。

Temple（2002b）运用一些参数假设和现有可得数据校准一个生产的两部门一般均衡，他通过比较二元经济模型和最优分配模型的优劣来估计二元经济造成的“成本”。最优分配模型是指没有失业、两个部门要素的边际产出相等的情况，这非常符合新古典经济学的分析。而二元经济模型主要是指存在工资差异（要素边际回报）的情况。他的校准结果非常令人震惊，在柯布—道格拉斯生产函数下，二元经济所造成的损失是非常有限的；但是在检测动态结果时，劳动市场刚性（Rigidity）可以对部门结构，也就是工业化，有重要的影响。所以他认为，虽然最优分配结构可能在静态上是有效率的，但可能更为重要的是，二元性对部门结构有重要的结果。也就是从发展的角度来看，二元经济结构可能是一种更为理性的选择。一些国家没有实现工业化，可能可以用他们的城市劳动力市场来解释。

这个结果是令人震惊的，也就是首先二元经济结构的静态效率损失并没有想像得那么大；另一方面从发展的角度来讲，二元经济结构，也就是两部门边际产品不一致是有利于发展的理性选择。因为工业或者非农部门的高边际产出会将社会的资源（资本、人力资本和劳动力）吸引过来，从而加快这些部门的发展。以往的市场分割不利于经济发展的结论可能在某些方面需要修正了。

另一个有趣的检验是来自 Niels-Hugo Blunch 和 Dorte Verner（2006）。根据传统的二元经济理论，农业仅仅是为建立工业部门服务，尤其是农业在作为长期经济发展的引擎方面没有任何作用。他们用 Côte d'Ivoire，Ghana 和 Zimbabwe 超过 30 年的农业、工业和服务业部门增长数据，检验结果发现，很少经验证据支持上述观点。相反，他们的分析发现，在长期增长中部门之间在很大程度存在相互依赖性，这也就意味着这些部门一起增长，或者在部门之间有外部性或者外溢性。他们认为，这种对部门之间动态的在各个层面上的更好的理解可能有益于以经济增长为目标的政策的执行，因此最终提高人们的生活质量。

关于部门之间的相互关联性，Debraj Ray（2000）已经给予了很多的关注，Ray 认为，在发展中国家中，部门的发展存在很多的前向与后向联系，发展与不发展表现为一种“多重均衡”。一个部门的发展是因为与之相关的部门的发展，与之相关的部门的发展是因为这个部门的发展；而不发展同样是这样。但是究竟农业部门与工业部门在发展中的作用是二者并重，还是哪一个更重要一些？Martin 和 Mitra（1998）分析了在一个很大样本的国家序列中，在各个发展水平的国家中，农业部门和制造业部门的全要素生产率的增长和收敛，他们发现在制造业部门比在农业部门更少的收敛，而且，他们还发现农业部门的生产率增长要高于制造业。这也与传统的观点相反，一般认为，在工业部门的生产率增长要高于农业部门（Syrquin，1986）。如果这一信念是错误的，这对发展中国家将有重要的影响（Krueger et al.，1992）。

Areendam Chanda，Carl-Johan Dalgaard（2003）的实证检验是对传统经济增长理论的一个重大的反击，是对二元经济理论的极大肯定。他们认为，测量跨国之间的 TFP 差异的很大一部分都可以归因于非技术因素，因为技术要素可以中性地影响整个经济，而这些非技术要素中最重要的是经济结构组成的不同。分解分析表明，TFP 国际差异的 30% ~50% 可以归因于产出的组成。

Robert Solow（2001）也已经提出批评，认为所有的经济在部门之间再分配投入都是一样有效率的观点毫无疑问是愚昧的。他认为在索罗剩余中，非技术来源可能是比技术来源更重要的，尤其是在发展中国家。新增长理论的研究成果获得的证据表明，生活水准的差异可以被主要地解释为 TFP 的差异，而不是劳动力存量、人力资本或者物质资本存量的区别。Hall 和 Jones（1999）与 Klenow 和 Rodriguez-Clare（1997）是最早的研究，他们的研究表明，TFP 的差异可能解释超过 60% 的每个工人的产出差异。所以近年来对于 TFP 的理论解释已经变得越来越多，Areendam Chanda，Carl-Johan Dalgaard（2003）的文章中通过实证数据，试图构建这些现代发展与经济的生活标准与其产出的部门组成之间的联系。这可能说明二元经济理论在解释发展中国家中的发展是重要的，如 Temple（2005）所批评的，增长理论家们需要更好地理解二元经济理论，才能更好地理解包含发展中国家的跨国回归。

在当代对发展中国家的理论研究中，经济学家们已经开始自觉不自觉地向传统的二元经济理论回归，许多理论形式可能表现得不够明显，例如对于“适宜技术”（Basu 和 Weil，1998）的研究、对于劳动力市场分割采取更加宽容的态度等，都标志着对于部门分割的二元经济理论开始越来越多地回到对发展中国家的现实研究中。诚如前面已经说过的，对传统二元经济理论假设的反思与检验是十分重要的。而且二元经济理论在现代经济学的研究方式下，通过更加合理化的假设、更加严密的推理、更加先进的方法，正在慢慢地恢复其在发展经济学中越来越重要的地位。

二、二元经济背景下的问题研究

二元经济是发展中国家最为典型的经济特征，所有的对于发展中国家问题的研究几乎都绕不开这个问题。所以有必要总结一下最新的有关二元经济背景下一些问题的研究。

（一）收入分配问题

发展中国家收入分配的研究可以追溯到库兹涅茨（1955）的重要研究。库兹涅茨认为，作为迁移的一个结果，不平等随着经济发展先升后降。这是著名的倒 U 型曲线假设。不平等对于经济发展的稳定性以及持续性无疑具有重要的影响，所以经济学家们多年来对这一问题进行了深入的研究。但现代的对不平等与迁移的研究认为，库兹涅茨倒 U 型曲线假设的一般的结论是很少可能的。而迁移的分析一般是建立在 Harris 和 Todaro（1970）的基础上，但 Blanch Bower 和 Oswald（1995），Hoddinott（1996），Kingdon 和 Knight（1998）的实证结论却表明，在短期或者中期，Harris 和 Todaro 的关系是不成立的。一个对长期不平等的更完整的解释要求工资被内生地决定，如通过效率工资观点解释（Basu，2004）。

Temple（2002a）在这一基础上得到了一些令人感兴趣的结论。他证明了农业部门中的资本积累或者技术进步可能减少工资不平等，但非农部门的发展对不平等的效应却是不明确的。农业部门发展降低不平等的原因是，农业中的增长减少城市和农村之间的工资差距。在长期迁移模型中，农业预期的改进降低城市失业率和总的失业量。农业生产率降低不平等，不仅仅涉及到那些在两个部门中工作的人，而且还体现在工作者和失业者之间。城市部门的经济发展对不平等的效应是不明确的，直觉是简单的，非常类似于众所周知的托达罗悖论。现代部门的资本积累或者技术进步，在给定工资水平下这一部门有劳动力的需求增长。工业部门预期的变化创造了迁移，潜在地增加了失业者数量，因此导致工资不平等。因为这一机制在大多数一般模型中都是成立的，分析表明非农部门的生产率增长很少有相关的分配效应。

这也许具有十分重要的政策含义，对于许多处在不平等临界边缘的国家而言，加快农业的发展也许具有重要的不平等缓解效应。政府在投入农业基础设施、加大农业技术推广以提高农业生产率，可能比之于创造更多的城市就业以及促进更大程度、更快的城市化更加合理一些。

Ashley Lester（2006）则从技术扩散的角度来研究收入不平等问题。他认为，在国家之间，缓慢的技术扩散可以解释这个世界的大多数不平等。而在国家内部，新技术的推广会加剧不平等，因为它在增加一些人收入的同时，减少了另一些人的收入。因为在发展中国家，扩散往往出现在一个典型的二元经济中，在这里，一个逐渐增加的部分的工人使用现代技术，其他人仍用传统技术。扩散是缓慢的，因为生产需要在任何技术生产期间都相同有用的技能，以及不能在不同生产期间完美地转移的技能。当这些技能是完全专用性的，那么一个二元经济是最优的，即使中间技术是可得的。有可转移技能的工人不成比例地加入现代部门，留下那些有专用技术的人们的境况就会恶化。一个动态扩展表明，没有可转移技能的工人在整个向现代经济转型过程中的状况不断恶化。

一个国家能否采用新技术，与其所拥有的工人的技能类型有关。这些技能类型导致不同国家的不同的技术扩散速度，而技术的采用可以在很大程度上解释国家之间的不平等。而在国家内部，新技术不仅仅会提高不平等，而且使得一些工人在绝对水平上的境况恶化。例如，在1790～1820年的30年间，拒绝使用工业机械的手摇纺织手工业者失去他们收入的3/4。这一进程好像可以为库兹涅茨曲线辩护，库兹涅茨曲线告诉我们在现代化的早期不平等增加，而在后期不平等下降。这对发展中国家可能也是重要的，特别在确立保护在新技术推广之后传统技术工人的生计问题的政策方面，是十分重要的。

（二）劳动力流动

劳动力流动是发展中国家一个非常重要的问题，因为在发展中国家，存在着两个劳动生产率不同的部门，劳动力的流动有利于整个社会的资源配置效率的提高。刘易斯（1954）并没有对劳动力为什么会流动进行更为具体的解释，Harris 和 Todaro（1970）提出了预期工资高于农村的工资是劳动力流动的内在激励。但是他们认为这一预期工资高于农村工资的原因是外生的，政府存在最小工资管制或者存在工会的力量。Krichel 和 Levine（1999）与 Bharati Basu（2004）则从发展中国家存在不发达的信息系统，这就使对工人进行完全监督是不可能的，从而要求采取效率工资的方式来激励工人，导致农村的工资会低于城市工资。

但 Das Gupta（1987）观察到，在印度，城乡人口净流动的水平比之于工资差距理论预测水平是相当低的。Das Gupta（1987）的调研资料显示，除了考虑家庭联合资产的收入（收入分享规则），一个人还要考虑从社区资源中获得的收益，这被她称之为“非正式安全机制”。在传统的村庄社会经济组织中，有一个传统就是个人可以从公共所有土地上获得一些产出。文献也强调了，农村约束人们的家族支持机制，血亲以及其他社区支持也应当被考虑在内。但这并不是说其他来源的收入是农业家庭收入来源的一个重要的部分。一个非常粗略的估计，在农村中最穷的家庭总收入中这种非正式安全机制带来的收入所占比例为 17% 和 24%，对于农村的穷人而言，最主要的收入来源还是租佃分成、劳动工资和其他从家庭联合所有资产中获得的收入。但这种其他形式重要的理由如下：帮助一般是在最需要的时候，帮助主要是在偶然事件发生时。因此是一种对可能导致贫穷乃至死亡的风险的保险机制。

但是，发展和农业商业化的某些方面侵蚀了这些免费资源的可得性。由于市场状况的改善，这些收入开始减少。对比一个较穷的村庄和较富的村庄显示，较穷的村庄这一收入的作用更大，在发展更好的乡村，这些额外的收入资源开始演化（产权明晰化）。因此，在穷的地方的穷人反而过得好一些。但是社会生存安全机制在城市被相当程度地降低了，因此在失业的时候，城市人比农村人更容易陷入贫困。显然，如果可以提供足够多的工作机会和工作安全机制，印度人会离开乡村。但是面临一个偶然的城市劳动力市场和较大的农村机会成本，穷人对后者的偏好是显然的。进一步，她认为，由于发展和商业化导致的这种非正式安全机制的迅速萎缩会导致人口的过度流动，形成城市贫民窟，Das Gupta 称之为“悲怆的逃离（Distress Migration）”。

Banerjee 和 Newman（1998）表达了十分类似的研究思路。他们从技术和信息两个角度来区分传统农业社会和现代社会。现代部门高技术、高生产率，但是却是一个匿名社会，人们对其他人知之甚少，难于获得消费信贷以及正式与非正式的保险。而传统社会低技术、低生产率，却是一个熟人社会，人们会获得安全的贷款。所以他们的模型预测最初的人口流动性就比传统理论预测的要小得多，而且最先流动的大多是不需要消费信贷的富人和贷不到款的最穷的人。模型也显示了随着人口的流动，原有的传统社会的贷款风险加大了，传统的金融市场会萎缩，从而劳动力流动的速度会加快，而且会越来越快。这与 Das Gupta（1987）的研究十分类似，可能需要一些制度改革以避免过度的人口流动带来的城市贫民阶层的形成。

这些研究对发展中国家可能具有重要的政策含义，在需要缓解人口过度流动的时候，保护农村的非正式金融、非正式保险以及其他非正式安全机制也许是十分重要的。人口过度流动带来的危害是显而易见的，它可能使得社会治安、投资环境恶化。而在需要加快劳动力流动的时候，可能加快城市的社会安全机制建设是十分重要的吸引劳动力流动的手段。政府在选择一个合适的劳动力流动速度方面可能可以有所作为。

David Cook（2006）则对城市的非正式部门进行了正面的评价。因为在遇到外在冲击导致的生产下降时，社会可以将劳动力从正式部门转移到非正式部门，进行劳动力的再分配。这样在危机期间，可以减少劳动产出，但不过多减少劳动力的就业而带来很多的社会问题。

（三）教育与人力资本投资

在现有的经济增长文献中，教育和预期未来收入之间的正向关系已经被很好地建立起来了（Schultz，1988；Psacharopoulos，1994；Strauss 和 Thomas，1995；Barro 和 Sala-i-Martin，1995）。但是，尽管教育有很强的回报的证据是十分明确的，但是在很多社区还是出现了很低的教育获得率，尤其是在发展中国家的农村地区（Singh，1992；Psacharopoulos，1994）。这种对孩子教育投入不足的一个明显的理由是不完美的融资市场，这里理性的、更穷的家庭被排除在正式的可以获得长期贷款的市场之外。如 Loury（1981）所说，当正式融资市场失败的时候，逻辑结果不仅仅是对教育的投入不足，而且衍生出贫穷从一代人到下一代人的传播。信贷市场失败，加上昂贵的教育，限制了穷人购买最优教育水平的能力。教育和收入的关系因此被逆转，创造了一个贫困的陷阱，这里穷人获得低水平的教育因为融资约束，结果获得更低的收入。所以可能教育的获得一方面取决于农民获得收入的能力；另一方面当农民受到收入来源的约束时，他们可能不得不诉诸于正式或者非正式的信贷资源。Banerjee 和 Newman（1998）与 Das Gupta（1987）认为，随着商业化的发展，社会的非正式贷款和保险市场会大大萎缩，所以对这一问题进行研究对于发展中国家无疑是十分重要的。

Eugenio Proto（2007）首先建立一个二元经济的框架：一个小的工业化部门和一个农业部门。工业部门类似于现代工业经济那样运转，在这一部门周围是一个更大的农业部门，它的生产模式是原始的，人口的大多数是贫穷的。他认为农业部门可以提供经济现代化的引擎。因为劳动力向城市流动，只有接受教育才能进入正式部门，否则则流入非正式部门，所以农业可以提供一个对人力资本投资的基础性作用。人力资本供给取决于土地的租金价格，如果租金足够高的话，由于缺乏人力资本投资，就缺乏劳动力的流动，经济会停止在一个“二元”均衡，即经济现代化处于无进展的状态。无地农民越多，对土地的需求越多，地租价格就会越高，经济中非熟练劳动力就会越多，只能进入非正式部门工作。而非正式部门依赖于正式部门，过度竞争又会导致工资下降，生存压力又转向对土地的需求。所以他认为要进行土地改革，就要降低对土地的需求，从而降低地租，才能加大对人力资本的投资。同时作者也认为对人力资本投资进行补助也是促进工业化与现代化的一个重要的途径。

Andrew Mude，Christopher Barrett，John Mcpeak，Cheryl Doss（2007）认为，在信贷市场是完美的时候，信贷合同是一般地可得的，人力资本在空间上不同的回报对教育投资类型没有什么影响。有关移民的文献广泛强调空间上不同的基础设施、法律实施、对有利市场的进入权和其他特点创造一个在空间上有坡度的真实的教育回报率（Stark，1984；Williamson，1988；Todaro，1997；Banerjee 和 Newman，1998）。生活在一个相对劣势的农业地区的受过教育的人有很少的机会被作为有技能的劳动力雇用，所以他们必然发现移民是一个有吸引力的选择（Barnum 和 Sabot，1975；Schultz，1988）。这些文献的一个一致的发现是，教育活动和城乡迁移之间存在正向的关系（Todaro，1997）。但当空间上存在不同的教育回报率时，就会内生地产生一个迁移的决策，而迁移成为一个有吸引力的选择的时候，金融市场的运行效率就会下降，特别是在信贷市场不完美存在的时候。

当合同实施变得非常艰难，合同的双方相隔得越远时，追捕贷款者就变得成本非常高昂，并且社会资本损失的威胁也失去了它的力量，因为社区内的相互反应正在消失。所以，预期到这一点，农村的借款者在决定是否发放教育借款时将会考虑贷款者的迁移决定。不同的是，非正式金融市场均衡依赖于移民激励。所以作为一个结果，空间上人力资本回报率的差异在农村地区会窒息对于教育的非正式融资，因为借款者会递增地预期贷款者会迁移，这会导致更大的风险。这些论述的政策含义也是十分明显的，在强调人力资本投资时，加大基础设施、政策法规建设，降低区域空间上的教育回报率的不同对于加大农村人力投资可能是十分重要的。

（四）金融市场问题

金融资源的稀缺是发展中国家一个十分重要的问题，但更为严重的可能是金融制度的稀缺（如张宇燕、高程，2006）。在发展中国家，怎样最大程度地动员储蓄，怎样将稀缺的金融资源有效地分配到最有效率的项目与领域去，一直是困扰银行与政府的两个重要的难题。2006 年诺贝尔和平奖得主尤努斯以及他所创办的银行，可能代表了一种良好的结合传统社区的信息优势与现代金融系统的资源优势的尝试。但是不可否认，关于尤努斯模式的争议远未平息，在发展中国家这一模式是否具有普遍意义也是不得而知的。但是这至少代表一种努力的方向，在发展中国家，寻找更为合适的金融制度的努力可能是一个长期的热门话题。

Thierry Tressel（2003）分析了在一个发展中经济中，一个现代银行体系的出现和演化。在这个银行体系中，银行与非正式信贷制度共存。他认为，银行在动员储蓄方面有超强的能力，但是对于借贷者的信息掌握却比较弱；而与之对应，非正式借款者对于借贷者有更强的信息，却很难获得足够的资金来源。如果二者可以结合起来，虽然银行不能够完美地观察借贷者的行为，但是非正式借款者可以提供足够的信息，而非正式借款者所需要的就是从银行获得资金。

进一步，Thierry Tressel（2003）指出，持续的增长路径是与成功的银行系统的发展相联系的，因为银行系统可以在一个大的规模上聚集储蓄。但是，当担保还是很少的时候，非正式的借款者和其他传统信贷机构在发展的第一阶段是必需的。在这一经济中，现代金融中介的发展是与企业家的担保资产的积累密切联系的。这就意味着，发展的初始水平，也就是财富的初始分配将决定着经济和金融系统的联合演进道路。在确定的条件下，存在两个长期稳态均衡：第一个，经济停滞增长，并且银行系统不能成功地发展；第二个，经济达到一个持续的增长率，非正式信贷部门自动消失。他认为，金融压抑、微观信贷制度和资产的再分配等政策选择会影响长期稳态均衡的决定。

关于二元经济背景下对发展中国家的研究是广泛的，而且在我们的文献梳理中，我们也已经发现，这些理论研究对发展中国家的政府政策选择可能是重要的。如我们在前面所说，发展可能是一个动态最优的选择过程，与新古典理论相联系的市场的竞争性均衡可能是非最优的，而且部门发展的互补性使得发展也表现出“公共产品”的性质（Debraj Ray，1998）。所以在发展的过程中，政府的作用是十分重要的，但是政府的选择必须建立在对发展过程进行慎重研究的基础上，这需要经济学家们做出更多的努力。

三、结论

在对二元经济理论最新进展进行回顾的基础上，我们认为需要加以强调的是，二元经济理论对于研究发展中国家是越来越重要的，但是我们对于传统二元经济理论的假设和结论要进行更为慎重的解释和应用。在对传统二元经济理论肯定与有选择地采用的同时，通过与现实证据的结合来发展二元经济理论，以更好地解释和预测发展中国家的经济问题，可能是重要的。特别是，二元经济理论研究要结合现代经济理论的发展，从微观基础上更好地细化研究的基础，这方面巴德汉、尤迪（2002）做出了杰出的工作。

另一个问题是要结合发展中国家重要的二元经济背景对许多问题进行重新的研究。因为发展中国家独特的社会经济背景，原有的新古典经济学基础上的政策建议以及理论结论可能会在发展中国家表现得不再符合。这也是发展中国家学者们可以大有作为的一个领域，因为发展问题对于整个人类社会福利的增进是极其重要的，这涉及远远超过半数的人类的福利。发展过程的独特性可能蕴藏着重要的理论发展的契机，所以无论是有志于理论发展，还是愿为实践做出贡献的人们，也许都应该关注这一问题。

参考文献

1. Banerjee, Newman; Information, the Dual Economy and Development, *the Journal of Economic Studies*, Vol. 65, No. 4 (Oct, 1998), pp. 631 – 653.

2. Nerjee, Land Reforms: Prospects and Strategies, MIT Department of Economics Working Paper Series, 99 – 24, 1999. 10, http: //papers. ssrn. com/paper. taf? abstract_id =183711.

3. Bharati Basu, Another Look at Wage Distortion in a Developing Dual Economy, 2004, papers. ssrn. com/sol3/papers. cfm? abstract_id =554933 – 24k.

4. Niels-Hugo Blunch and Dorte Verner; Shared Sectoral Growth Versus the Dual Economy Model: Evidence from Côte d'Ivoire, Ghana, and Zimbabwe, African Development Bank 2006.

5. Areendam Chanda, Carl-Johan Dalgaard, Dual Economies and International Total Factor Productivity Differences, Economic Policy Research Unit working paper series, http: //www. econ. ku. dk/epru/, ISSN 0908 – 7745.

6. Michelle Connolly, The Dual Nature of Trade: Measuring its Impact on Imitation and Growth, *Journal of Development Economics*, 72 (2003), pp. 31 – 55.

7. David Cook, Hiromi Nosaka; Dual Labor Markets and Business Cycles, Federal Reserve Bank of San Francisco Working Paper Series, 2006 – 36, http: //www. frbsf. org/publications/economics/papers/2006/wp06 – 36bk. pdf.

8. Monica Das Gupta, Informal Security Mechanisms and Population Retention in Rural India, *Economic Development and Cultural Change*, Vol. 36, No. 1, Oct 1987, pp. 101 – 120.

9. Gary S. Fields, Inequality in Dual Economy Models, *The Economic Journal*, Vol. 103, No. 420, Sep1993, pp. 1228 – 1235.

10. Catherine C. de Fontenay, The Dual Role of Market Power in the Big Push: from Evidence to Theory, *Journal of Development Economics*, 75 (2004), pp. 221 – 238.

11. Gu Wei and Shigemi Yabuuchi, Imperfect Labor Mobility and Unemployment in a Dual Economy, *Review of International Economics*, 2006, 14 (4), pp. 698 – 708.

12. Harris, Todaro, Migration Unemployment and Development: A Two-Sector Analysis, *American Economic Review*, 1970, Vol. 60.

13. Ashley Lester, Inequality and the Dual Economy: Technology Adoption with Specific and General Skills, CAMA Working Paper 1/2006, http: //cama. anu. edu. au.

14. Andrew Mude, Christopher Barrett, John Mcpeak, Cheryl Doss, Educational Investments in a Dual Economy, *Economica* (2007) 74, pp. 351 – 369.

15. Eugenio Proto, Land and the Transition from a Dual to a Modern Economy, *Journal*

of Development Economics, 83（2007）: pp. 88 – 108.

16. Gustav Ranis, Is Dualism Worth Revisiting? *Yale University Economic Growth Center Discussion Papers* No. 870, Sep 2003.

17. Debraj Ray, What's New in Development Economics?, *The American Economist*, 2000, Vol. 44, No. 2. pp. 1 – 23.

18. Jonathan Temple, Wage inequality in a dual economy, April10, 2002, econpapers. repec. org/paper/briuobdis/02_2F531. htm.

19. Jonathan Temple, The costs of dualism, July 4, 2002, www. warwick. ac. uk/res2003/papers /Temple. pdf.

20. Jonathan R. W. Temple, Growth and Wage Inequality in a Dual Economy, *Bulletin of Economic Research* 57: 2, 2005, 0307 – 3378, pp. 145 – 169.

21. Jonathan Temple, Dual Economy Models: Primer for Growth Economists, *the Manchester School* Vol. 73, No. 4, Special Issue2005, 1463 – 6786, pp. 435 – 478.

22. Thierry Tressel, Dual Financial Systems and Inequalities in Economic Development, *Journal of Economic Growth*, 2003, 8, pp. 223 – 257.

23. Townsend, Risk and Insurance in Village India, *Econometrica*, Vol. 62, No. 3, 1994, pp. 539 – 591.

24. 巴德汉、尤迪：《发展微观经济学》，北京大学出版社 2002 年版。

25. 德布拉吉·瑞：《发展经济学》，北京大学出版社 2002 年版。

26. 张宇燕、高程：《海外白银、初始制度条件与东方世界的停滞——关于晚明中国何以“错过”经济起飞历史机遇的猜想》，载《经济学季刊》，Vol. 4，No. 2，第 491 ~ 518 页。

第二章　战略资源与经济可持续发展研究的新进展

一、引言

进入20世纪90年代以后，在全球范围内，战略资源、环境与人类的可持续发展问题成为热点之一。包括中国在内的许多国家相继在石油、天然气、核能、水资源、电力等产业出现了紧张状况，而今后的几十年正是世界各国经济高速发展的黄金时期，一旦遇到战略资源短缺问题，必然影响许多国家经济的可持续发展。为了实现人类可持续发展这一战略目标，必须科学分析世界的资源配置安全问题。研究这一中长期内的战略任务是紧迫的时代课题，不但意义重大，而且关系到人类的前途（David Primentel，Marcia Pimentel，2006）。

研究战略资源的可持续利用问题涉及资源经济学、环境经济学、人口经济学、区域经济学、计量经济学、宏观经济学、管理工程、国际政治、军事学等学科，属于交叉学科研究对象，而且它属于人类在未来100年内重点关注的长期性、全局性、战略性、基础性课题。

目前，战略资源配置安全问题的研究还缺少在全球化视角下的宏观的、全面的和系统的分析，它涉及人口、资源与环境这一复杂的巨系统。在这一个系统中，一个最大的能动因素是人类的生产，任何问题都是由人类造成的，解决这一问题必须从解决人口对资源配置的压力入手，但如何将各国人口压力变为人力资本和财富，并通过新的就业模式解决人口与资源配置的恶性循环，实现资源的可持续利用和经济的可持续发展，现在的研究需要新思维，寻求新的发展思路和技术路线至关重要（David Popp，2002）。

（一）研究的趋势

战略资源可持续利用是一项社会系统工程，国内外在这一领域的研究具有以下特征：

第一，从研究问题的系统集成程度看，大多数学者是从专门学科的角度分析问题。而在全球化时代，一种全面的、综合的多学科交叉研究更为重要（Olli Tahvonen 和 Seppo Salo，2001）。

第二，从研究的阶段性看，战略资源配置安全问题在资本主义国家受到关注是从 17 ~ 18 世纪工业革命后开始的。英国古典经济学家李嘉图在 19 世纪就因为谷物危机和自由贸易问题与庸俗经济学家马尔萨斯展开了辩论。中国、日本、西欧等国家或地区从近代以来就一直存在粮食危机和能源危机，而广义的资源配置安全问题在世界范围内受到重视是从 20 世纪 70 年代中后期开始的，而这一时期是大多数国家人均收入大幅度提升，人们解决温饱等生存问题后的一个紧接着必须解决的重大课题。这一阶段的研究大多附属于经济增长问题的研究，重点关注资源配置的后果，而缺少对整个资源配置体系的综合考虑（S. Ashok，2007）。

第三，战略资源配置安全问题主要是由于人类的活动造成的，为解决这一时代难题，各国学者提出了不同的政策主张，归纳起来大约有三种制度：行政、司法和经济制度。西方法经济学家以科斯为代表，主张以经济与法律制度相结合解决资源配置的负外部效应（R. Coase，1960）。各国政府在实践中普遍采用了行政手段、经济学的微观和宏观调控机制和法律手段进行综合治理。这些制度性的管理是从表面和事后的角度提出解决方式的，还没有认识到在资源配置安全问题的背后还有更重的因素——经济发展思想和发展模式——在起作用。造成这种体制性问题的根源并不仅仅局限于经济学视野，它是各国综合国力竞争的结果，而在竞争中通过经济的快速增长和军事的硬扩张、政治势力的软扩张主导世界政治、经济新秩序是一些大国的最终目的。经济要高速增长，资源配置的安全必然就要受到这种经济增长模式的巨大影响。苏联一直被粮食短缺所困扰，为了增加粮食产量，大规模开垦哈萨克斯坦境内的天然草原，造成严重的沙尘暴。其中一个重要原因是它要和美国在军事和政治上争霸全球，资源主要用于军事斗争，用于粮食生产的投入必然减少，采用投资少、粗放式的、以扩大面积为主的农作物生产方式就是必然选择，最终造成生态资源配置失衡也是必然的（Sauter 和 Raphael，2007）。20 世纪 90 年代以后，随着苏联的解体，两极世界格局走向终结，人类从核武器毁掉整个世界的阴影下走出来，又走入了非核武器，即战略资源斗争正在搅乱世界的阴影下。在这种全球化背景下，人类与自然界的协调、可持续发展成为一个新的世界性课题。

（二）研究的方法论特征

世界在 20 世纪 90 年代以后进入了网络经济时代，任何问题的研究都在国内外学者的互动研究中发生着深刻的变化，战略资源配置问题的研究发生了一些显著变化，这些变化有着一定的学术和历史渊源，主要表现在：

1. 研究方法：系统化、综合化

在经济全球化时代，研究战略资源配置问题的学者，已经由第二次世界大战前后主要存在于西欧、北美一些发达国家，扩展到全球每一个国家和地区。从国际学术界看，学者们在研究方法、对象等方面形成了一些共同的认识，学术研究逐步从学科单一走向学科综合，恢复了人类社会和自然界的本来面目，使人们的认识由为了研究的方便而人为划分分析领域，走向科学分析要符合人与社会和谐发展这一科学方法上来。因此，战略资源配置的安全和可持续利用研究从以前专门的学科，如人口经济学、资源经济学、环境经济学等扩展到以系统论的方法，从总体的、相互联系的角度研究战略资源配置与各个领域的相互作用、相互依赖的规律。从一国或地区的眼界扩展到从全球化的视角研究资源配置的安全和可持续发展（A. Markandya，S. Pedroso 和 D. Streimikiene，2004）。

2. 研究重心：新发展观

国内外研究战略资源配置安全的重点，已经转向从整个社会系统与自然环境相协调的角度，研究人类社会面临的资源配置的可持续利用问题（Henrik Lund，2007）。

各国学者以前在研究战略资源配置与可持续利用问题时所持的是旧发展观，更多关注的是人均 GDP 增长率、人口增长率、各个产业的扩张等问题。对于从宏观上把握经济发展和资源配置的战略协调问题，研究相对较少。另一方面，各个独立学科的研究，相对封闭在独立的学科系统里，对于如何认识战略资源配置与整个人类实现可持续发展的战略协调问题研究比较薄弱。实际上，要全面建设可持续发展的人类社会，经济发展是硬道理，是前提，但是在一种特殊国情的限制下，如人口、资源、生态环境等因素成为经济发展的重要参数时，任何一个因素的忽略，都会极大地阻碍人类社会的稳定、健康、快速的发展。因此，在最近 10 多年来，各国学者的研究重点已经从传统的经济增长观转入对人类社会与资源、环境协调发展的新发展观上来。

二、战略能源的选择与结构变动

在全球战略能源的供给结构中，石油和核能占有重要位置。在过去的 50 多年中，经过 20 世纪 70 年代和 80 年代的石油危机，以及三英里岛核电站、切尔诺贝利核电站核泄漏事故后，全球能源供给结构数次发生变动（Frence L. Toth，Hans-Holger Rogner，2005）。近年来，世界各国不但关注能源的存量，还关注因为技术进步产生的能源增量问题。对于石油来说，涉及到供给安全、地缘政治的敏感性、价格波动、离岸开采造成的水体污染、土壤和植被的破坏，燃烧后产生的硫氧化合物（SOx）和氮氧化合物（NOx）对全球气候变化的影响（Holdren 和 Smith，2000）。与核能相关的问题包括：经济绩效、危险物提取、恐怖主义威胁、运营安全、放射物处置以及公众的可接受性。对于两种重要能源的选择既涉及经济和技术问题，也受到社会和政治选择的影响。这一社会选择过程将决定长期内石油和核能在世界能源平衡中的作用。

核能通常不被直接利用，主要通过发电的途径将其转化为电能进入消费领域；而石油除了作为车、船舶、飞机和机器的燃料外，在欧美国家，其中很大的一部分用来发电，以二次能源的方式进入消费领域。在电力生产中，20 世纪 70 年代早期的数据表明，全球电力的 25% 来自于石油发电（1973），3% 是核电，煤炭发电占 38%，水能占 21%，天然气占 12%，非水能的能源再利用发电占 0.7%。到 2002 年，全球电力供给结构发生很大变化，尤其是石油和核电。石油发电所占份额降到 7.2%，而核能发电增加到 16.6%。煤炭发电略有增加，达到 39%，水能发电降到 16.2%，天然气增加到 19.1%，非水能的能源再利用发电占 1.9%。显然，核能发

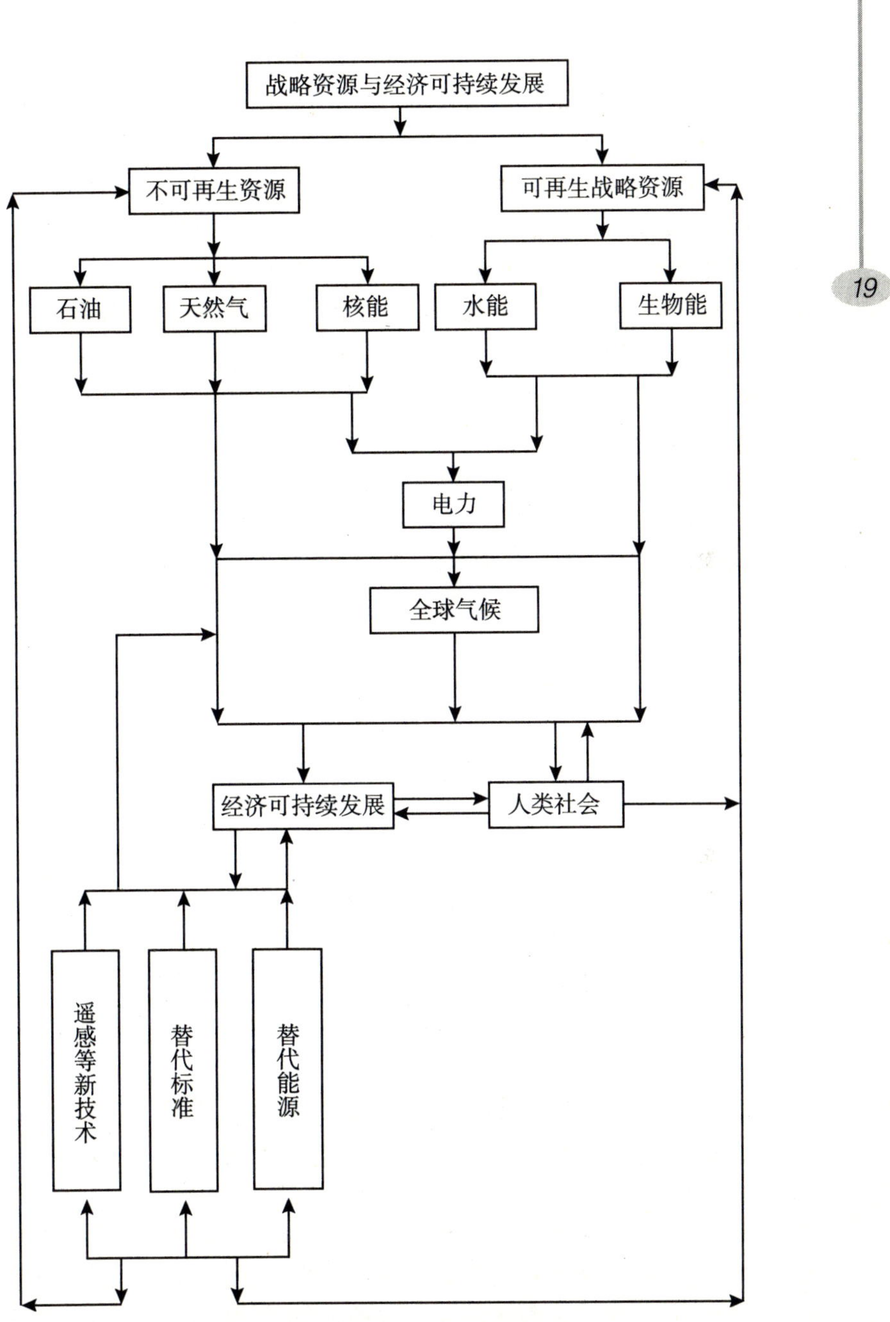

图 2－1 最新进展逻辑框架

电份额在电力市场上超过石油发电，相对重要性加大。在一个尚有20亿农村地区居民未能用上电力的世界里，核能的利用至关重要（Kolhe，2002）。

各种能源的最终利用将会影响全球气候变迁，为了让人类社会走上可持续发展之路，《各国政府间气候变化公约》（IPCC，2000）对未来100年之内的全球废气排放处理及一系列能源利用规则设定了标准。国际上对于这一标准下的能源供给、人口增长、环境变异建立了4种模型，以对不确定的未来做出相对稳定的预期。按照IMAGE模型，在世界主要能源中，石油将在不同地区占据18%～30%的份额，理想份额在25%左右；按照MARIA模型，石油份额将降至20%以下；而按照MESSAGE和AIM模型，它将降到10%以下。同时，核能在不同地区占据份额将由21世纪初的5%增加到15%～35%之间。按照IMAGE模型，理想份额在22%左右；按照MARIA模型，理想份额在不同地区分布在15%～50%之间，理想份额是40%左右。相反，在MESSAGE模型中，核能在不同地区所占份额分布在5%～18%之间，21世纪初期理想份额是13%（Frence L. Toth，Hans-Holger Rogner，2005）。

三、资源供给与世界人口增长的和谐模式

为了保持我们和将来后代们的生活质量，足够的土地、水和能源必须得到保证。今天，世界范围内食物生产和分配过程存在很大问题，超过37亿的人口营养不良。随着人口增长和重要的生命维持资源之间的不平衡发展，人类必须采取积极措施保护土地、新鲜水源、能源和生物资源。发展可再生能源至关重要（David Pimentel，Maria Pimentel，2006）。

在经济全球化时代，各国战略资源的可持续利用问题，首先并不是由外部因素引起的，追根溯源，是由庞大的人口数量和现行的新古典经济增长模式造成的。因为人类生活在一个人与自然相互作用、相互联系的大系统中，任何一种资源配置的失衡，都会破坏原有的平衡。因此，资源配置的安全与可持续发展必须放在这个大系统中才能得到解决（系统作用见图2－2）。人口的扩张需要资源供应的不断增加，而在新古典增长模式下，人类社会的发展就是不断大规模利用劳动力、土地、资本、企业家能力的经济增长过程，它在客观上鼓励人类随着科技进步不断扩大有效需

求，以平衡由于快速的生产力进步导致供给的无限制扩张。遗憾的是，这种无限的欲望遇到了土地这一生产要素的硬约束，使新古典生产函数不能在旧有的模式下继续扩张。于是资源配置从土地这一新古典范式的生产要素中得到了新的重新认识。它遇到了危及人类生产方式的硬核，即旧的模式破坏了人类社会的可持续发展。由此该模式也构成了一国经济持续发展的约束，在一个世界贸易的大系统中，巨大的人口和消费市场必然对世界经济体系产生作用力和反作用力，从而加剧了人类与自然界的矛盾，而这一矛盾又给传统的人口扩张模式和新古典模式敲响了丧钟，逼迫人类将自身的发展与自然界的自然循环相协调，走上一条循环经济发展道路。

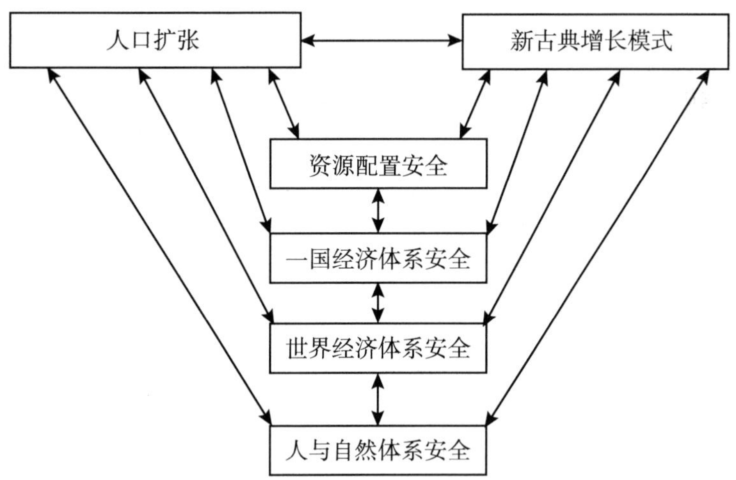

图 2－2　人口扩张与新古典增长的系统作用

四、战略资源的替代与选择：可再生资源是最佳选择

人类社会正在从无条件地、默默地接受大量能源供给转向理性地获得新的和足够的未来能源。促成未来成功的标准将与现行习惯的方法差异巨大。创造新能源产品是一项系统工程，它需要解决融技术与社会需求参数于一体的大范围合作。其中一个关键的问题是如何确定替代标准。现行的技术评价标准是不充分的，因为它采用了基于现在的能源可行性、环境保

护上的货币经济标准。太阳能的大规模利用为我们提供了一个案例，为了达到循环经济的目的，多种技术指标和社会参数必须综合考虑，而且跨学科的交叉研究是必然要求（P. B. Weisz，2006）。

（一）战略能源的交替与人类社会的可持续发展

人类社会的发展与利用太阳能的能力同步发展。几百万年以来，人类生活在一个化学、物理、生物过程这样一个动态系统中，人类的生存主要依赖于树木等燃料提供能量。200多年前，人类才开始大规模使用煤炭作燃料并提供间接能源，这是人类社会革命性变化的开始。石油和天然气随后被开发利用。数百万年前太阳能产品——矿物燃料——开始为人类服务。由于战略能源的发现和利用，人类进入“工业化革命”阶段，实际上应该被称为“能源革命”（Smith C. Higginson，2001）。今天，发达国家每百万人口每年消费的燃料超过4.2×10^{13}卡（Kcal）单位。每个人为了工作，他最终消费的能源相当于饮食提供的能源的40～90倍，相当于背后有80～160个人在支持他的工作。如果考虑到由于技术进步而导致的能源转换效率的提高，我们每人从能源革命中得到的能源利益相当于有120～500个劳动力在为我们工作（U. S. Department of Energy，1999）。

进入21世纪后，人类社会面临自20世纪50年代以来因大规模利用能源而导致的“环境效应”，如土壤、水、大气等的污染，这些都是人类大规模利用现代科学技术消耗矿物能源造成的。面对能源的短缺和生存环境的恶化，人类有两个主要的能源来源选择：（1）用已知或未知的技术潜力开发核能；（2）具有无限利用潜力的太阳能，以及我们能够利用它的能力。太阳能的利用对于人类来说永远是无限的。

一个国家如果要大规模利用太阳能，需要大面积的太阳能接收和转换装备。光电太阳能单元占地面积达数千平方米，还不包括通道和相连的技术设备占地面积（Weisz，P. B，2004）。在此基础上，必须考虑两个问题：太阳能的储存方法和大规模、远距离传输媒介。一些学者提出了有远见的方案（Hoffert ML，2002）：利用太空中的微波设备接收和再传输地球能源，或者通过超导电缆在洲内或洲际远距离传输。这些建议需要评估能源利用成本和空间技术开发成本。

（二）新技术与可持续发展

新技术日新月异的发展为人类的可持续发展提供了可能的选择。目前，人类消耗着大量非再生的矿物能源，在短期内，如果新技术不能迅速突破，或者研究的代价高昂，大规模利用成熟的技术来探测矿物能源是最经济的选择。对于各国政府和国际组织来说，大家有义务推动空间遥感技术的进步，它对于能源勘探、天气预报、环境保护等具有重大影响（Avery Sen，2004）。国家能源政策不能仅仅包括卫星系统硬件投资，而且应该广泛应用遥感数据为人类的可持续发展服务。

开展跨学科研究，解决交通工具的燃料问题。为了净化环境，除了大规模利用电能替代矿物燃料外，将电能转化为氢燃料，将其用作交通工具的能源对人类环境的改善有重大作用。“氢能源经济”的实现需要开发大量的新技术，包括大范围布点、传送、储存，以及安全标准的制定等一系列工作（Shinnar R，2003）。

作为对传统狄塞尔矿物燃料的替代，一些学者提出将牛脂转化为生物燃料的可行性、能源效率以及经济成本（Richard G. Neison，Mark D. Schrock，2006）。一批美国学者对 1997 ~ 2001 年之间美国牛脂生产资源进行了评估。在这 5 年期间，11 个主要的商业用牛屠宰州，每年生产超过 1.8 万吨（Mt）或 400 万磅（Pounds）的可食用或不可食用牛脂，相当于超过 5.51 亿加仑的生物燃料（相当于美国酒类消费的 1%）。虽然牛脂作为牛肉生产体系的副产品，具有能源和经济效益，并且能够大量以低成本获得，但它并没有被有意图地利用。关于牛脂的能源利用比率和经济可行性的评估受三大因素影响：（1）作为副产品，牛脂经过催化脂交换的可持续性；（2）植物和牛脂的分配比例；（3）牛类动物的保持和增长速度。受此约束，美国牛脂的转换成本每升位于 0.22 ~ 0.63 美元（或每加仑 0.82 ~ 2.38 美元）之间。

生物燃料与矿物燃料相比，其低成本、安全性、环保性、可持续性和润滑性都比传统燃料优越，因此自 1999 年以来它的产量戏剧性地增加了。这是人类未来可以选择的燃料来源之一。此外，风能、潮汐能、水能、各种生物能源的利用对于人类社会未来的可持续发展有重要影响。

五、中国因素与全球人口、资源和环境的可持续发展：可行的方案

（一）中国对全球资源利用的影响

作为全球第四大经济体、第二贸易大国、第二大能源进口国和消费国，中国正在受到国内外学术界的高度关注。面对世界石油市场和能源市场的剧烈波动，中国能源问题备受关注（Warwick J. Mckibbin，2006）。经过20多年的改革开放，中国经济发生了翻天覆地的变化，最令人瞩目的成就是保持了两位数的经济增长率和几亿人口脱离绝对贫困。总体上看，中国已经进入了下中等收入国家行列。但是，在未来的20年中，中国要全面实现小康社会，还面临一系列挑战，能源供给能否可持续成为一个重要课题。正是在这一意义上，中国的资源利用与全球资源安全息息相关（Fan He，2006）。

第一，中国资源的消耗速度和总量将直接影响全球的资源价格和物流运动方向，从而影响世界贸易格局。现代化的物流促使资源配置效率的大幅度提高，也将产生资源配置的风险。

第二，中国粮食产量和消费量的需求，将对世界粮食供需平衡和世界粮食市场的稳定产生较大作用。

第三，中国生态环境的质量，如 CO_2 等污染物排放量，沙尘暴强度和频率，一些跨界性河流的水流量和污染程度等将对全球气候模式和周边国家经济的发展，产生不可忽视的影响。

第四，中国人口计划生育政策的成功实施，不但会减轻中国人口对自然资源、环境、粮食、水、土地等资源的巨大压力，在全球化时代，也会对世界人口压力的缓解产生巨大影响，还有助于世界范围内人类可持续发展模式的推广。

（二）解决中国资源问题可能的创新性方向

从资源对中国科学发展观的影响看，一国的战略资源储备及其可持续

利用是国家独立的重要物质基础之一，如果战略资源的利用依赖于别国，中国国民经济的高速、稳健发展将是一种虚幻现象。苏联解体的一个重要原因就是因为粮食不能自给，过分依赖于欧美发达国家的粮食贸易政策，在西方国家的多种因素影响下，最终走向解体。在全球化时代，从表面看，重要战略资源的配置可以全球为基础统筹规划，但这一经济力量的全球化、市场化必须以强大的综合国力为保证。其中，军事实力与国民经济的协调发展，甚至在一定范围内的更高速发展，才能保障中国国民经济的可持续发展（Sinton，Jonathan E.，2001）。

多国学者采取定性和定量分析相结合的方法，在利用数学模型进行预测的同时，结合全球化时代的国内外因素进行多学科交叉分析（Streets，David，2003，2004；Jeremy Schreifels，2003；UNDP，2004），认为中国的资源安全问题将在以下几个方面实现创新：

首先，在理论研究方面，中国学者研究问题将更多具有全球视野。中国国内关于战略资源安全问题的研究虽然在走向系统化、综合化，但远没有达到目标，尤其是缺乏一种宏观经济视角。在全球化时代，中国有必要将资源配置的安全和可持续发展放在中国经济体系安全的系统中加以研究，中国资源配置的安全还会和世界经济体系的运行相互联系，在相互作用中，一种有别于一国国内的安全政策必然会出现。中国有必要知道新的资源安全观和发展观出现在当代的原因。因此，从理论史的宏观视角研究是什么原因使人类社会走上传统的、以自然资源消耗为特征的资本主义工业社会，又为什么走向后工业化道路，目前又在探讨走向可持续发展的循环经济社会，必须从理论上推理出这一结果。而中国要全面实现小康社会的目标，也要求中国从全球化的现实出发，系统、全面地考虑资源配置安全与可持续发展课题。

其次，资源配置的安全不等于可持续发展。因为资源配置的安全可以有许多层次，在不同时间序列中会有不同的安全观。如一国的资源配置安全，不等于全球的资源配置安全，而且还可能等于别国或其他地区的非安全。只有一国的资源配置安全与全球的资源配置安全相协调，才有可能实现全球化时代真正的安全。一个国家或地区、或者全球资源配置在某一时点或某段时间的安全不等于人类社会长期的或永恒的资源配置安全。只有全球各国共同努力，走上一条主要依赖于可再生资源，甚至全部依赖可再生资源的，人类社会与自然界两大系统良性互动的循环经济之路时，人类社会的资源配置安全才走上了长期的可持续发展之路。所以，用数学语言解读两者关系，资源配置安全的极限才等于可持续发展。

第三，资源配置安全战略涉及到一个国家整体发展战略和国际经济合作关系，建立在经济、政治和军事等因素协调发展的基础上。绝大多数国家，它们的各种人力和自然资源不可能适应该国经济全面发展的要求，在一个政治与经济密不可分的世界上，资源的配置除了受到经济规律制约外，还要受制于由大国制定的政治游戏规则，即资源配置也受到政治规则的制约。

作为一个小国，为了最大程度的利用资源配置利益，依附于某一超级大国或者集团，或者联合各个小国成立一个以资源为纽带的政治经济利益集团（如欧佩克组织，国际可可联盟等），是最优选择。而中国作为一个大国，不可能依附于某一大国进行资源配置，在中国进行资源最优配置时，不得不面对超级大国和某些国际组织制定的规则，资源配置面临的并不是新古典主义的完全竞争市场，而是寡头垄断下的寡头市场。面对一个非纯粹经济性的动荡市场结构，中国资源配置的安全，还需要政治软实力的有力保证；作为一个大国，为了保证中国的和平崛起，防止某些大国的战略遏制，甚至需要以军事实力为后盾，建立经济与政治、军事制衡框架下的资源配置机制。这一特殊的资源配置安全观是中国特有的。

第四，战略资源配置安全与经济发展之间存在辩证关系。在全球化时代，经济发展与资源配置之间存在矛盾与冲突，怎样依据国情协调两者之间的关系，是需要研究的理论和技术问题。在经济发展不仅带来收入分配的两极分化，还带来环境污染等负外部效应时，人类必须在资源配置安全与经济发展之间找到平衡点。作为经济学者，不能断然否定资源保护者的合理呼声，因为资源的配置是在公共选择游戏规则下发生的，任何人和组织都有参与决策的权利；另外，中国在资源利用方面面临各种不确定性。如果中国不建设南水北调工程，不在青藏高原上修铁路，就不能实现资源的合理利用以及资源的优化配置，某些地区可能永远也无法发展起来。实践证明，落后会带来比不利用自然资源发展更坏的结果。一个可能的次优选择是，通过经济的发展，尽快消除贫困，才能尽快地最终实现资源配置的安全和国民经济的可持续发展。在开发资源时，尊重自然规律，尽量维护生态平衡是经济发展的基础（Mohsen Mehrara，2007）。

第五，大规模开发利用高新技术，尤其是可再生资源的利用技术，以知识和技术来交换中国需要的资源和保证资源类产业的安全，避免给世界造成更大压力。中国巨大的人口规模给资源配置的安全造成很大的压力，如果仅仅依靠中国国内的资源进行经济建设，未来几十年内就会使国内资源枯竭，资源配置很可能会更加恶化。在经济全球化时代，利用中国国内和国外配置资源就成为经济可持续发展的必由之路。按照赫克歇尔—俄林国际贸易理论，中国在国际贸易中应该用最丰富的人力资源去交换最稀缺的自然资源，以一种具有可持续发展潜力的知识资源利用模式替代以破坏自然资源为代价的旧发展模式，从而扬优抑劣。中国必须清醒地认识到，大量的人口资源不等于大量的人才资源。要想将我国10多亿人口变为创造性的人才，必须加大教育投资份额，并且确立"以人为本"的新科技发展观。只有中国成为世界上最大的高新技术出口国时，才能通过国际贸易手段和国内外可再生资源利用技术保证资源配置的安全。为了更快地提高中国的科技水平，必须大胆引进和利用国外先进的技术来提升科技实力。20世纪90年代以来，中国技术引进和R&D支出稳步上升，目前居世界第二位。

中国技术来源分为两部分：一部分是引进外来技术，包括进口高科技产品和外国直接投资，它们的比重从1991年的3.40%上升为2001年的9.27%；另一部分是国内技术，以R&D支出占GDP比重为指标，从1995年的0.6%上升为2001年的1.09%。外来技术比重是中国国内技术比重的9倍，说明中国技术来源以引进为主，今后必须加大科技研发力度，争取在10~20年内，中国以可再生资源技术为主的科技集群研究以自我为主，成为可持续发展战略的技术基础。

第六，中国战略资源配置的安全，以及中国经济发展模式从传统的以粗放经营为主向以集约经营为主的历史性转变已经具备了初步的技术人才和力量，今后必须将人力资源的相当部分吸引到资源配置的高效岗位，让他们成为中国开发可再生资源技术和解决"三农"问题的主力军（World Health Organization，2001，2004）。就业导向政策和优惠政策是重要的激励手段。中国目前巨大的人口规模、严重的生态失衡、日益加大的就业压力之间存在着有机联系，它们之间的相互作用会产生两个发展方向：一个方向是人口对资源和环境的压力越来越大，两者之间的恶性循环最终导致国破家亡；另一个方向是中国政府积极鼓励各种组织和公民更加有效地获取、创造、传播和使用知识来促进社会进步和可持续发展，最后走向良性循环。后一个方向要求中国利用知识社会的有利条件，通过几十年的努力，把中国建设成为世界上最大的学习型社会，最大的、普遍应用技术的社会，世界上最大的信息社会（Sinton，Jonathan E.，2001）。这一艰巨的任务是中国几代人无法回避的。中国有70%的人口居住在农村，大约有9亿人口，他们的生存状况与资源配置安全密切相关，而“三农”问题的解决在一定程度上决定了资源配置的未来。国际上大部分学者提出将农村剩余劳动力转移到第二、三产业的工业化模式，其实这种模式对于像中国和印度这样的10多亿人口的大国来说，并不现实。不论是按照马克思的有机构成理论，还是按照西方经济学家的技术密集型产业分析方法，技术越发达，自动化程度越高，一定资本设备对于劳动力的需求是相对减少的，而且自从工业革命以来，资本劳动比率呈快速下降趋势。所以，即使在劳动力和人口不论在总量还是相对量都较少的欧美发达国家，人口的绝对和相对过剩都在一定程度上存在（P. B. Weisz，2006）。解决中国人口对资源配置压力的一个有效办法是，将农业人口的出路定位在农村，将传统农村的发展目标定位为适度工业化、信息化的新农村。通过建设现代化农业，将农业转变为集生态循环型农业、科普农业、旅游观光农业、基因工程农业、信息化农业、立体化农业、绿色农业等特色农业，不但就地解决了农民工就业的压力，而且通过大学生的带领和技术传播，使普通农民转化为知识农民，战略资源配置安全就可以在有现代生态意识的农民的实践下实现。

第七，在工程建设中应利用系统工程思想，争取以最高的效率来减少人为的破坏（Jean-Marc Deom，R. Sala，2006）。如中国西气东输管道工程，它在施工中对当地植被、土壤、水土、地质构造稳定性等方面会产生一定破坏，既然破坏了，就要采取办法尽量降低损失。该管道设计使用寿命为30年，那么，30年后如果没有天然气输送，管道按照常规应该报废，但如果利用系统科学原理，根据中国东南部的江浙一带水量充沛，而西北地区干旱缺水的状况，将该管道反向向西输送淡水，将使西气东输管道利用效率提高1倍（见图2-3）。

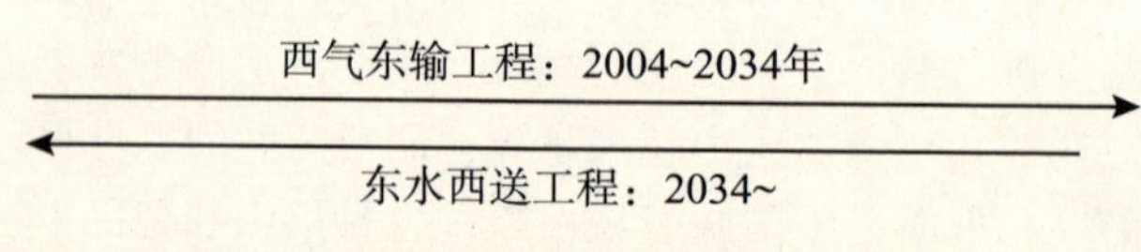

图2-3　资源利用中的系统科学方法

参考文献

1. Abdeen Mustafa Omer, 2003, "Energy in Sudan", International Journal of Global Energy Issues 4, pp. 289 – 309.

2. A. Markandya, S. Pedroso and D. Streimikiene, 2004, "Energy Efficiency in Transition Economies: Is There Convergence Towards the EU Average?" Social Science Research Network Electronic Paper Collection 5, pp. 1 – 41.

3. Antonia Díaz, Luis A. Puch and Maria D. Guillo, 2004, "Costly capital reallocation and energy us", Review of Economic Dynamics 7, pp. 494 – 518.

4. Aldo Spanjer, 2007, "Russian gas price reform and the EU-Russia gas relationship: Incentives, consequences and European security of supply", Energy Policy, Vol. 35, Issue 5, pp. 2889 – 2898.

5. Alper Buyuktosunoglu, Tejas Karkhanis, David H. Albonesi and Pradip Bose, 2003, "Energy Efficient Co-Adaptive Instruction Fetch and Issue" Proceedings of the 30th annual international symposium on Computer architecture 6.

6. Antonia Díaz, Luis A. Puch and María D. Guillo, 2004, "Costly capital reallocation and energy use", Review of Economic Dynamics, Vol. 7, Issue 2, pp. 494 – 518.

7. Coskun Hamzacebi, 2007, "Forecasting of Turkey's net electricity energy consumption on sectoral bases", Energy Policy 3, pp. 2009 – 2016.

8. Dalia Streimikiene, Remigijus Ciegis and Dainora Grundey, 2007, "Energy indicators for sustainable development in Baltic States", Renewable and Sustainable Energy Reviews, Vol. 11, Issue 5, pp. 877 – 893.

9. David Popp, 2002, "Induced Innovation and Energy Prices", American Economic Review 1, pp. 160 – 180.

10. Dermot Gately and Hillard G. Huntington, 2001, "The Asymmetric Effects of Changes in Price and Income on Energy and Oil Demand", Economic Research Reports 1, pp. 1 – 29.

11. Eduardo Pinheiro, Ricardo Bianchini and Cezary Dubnicki, 2006, "Exploiting Redundancy to Conserve Energy in Storage Systems", ACM SIGMETRICS Performance Evaluation Review 1.

12. Espen Loken, 2007, "Use of multicriteria decision analysis methods for energy planning problems", Renewable and Sustainable Energy Reviews, Vol. 11, Issue 7, pp. 1584 – 1595.

13. Fatma Çanka Kiliç and Durmuş Kaya, 2007, "Energy production, consumption, policies, and recent developments in Turkey", Renewable and Sustainable Energy Reviews, Vol. 11, Issue 6, pp. 1312 – 1320.

14. Francine Evans, Schlumberger, David M Roberts, 2002, "Future Trends in Oil and Gas Visualization" Proceedings of the conference on Visualization 10.

15. Gilbert E. Metcalf, 2006, "Energy Conservation in the United States: Understanding its Role in Climate Policy", Department Of Economics Working Paper 3.

16. Henrik Lund, 2007, "Renewable energy strategies for sustainable development", Energy, Vol. 32, Issue 6, pp. 912 – 919.

17. Ibrahim Dincer, 2002, "Energy intensities: an application for Canada", International Journal of Global Energy Issues 1, pp. 130 – 141.

18. Jason Zunsheng yin, David Forrest Gates, 2006, "Elasticity of Energy Demand and Challenges for China's Energy Industry", China & World Economy14, pp. 75 – 92.

19. Jeffrey S. Chase, Darrell C. Anderson, Prachi N. Thakar, Amin M. Vahdat and Ronald P. Doyle, 2001, "Managing Energy and Server Resources in Hosting Centers" Proceedings of the eighteenth ACM symposium on Operating systems principles 10.

20. John Cornish, 2004, " Balanced energy optimization", Proceedings of the 2003 international symposium on Low power electronics and design 8.

21. Jonathan E. SINTON, 2001, "Accuracy and reliability of China's energy statis", China Economic Review 12, pp. 373 – 383.

22. Judith A. Cherni, Isaac Dyner, Felipe Henao, Patricia Jaramillo, Ricardo Smith and Raúl Olalde Font, 2007, "Energy supply for sustainable rural livelihoods. A multi-criteria decision-support system", Energy Policy 3, pp. 1493 – 1504.

23. Konstantinos D. Patlitzianas, Haris Doukas and Dimitris Th. Askounis, 2007, "An assessment of the sustainable energy investments in the framework of the EU-GCC cooperation", Renewable Energy, Vol. 32, Issue 10, pp. 1689 – 1704.

24. Konstantinos D. Patlitzianas, Haris Doukas, Argyris G. Kagiannas and Dimitris Th. Askounis, 2006, A reform strategy of the energy sector of the 12 countries of North Africa and the Eastern Mediterranean, Energy Conversion and Management 13 – 14, pp. 1913 – 1926.

25. Margarita M. Balmaceda, "EU Energy Policy and Future European Energy Markets: Consequences for the Central and East European States".

26. M. Asif and T. Muneer, 2007, "Energy supply, its demand and security issues for developed and emerging economies", Renewable and Sustainable Energy Reviews, Vol. 11, Issue 7, pp. 1388 – 1413.

27. Medlock III, Kenneth B., 2001, "Economic development and end-use energy demand", Energy Journal, Vol. 22, No. 2, pp. 77 – 105.

28. Mei Sun, Lixin Tian and Ying Fu, 2005, "An energy resources demand-supply system and its dynamical analysis", Chaos, Solitons & Fractals, Vol. 32, Issue 1, pp. 168 – 180.

29. Michael Huang, Jose Renau and Josep Torrellas, 2002, "Energy-Efficient Hybrid Wakeup Logic" Proceedings of the 2002 international symposium on Low power electronics and design 8.

30. Michael Stadler, Lukas Kranzl, Claus Huber, Reinhard Haas and Elena Tsioliaridou, 2007, Policy strategies and paths to promote sustainable energy systems-The dynamic Invert simulation tool, Energy Policy 1, pp. 597 – 608.

31. Mohsen Mehrara, 2007, "Energy consumption and economic growth: The case of oil exporting countries", Energy Policy, Vol. 35, Issue 5, pp. 2939 – 2945.

32. Nachiketh R. Potlapally, Srivaths Ravi, Anand Raghunathan and Niraj K. Jha, 2003, "Analyzing the Energy Consumption of Security Protocols", Proceedings of the 2003 international symposium on Low power electronics and design 8, pp. 30 – 35.

33. N. Gnedoy, S. Dubovskoy, M. Kulik, 2003, Economic, energy and ecological aspects of energy resource consumption in Ukraine 2 – 3, pp. 182 – 197.

34. Olli Tahvonen and Seppo Salo, 2001, "Economic growth and transitions between renewable and nonrenewable energy resources", European Economic Review 45, pp. 1379 – 1398.

35. Peter Cornelius and Jonathan Story, 2007, "China and Global Energy Markets", Orbis, Vol. 51, Issue 1, pp. 5 – 20.

36. Popp David, 2002, "Induced Innovation and Energy Prices", The American Economic Review 1, pp. 160 – 80.

37. Rodolfo Dufo-López, José L. Bernal-Agustín and Javier Contreras, 2007, "Optimization of control strategies for stand-alone renewable energy systems with hydrogen storage", Renewable Energy, Vol. 32, Issue 7, pp. 1102 – 1126.

38. Runar Brannlund, Tarek Ghalwash and Jonas Nordstrom, 2007, "Increased energy efficiency and the rebound effect: Effects on consumption and emissions" Energy Economics 1, pp. 1 – 17.

39. Sarah E. West and Roberton C. Williams III, 2005, "The Cost of Reducing Gasoline Consumption", American Economic Review 2, pp. 294 – 299.

40. S. Ashok, 2007, "Optimised model for community-based hybrid energy system", Renewable Energy, Vol. 32, Issue 7, pp. 1155 – 1164.

41. Sauter and Raphael, 2007, "Book review: Micro Cogeneration. Towards Decentralized Energy Systems", Energy Policy 3, pp. 2018 – 2020.

42. Semereab Habtetsion and Zemenfes Tsighe, 2007, Energy sector reform in Eritrea: initiatives and implications, Journal of Cleaner Production 2, pp. 178 – 189.

43. Sinton, Jonathan E., 2001, "Accounting and Reliability of China's Energy Statistics", China Economic Review 12, pp. 373 – 383.

44. Theophile Azomahouy, Raouf Boucekkine, Phu Nguyen Van, 2003, "Energy consumption, technological progress and economic policy".

45. Verbruggen, Aviel, 2003. "Stalemate in Energy Markets: Supply Extension versus Dmand Reduction", Energy Policy 31, pp. 1431 - 1440.

46. Vladimir N. Pokrovskii, 2007, "Productive energy in the US economy", Energy, Vol. 32, Issue 5, pp. 816 - 822.

47. Warwick J. McKibbin, 2006, "Global Energy and Environmental Impacts of an Expanding China", China & World Economy 14, pp. 38 - 56.

48. Wolfram F. Richter and Kerstin Schneider, 2001, "Energy taxation: Reasons for discriminating in favor of the production sector", European Economic Review, Vol. 47, Issue 3, pp. 461 - 476.

49. Xiaoyu Shi and Karen R. Polenske, 2005, "Energy Prices and Energy Intensity in China: A Structural Decomposition Analysis and Econometrics Study", Energy Policy 7, pp. 2018 - 2020.

50. Yelena Kalyuzhnova, 2005, "The EU and the Caspian Sea region: An energy partnership?" Economic Systems, Vol. 29, Issue 1, pp. 59 - 76.

51. Yingmin Li, David Brooks, Zhigang Hu, Kevin Skadron and Pradip Bose, 2004, "Understanding the Energy Efficiency of Simultaneous Multithreading", Proceedings of the 2004 international symposium on Low power electronics and design.

第三章　资源诅咒研究的新进展

一、引言

从工业革命以来，经济学者和历史学家一直将资源作为经济起步、发展、腾飞的积极因素纳入分析。然而，更多的事实却显示了相反的迹象。引用 J. A. Robinson（2006）的证据，OPEC 国家自 1965 ~ 1998 年中人均 GDP 平均下降了 1.3%。同样有说服力的是盛产石油的印度尼西亚等国的经济发展与资源相对贫瘠的东亚新兴经济体之间的差距。来自中国内部的数据也显示了这种趋势：资源相对缺乏的广东、福建、浙江和江苏走在经济发展的前列；然而资源大省山西、辽宁、黑龙江却经济发展相对滞后。于是，人们不禁要问：到底是什么原因使得有些地区的经济发展没有享受到资源的恩惠，反而遭受资源的“诅咒”？这便引出了研究资源诅咒想像的核心任务。研究资源诅咒或资源悖论现象的核心任务就是揭示（自然）资源禀赋程度与经济发展、价格体系之间的因果关系和作用路径。诅咒对经济层面的负面影响是多种多样的，可以表现为国民产出整体的衰减，收入水平的扩大，经济增长难以收敛等现象，当然还有坏制度的延续以及战乱频发政治动荡①。

从经济学基本原理出发，基于一定禀赋结构的完全市场造就合理的经济价格体系。H－O 模型指出只要一个商品完全流通的市场体制，在满足一系列规则条件情况下，专业化资源相对丰富的产业有利于生产要素价格

---

① 今后可以看到，坏制度既是资源诅咒的原因，又是资源诅咒的结果。因此，它们在一定条件下互惠因果，使很多国家和地区难逃“诅咒”魔爪。D. Acemoglu 的一组文献（2001，2004）即表现该种规律。

的趋同，这种分工也将带来社会福利的提高。其后大量专门研究资源诅咒的文献一方面集中于对“贸易条件与经济增长”和“荷兰病（Dutch Disease）”的讨论。至今仍有优秀文献津津乐道于此。另一个方向是在原有模型中引入政府和政治行为研究资源问题和转型问题，并将资源的作用扩展到非生产性利用（寻租理论）。

二、资源诅咒研究的要素转移（基础）和资源价格体系视角

（一）贸易条件与经济增长

贸易条件论是迄今为止在市场角度内讨论资源诅咒问题理论上争议最少的模型。原因在于它用新古典静态理论直接明了地推导出资源膨胀如何通过贸易条件影响经济增长的必要条件及其推论。其主要结果概括于贸易理论中著名的“贫困化增长命题”[①]（Immiserizing Growth）和 Rybczynski 定理——推论中。贫困增长理论是用新的国民收入在新的价格体系下支付的商品量作为衡量国民经济福利水平指标，通过并不复杂的收入—弹性的计算后，模型表明，生产的扩张未必带来国民经济的福利水平整体性的提高，导致一国经济陷入贫困化增长陷阱的必要条件是：贸易条件的恶化。而 Rybczynski 定理的推论指出：如果商品都是正常品，某一个资源的增加，将使得密集使用该要素的商品的相对价格下降，从而该国的贸易条件得到改善还是恶化取决于该商品是进口品或是出口品。并且当两种要素资源同时增长，贸易条件变化的方向不确定，而且可能陷入贫困化增长的泥潭。贸易条件论的政策性研究也相当丰富，例如，著名结构主义学派发展经济学家 Prebisch 和 Singer 以及后来的 Hirschman 认为，初级商品的出口国即使按照比较优势也将不可避免地遭受贸易条件恶化的命运，并且这些初级产品基本上都是缺乏需求收入和价格弹性，这将导致发达的中心工业化国家和贫穷的初级产品出口国之间的“剪刀差”[②] 越来越大。还有一些

① 这一命题的标准推导详见文献：Giancarlo. Gandolfo，International Trade Theory and Policy (2e)，Springer-Verlag（中文版见《国际贸易理论与政策》，上海财经大学出版社 2005 年版）。

② 严格的“剪刀差”理论参见文献：Stiglitz. J，1984，The Economics of Price Scissors。

经济学者注意到国际初级产品市场价格的剧烈波动将给政府制造困境，出口商品价格的剧烈波动往往导致主要依靠于此的政府的税收大受影响并进而波及一国的宏观经济政策（Nerske，1958；V. Levin，1960）。此外，从产业联系视角，他们还认为资源部门的发展不可能促进甚至有可能阻碍其他部门的发展。由于自然资源部门大多数掌握在跨国公司巨头或国内垄断势力手中，这就使得经济受控于他国或垄断力量，然而自然资源开采部门基本上不存在"前向联系"和"后向联系"。这就使得自然资源部门的发展一枝独秀，而对其他产业部门并无拉动作用，长期看必危及国民经济全局。

（二）荷兰病（Dutch Disease）

20 世纪 60 年代，荷兰北海一带发现大量天然气，随着天然气的大量开采和出口，荷兰盾变得坚挺，而非石油出口的竞争力下降了。后来人们逐步把这种综合病症称作"荷兰病"①。"荷兰病"的经典模型是由 W. M. Corden 和 J. Peter. Neary 在 1982 年和 1984 年研究中给出的（W. M. Corden，J. Peter. Neary，1982；W. M. Corden，1984）。他们将一国的经济分为三个部门，即可贸易的制造业部门、可贸易的资源出口部门和不可贸易的部门。假设该国经济起初处于充分就业状态，如果突然发现了某种自然资源或者自然资源的价格意外上涨将导致两方面的后果：一是劳动和资本转向资源出口部门，则可贸易的制造业部门现在不得不花费更大的代价来吸引劳动力，制造业劳动力成本上升首先打击制造业的竞争力。同时，由于出口自然资源带来外汇收入的增加使得本币升值，再次打击了制造业的出口竞争力，这被称为资源转移效应。在资源转移效应的影响下，制造业和服务业同时衰落下去。二是自然资源出口带来的收入增加会增加对制造业和不可贸易的部门的产品的需求。但这时对制造业产品需求的增加却是通过进口国外同类价格相对更便宜的制成品来满足的（这对本国的制造业来说又是一个灾难）。不过对不可贸易的部门的产品的需求

---

① "荷兰病"可以看成传统采掘业急剧膨胀，但制造业部门发生萎缩征兆的代名词。这也局限了我们的分析视角。尽管这种经济病症一般是与一种自然资源的发现联系在一起，但它可能由于以下任何一种造成外汇大量流入的事件诱发，其中包括自然资源价格的急剧上升（Robinson et al.，2006）或资源产权结构的突然改变，外国援助（Acemoglu，2004）和外国直接投资的增长与竞争等。

增加无法通过进口来满足，我们会发现一段时间后本国的服务业会重新繁荣，这被称为支出效应。“荷兰病”表现在自然资源丰富的发展中国家最终使得制造业逐渐衰落。制造业承担着技术创新和组织变革甚至培养企业家的使命，而自然资源开采部门缺乏联系效应以及外部性甚至对人力资本的要求也相当低。所以一旦制造业衰落，发展中国家的人力资本外流将是必然趋势。因此，即使服务业繁荣，一旦制造业衰落，就长期而言，发展中国家国民经济也难以健康发展。

持有类似观点的研究还有哈佛大学肯尼迪政府学院学者 Ricardo Hausmann 和麻省理工学院学者 Roberto Rigobon。他们 2002 年提供了一条带有金融部门的解释资源诅咒的理论通路：对非贸易资源型行业的专业化以及金融市场的不完全性是资源大国经济绩效低下的祸首。他们指出，如果一国存在一个庞大的非资源型的贸易生产部门（A Sufficiently Large Non-resource Tradable Sector），那么市场上这两种商品的相对价格就保持稳定，一旦市场失去这个庞大的非资源型的贸易生产部门的支撑，价格体系变得波动，其缘由在于为了保持资本报酬的稳定，非贸易部分需求的冲击不能通过劳动力的转移调节，而是通过非贸易部门产品价格的提高解决，然而非贸易的资源型产品相对价格升高造成消费者更多地选择其他部门的产品，为了市场出清，必然推动更高的相对价格运动和产量的下降。他们的模型认为，利率的高低很大程度上取决于相对价格。最终，模型预测的结果是非资源的贸易部门将不得不面对高利率、低资本投入和低产值的境地——这完全拟合了资源诅咒下的经济，虽然从模型角度看过于简单。

仔细观察“荷兰病”可以发现，初始的“荷兰病”模型并不能完全解释发展中国家的资源诅咒问题。“荷兰病”模型的假设是在资源出口繁荣之前存在充分就业并且资本是固定的，这无疑不符合发展中国家的实际情况。在发展中国家，典型的存在着劳动力的绝对过剩和资本的严重不足。按照“荷兰病”的分析思路，由于发展中国家劳动力过剩，资源部门的意外繁荣会使得过剩的劳动力转向现在繁荣的资源产业但同时并不会提升制造业的工资水平，因此资源转移效应中所说的劳动力成本上升未必存在。另外，如果发展中国家制造业的中间产品大都需要进口，假如汇率升值，本国的制造业未必会失去竞争力而不是像“荷兰病”模型所说的制造业会一蹶不振。但是“荷兰病”分析思路的价值在于它强调本土的制造业在发展中国家经济增长中的决定性作用，这个研究思路与后来一些学者从新增长和人力资本视角研究资源挤出效应不谋而合。

（三）新增长理论视角

与上述两个视角相关的另一组文献主要集中于讨论“人力资本的投资不足，干中学（Leaning By Doing）和收入的不平等”。之所以将它们视作统一模式，是因为这类工作只是从一个更宽广的要素范畴，讨论这些膨胀的自然资源挤出效应，即自然资源挤出了推动经济增长更为重要的要素。比如，无论国家还是企业层面的研究都提供了足够的证据表明教育应该被视为一项重要的投资。哈佛大学经济系教授 R. Barro 对经济增长的跨国研究显示，不论对经济增长方程怎么设定，还是对教育衡量的指标方式差异，初始的教育水平对随后的经济增长率有显著的正的影响，人力资本理论包括内生增长理论预言对教育投资的差异将导致各国在劳动生产率上的差异。除此以外，对教育的投资还能降低收入的不平等程度从而提高经济增长率（Birdsall，1995）。对妇女教育的投资还会降低生育率和改善子女的健康水平，这都是倾向于一国的长期经济增长（Barro 教授的固定搭档 Sala-i-Martin 亦在教育、人力资本、公共支出等经济增长经验研究上颇有建树）。于是，有不少经济学家试图从此角度来解释资源诅咒，集中探讨资源丰富的国家为什么对教育投资缺乏积极性，丰沛的资源如何挤出人力资本要素的深层次机制。

Sachs 和 Warner（1995）的工作被很多学者奉为经典。他们在美国西北大学 Matsuyama 教授（1992）的模型基础上派生出动态“荷兰病”的内生模型（见 NBER 工作论文附录 B）。模型包含了通常的可贸易部门、不可贸易部门和自然资源部门。自然资源越丰富，对于不可贸易品的需求也越高，进入制造业部门的资本和劳动力随之下降。在制造业部门干中学（Leaning By Doing）的假设下，可能引发了“荷兰病”。他们通过擅长的经验研究方式，利用国家层面的截面数据证实了这一假说（即使控制了对经济增长有关的诸如初始平均资本收入、贸易政策、行政效率以及投资率等重要变量）。这方面的有益尝试还有 Gylfason（1999）等人的证明，资源丰富国家的资源开采部门本身对熟练或者是高素质劳动力的需求就严重不足。并在 2001 年继续明确指出大多数自然资源大国忽视教育的公共支出，导致自然资源挤出人力资本。另外相似的文献主要有 R. Torvik

(2001) 的研究[①]。

2001 年，Birdsall 等人重新构造了一个模型，试图将收入不平等、人力资本投资不足和资源丰富放在一个框架内解释。他们认为一个良性的经济发展是这样启动的：如果人力资本投资的回报率超过了折现率，穷人将会投资人力资本，导致短期的经济增长，即使是这种短期的增长也会对人力资本的持续投资起到促进作用。人力资本投资的增长进一步导致对学校教育需求的上升，人力资本积累正式开始，收入不平等削弱。在这个良性循环中政府的政策起着至关重要的作用。首先，政府应该提供教育这种公共产品；其次，穷人之所以投资教育关键是穷人对教育的投资要大于教育的机会成本。政府的发展战略对穷人的选择将会产生重要影响。如果经济发展战略强调的是对劳动力技能的需求以增强国际经济竞争力，这无疑会提高人力资本投资的回报率，使得穷人选择投资教育。然而在资源丰富的国家中，这个良性循环往往无法出现或者是被打破了，资源的膨胀，其租金往往被少数人和企业拥有，在“荷兰病”模型中，随着资源从制造业和其他可贸易部门转向资源集中部门，政府的政策也往往会随之改变，不再将重点放在劳动密集型产业的发展，而会采用内向型的资源依赖型数量增长战略。由于制造业受到汇率和成本上升的困扰，为了补偿损失，国家可能对制造业实施贸易保护战略。整个社会对劳动力的技能的需求降低，人力资本投资自然开始下降，随之会形成一个恶性循环。

三、资源诅咒的新政治经济学框架

回到基准的 H－O 模型，纯粹的新古典模型没有建立起真正的政府模型，而仅仅描述没有摩擦的市场行为，如果说现代经济学的革命来自于建立更加切实的微观基础的行为模式，那么将政府行为引入资源问题分析，并将资源的作用扩展到非生产性利用，无疑成为研究资源悖论新的方向。

（一）寻租论

现实无疑表明坏的经济绩效与坏的经济政策有关，而坏的经济政策与

---

① R. Torvik, 2001 Learning by doing and the Dutch disease. European Economic Review 45, pp. 285 – 306.

资源额外的租金有关。第一个关系已有文献论述，北欧学者 H. Mehlum 等教授（H. Mehlum et al.，2005）建立起制度与资源膨胀关系的制度决定论假说。他们指出，好的制度即促使生产的制度安排不会导致诅咒，然而掠夺和与民争利的制度安排将引一国进入诅咒圈套。

至于第二个关系，经验研究发现，资源依赖型经济中资源的膨胀和繁荣可能导致扭曲的政府行动，尤其是公共部门的特定行为。学者 Newberry 早在 1986 年便先见地指出①：经济学家在以往的分析中都忽略了政府这个因素，正是这种简化带来了巨大错误。世界银行（World Bank）等国际机构在非洲诸国的观察均显示政策失效既是资源大国经济波动的原因，也是某种与资源相联系的政治体制失败的结果。从这个角度找到突破口的文献主要“依附”于寻租理论（Rent Seeking）。将寻租理论引入资源问题并不奇怪，毫无疑问，无论一个经济体是由于资源膨胀的“租”带来的繁荣抑或是衰败，无不围绕“租值”的竞争和消散，防止“租值耗散”形成的各种制度安排都是资源问题的核心所在。为什么寻租会导致经济衰弱呢？比如，哈佛大学著名经济学家 A. Shleifer 教授在其论文《论人才的配置》（后收录于其专著《掠夺之手》）中曾谈到，租金的存在对优秀人才的人力资本配置产生重要影响，如果一个社会高水平的人力资本主要集中在非生产性活动中竞争额外的“租”，自然会阻碍国民经济其他部门的持续健康发展。

寻租倾向性研究中具有代表的是发展经济学杂志（Journal of Development Economics）自 2000 年后刊载的一系列文章。如：Jean-Marie Baland 和 Patrick Francois（2000）研究构建了一个“二元人力资本选择经济”，人力资本进入寻租的机会成本是将人力资本投入企业家行为的回报，当经济进入完全企业家均衡（Full Entrepreneurship Equilibrium），人力资本从事企业创新活动相对收益较大，而相对应，经济进入寻租均衡状态（Rent-seeking Equilibrium）情况刚好相反，寻租最终破坏经济增长的原动力。有意思的是，Baland 和 Francois 认为进入不同均衡的条件可能与初始状态有关，也就是说，一个经济体可能存在路径依赖而进入一种状态。无独有偶，R. Torvik 教授（2002）也指出了同样机制，资源膨胀助长了寻租活动，由于寻租的规模效应，最终使得资源膨胀带来收入的增长远低于其他主要经济部门收入衰减的程度，从而降低经济社会福利水平。

---

① Newberry，D 1986，Natural Resources and the Macroeconomy. Basil Blackwell，Oxford.

（二）新政治经济学范式

正如哈佛大学政府学系教授 James A. Robinson 所述，寻租倾向文献忽视了政治激励和政治家的足够的理性，而简单地采用 Becker-Olson 框架，将政府视作利益集团的集合。随后，Robinson 等教授在其 2006 年的文献中构建了一个真正的资源悖论的政治经济学模型。这个模型得益于 D. Acemoglu 等（2004a）的启发。这篇文章的目的在于提供“坏制度”为什么能够持续的逻辑假说，资源诅咒命题最多算是比较静态下的副产品。但这篇文献构建了相对标准的解释“权利维持—更迭”的政治经济学框架，对 Robinson 等人 2006 年的研究起到了推动[①]。Acemoglu 等指出，一国统治者为了维持统治权（通常指的是坏制度），政治当权者有动力通过一种分而治之的策略——即对反对者予以惩罚，对支持者予以奖励——来瓦解其权位的反对力量，这将进一步强化集体行动困境：即使有改革成本分担机制，但是当权者可以使用分而治之的策略轻易瓦解反对者的联盟，使得变革或革命不能发生！有趣的是，在分而治之模型中，当权者并不需要真正付出对支持者的奖励，因为生产者虽遭受掠夺之苦，但是预计在位者的分治收买策略，谁也不敢率先提议（也没必要）将当权者赶下台——“分而治之”有枪打出头鸟之效果——结果没人反对，当权者也就无须支付什么支持者奖赏。资源膨胀在实现 MPE 均衡中起到关键作用。当权者手中掌握的资源一旦膨胀（属于注释 2：外国援助的增加），使其非均衡路径（Off Equilibrium Path）上收买计划的预算限制变得更加宽松，反对者也随之更清晰地预计到分而治之的策略将最终胜出，因此，坏制度就更容易维持。于是 Acemoglu 等人认为这就是第二次世界大战后美国与联合国对专制国家（比如非洲诸国）的战后援助但事实上却巩固了当权者的掠夺地位，从而导致经济衰退，社会贫富扩大，地区战乱频频。无论如何，坏制度的确是可以长期持续的，而对其坏制度持续的性质和原因及其与资源问题的研究，将有广阔的继续拓展的余地。

Robinson 教授考虑了一个当权统治者竞争选民的“续任选举问题”(Re-elected)，并在这一情形下复兴“资源悖论命题”。竞选分为两个阶段，第一个阶段是选举博弈，随后一个阶段实现（输出）产出、资源攫

① 事实上，Robinson 本人作为 Acemoglu 的固定研究搭档，参与了 2004 年的文献。

取（Resource Extract）、税收以及各方消费结局。自然资源的收入归政府所有，那么资源价格的升高（见注释2的分类），政府将享有这部分利益。在位政府需要决策它在第一阶段攫取多少资源，相应为将来保留多少资源。资源收入有两部分用途：一部分用于消费开支，另一部分用于贿选。模型中的政府通过发放公务员就业岗位的方式贿赂本集团和反对集团的选民。他之所以放弃使用现金贿赂的方式，是因为分析表明事前的现金承诺是不可置信的。这样的政策称为“党派离间策略”（Partisan Politics）。模型显示一旦在位者续任成功，承诺是可以被最优地执行的。故事最终输出四个强有力的结果。（1）政府可能过度攫取资源偏离社会最优值，因为它们只在乎他们将来在位时资源的储备（将来的折现率等于竞选胜出的概率）——短视行为。（2）永久性的资源膨胀有可能提高资源的使用效率，原因在于资源的持久膨胀提高了当权者的效用，导致了在位者为继续在位而付出更大努力，提高了政府的续任可能，因此提高了未来的价值，从而使资源的效率接近社会最优。（3）永久性的资源膨胀将对经济中其他生产部门产生负的影响。直观地讲，持久膨胀提高了当权者的效用，于是政府将更多地贿赂选民，许诺更多的公务员岗位和收入，从而导致人力资本流向低效率的公共部门和非生产性部门，因此国民产出可能由此衰落——挤出（转移）效应。（4）一个促进责任感和竞争性的制度限制政府的竞选行为可能保证国家最终免受资源的邪恶诅咒，而一个无效的坏制度将适得其反。最后，Robinson等还在模型中利用意识形态控制设计了专制政府的情况，结果同样显示资源价格的膨胀可能导致国民经济的疲软。Robinson等人将他们的研究看做是为资源问题提供了一个标准的政治经济学基石，是毫不为过的。最起码均衡在比较静态下表现出来的“非线性”结果高度拟合现实，令人兴奋。不过，上述两篇文献并不是不存在任何瑕疵的，他们的研究都是基于观察非洲、南美等发展中国家的政治体制后做出的探索，对于中国这样政治经济社会高度稳定的经济体的解释力并无作为。如果我们通过经验研究承认中国省际或局部地区内部存在资源悖论问题，基于中国经验建立起政治经济模型，无论在理论还是应用实践上无疑非常具有指导意义。

抛开理论上建立的寻租和竞选模型，再来审视一下经验研究在政治领域为读者提供更广阔的视角和佐证。毫无疑问，资源诅咒的发生是有其政治体制背景的。美国哥伦比亚大学学者Sala-i-Martin和IMF经济学家Subramanian在其2003年的实证文献中否定了资源诅咒并不是通过资源挤出其他生产领域要素的机制发生作用的，他们从观察尼日利亚的经验中得出石油及其他矿产资源的繁荣诱发市场和经济领域的腐败，弱化了一国的制度质量，进而对长期经济增长施加负的，乃至非线性的冲击。这种制度上的弱化取代了传统的“荷兰病”假说，被重新概括为资源诅咒形成的根源。这样的认识无疑是深刻的，至少从理论上接通了新政治经济学的研究工作。Iikka Korhonen（2004）通过100个国家的数据，分析资源依赖型国家的经济绩效低下的假说，并且实证认为政治民主将对资源依赖型国家的经济绩效起到正面作用。

最近，麻省理工学院劳动经济学者 Joshua D. Angrist 和美国 Houston 大学教授 Adriana Kugler（2005）通过细致的调查实证研究也发现，虽然 coca 资源的发现及其扩大的需求对哥伦比亚经济稍稍起到了些许作用（如自我雇用的增加），同时也引起资源的收入和支配产生国内冲突，导致了死亡率的上升。文章的价值可能超过读者的预期，从复杂的社会现象中分离出是否是 coca 直接导致了利益分配的暴力和冲突，综合评价国民产出提高对疾病死亡提高与导致冲突的这些负面影响，在统计和计量上是困难的。幸好，现代微观计量和社会统计学的发展为我们精确描述现象提供了更多强有力的武器。这方面更多的文献通常可以在 NBER 工作论文和劳动经济学杂志上找到。

四、与资源诅咒相关的其他文献

资源悖论命题的论证深深植根于经济增长与不平等研究、制度与新政治经济学、经典发展经济学和现代劳动经济学研究的沃土中。（1）经济增长和不平等的文献首推经济增长大家 P. Aghion（1992，2002a，2002b）关于 Schumpeterian 创造性破坏（Creative Destruction）的研究。Aghion（1992）的模型主要是解释经济增长的动力，而 2002 年对收入差距问题做了进一步的探讨，他的分析建立在他一直倡导的具有“创造性破坏特征”的 Schumpeterian 增长模型基础上，但所采用的分析框架并不完全类似他和 P. Howitt 在 1992 年所建立的模型，所研究的目标也不一致。Aghion（2002）提供了一个完整的文献综述，总结了技术更新扩散、市场广狭和“组间—组内”收入差异的关系。阿西氏（2004）建立了一个冗长的模型指出垄断实力和投资主导型（一开始该国可能具有这方面的优势）增长可能不能支持长期的经济收敛，因而不具有动态效率。这篇文章的意义非凡，他将创新模式、增长战略、资源禀赋、政治干预和激励问题融入到一个话题里，显示了当代经济学在解释复杂的发展问题上的巨大威力。其他不平等和增长的经典文献见 A. Banerjee 和 E. Duflo（2003）的研究。（2）新政治经济学的快速发展主要归功于北欧经济学家 Pearson 和 Tabellini（2000）的综述性工作以及 D. Acemoglu 的一系列杰出的文献①。普林斯顿大学经济学家 A. Dixit（2006a，2006b，2007）最近也致力于政治领域激励和私人秩序的研究。值得一提的是他和阿西氏 2007 年的论文都关注到对官僚提供公共产品的激励问题。政治体制提供的激励和制约为转型经济中的资源问题提供了特定的背景，因此忽略这组文献从事资源悖论命题的研究，无论是理论还是实证都是不可取的。（3）发展经济学的新文献：发展经济学的文献浩渺，试举几例。宏观讨论发展中国家经济发展与资源战略的研究主要有 J. Lin（2006）。经济学家 R. Benabou（1996）NBER 的工作论文在研究不平等问题中把政治均衡和资本市场的不完美性融为一体，不平等弱化了中间阶层，造成再分配压力，降低投资，威胁私人产权；资本市场的不完美性对穷人的借贷具有限制，人群从事不同的生产决定于初期的资产，于是进一步造成不平等。1999 年著名经济学家 E. C. Prescott 和 S. L. Parente 在美国经济评论杂志刊发文章指出垄断可能是一国走向富裕的障碍。Prescott 在一个简单的一般均衡框架内研究发现垄断可能造成产出衰减，收入差距扩大的事实。

五、结论与启示

目前对资源诅咒的研究仍然是方兴未艾，但问题同样令人费解。这个世界上同时存在着资源同样非常丰富的发达国家，如美国、澳大利亚、加拿大、挪威等，资源非常丰富的发展中国家，如马来西亚、博茨瓦纳等成功地维持了长期的高水平经济增长，但也存在非洲、南美等资源丰富的国家却陷入资源诅咒之厄运，我们相信这对我国经济社会进一步改革发展，中西部、东北区域经济崛起有借鉴和警示作用。我们认为资源的诅咒仅是

---

① Acemoglu 几乎所有的文献都可以在他个人主页上获得：http：//econ-www. mit. edu/faculty/? prof_ id = acemoglu。

更深层次诅咒的“替罪羊”。因此，最新的研究试图通过对制度质量的探讨来研究资源诅咒的传导机制，这是一种清晰可见的发展方向。最后，我们用 D. Acemoglu 一篇高影响因子的论文（2001，AJR）结束本文的综述。AJR 在这项研究发展中地区发展差异的殖民地根源时的回答与众不同。研究认为，非洲和加勒比海的贫穷，是因为当时殖民者在那些地方建立了坏的制度（掠夺性制度）；美、加、澳等的富裕，是因为殖民者在那里创造了好的制度。他们对 60 多个被殖民国家的样本分析发现：殖民者常常在缺乏开发、环境较好、人员稀少的地区引入比较好的财产保护制度，一个极端就是在美国、澳大利亚和新西兰，殖民者永久定居并建立了加强法规和鼓励投资的制度；而在开发较多、疾病虐行、自然资源储量丰富、简单劳动力密集的地区，殖民者往往引入了恶劣的财富榨取制度，一个极端就是在刚果河黄金海岸，他们建立了榨取制政府以达到快速转移资源到本国主要都市的目的，这些制度对投资和经济进步是有害的。正是这样的制度差异，导致了日后不同地区经济的长期表现之差异。这个结论的意义将是积极的，因为这些结果暗示了非洲比世界其他地方贫穷的原因不是因为纯粹的地理或者文化因素，而是因为恶劣的制度。当坏的制度在某种机制下得以延续，这些落后地区并非中了“资源的诅咒”，而是落入“坏制度的路径依赖”。于是，解决诅咒问题的讨论可能转向另一个经济学分支——转型经济理论。

参考文献

1. 赵奉军：《关于“资源诅咒”的文献综述》，载《重庆工商大学学报（西部论坛）》2006 年第 2 期。

2. 钟春平、徐长生：《创造性破坏与收入差距的振荡扩大》，2005 年 CEAC 会议论文。

3. 威廉·伊斯特利著，姜世明译：《在增长的迷雾中求索》，中信出版社 2005 年版。

4. 安德烈·施莱弗、罗伯特·维什尼编著，赵红军译：《掠夺之手：政府病及其治疗》，中信出版社 2004 年版。

5. D. Acemoglu，1999，“Changes in Unemployment and Wage Inequality：An Alternative Theory and Some Evidence”，the *American Economic Review*，Vol. 89. No. 5，pp. 1259 – 1278.

6. D. Acemoglu，S. Johnson and J. A. Robinson，2001，“The Colonial Origins of Comparative Development：An Empirical Investigation”，the *American Economic Review*，Vol. 91，No. 5，pp. 1369 – 1401.

7. D. Acemoglu, 2003. "Patterns of Skill Premia". *Review of Economic Studies*, Vol. 70: pp. 199 – 230.

8. D. Acemoglu, J. A. Robinson and T. Verdier 2004a "Kleptocracy and Divide-and-Rule-A Model of Personal Rule" *MIT Working Paper.*

9. D. Acemoglu, P. Aghion and F. Zilibotti 2004b, "Distance to Frontier, Selection and Economic Growth", *MIT Working Paper.*

10. D. Acemoglu, S. Johnson and J. A. Robinson, 2004c, "Institutions as the Fundamental Cause of Long-Run Growth", Prepared for the *Handbook of Economic Growth* edited by Philippe Aghion and Steve Durlauf.

11. D. Acemoglu, D. Ticchi and A. Vindigni, 2007, "Emergence and Persistence of Inefficient States", *MIT Working Paper.*

12. P. Aghion and P. Howitt, 1992, "A Model of Growth through Creative Destruction", *Econometrica*, Vol. 60, No. 2, pp. 323 – 351.

13. P. Aghion, P. Howitt and V. Giovanni, 2002, "General Purpose Technology and Wage Inequality". *Journal of Economic Growth*, 7. pp. 315 – 345.

14. P. Aghion, 2002, "Schumpeterican Growth and the Dynamics of Income Inequality" *Econometreica*, 70. pp. 855 – 882.

15. J. D. Angrist and A. D. Kugler, 2005, "Rural Windfall or a New Resource Curse? Coca, Income, and Civil Conflict in Colombia", NBER working paper, w11219.

16. R. Auty, (Ed.), 2001, "Resource abundance and economic development". Oxford: Oxford University Press.

17. Baland, Jean-Marie and P. Francois, 2000, "Rent-Seeking and Resource Booms", *Journal of Development Economics*, Vol. 61, pp. 527 – 542.

18. A. Banerjee, E. Duflo, 2003, "Inequality and Growth: What Can the Data Say?", *MIT Working Paper.*

19. R. Barro and Lee, Jong-Wha. "Sources of Economic Growth." Carnegie-Rochester Conference on Public Policy, 1994, U. S. A.

20. R. Barro and Lee, J-W. 1994. "Losers and Winners in Economic Growth", *Proceedings of the World Bank Annual Conference on Development Economics*, 1993. Washington, DC, 1994, pp. 267 – 314.

21. R. Barro and Sala-i-Martin, 1994, "Economic Growth", Harvard University.

22. R. Benabou, 1996, "Inequality and Growth", *NBER Working Paper* 5658.

23. Birdsall, N., D. Ross, and R. Sabot. 1995. "Inequality and Growth Reconsidered", *The World Bank Economic Review*, 9: 3 (September).

24. Birdsall, N., D., Thomas Pinckney, R. Sabot. 2001. "Natural Resources, Human Capital, and Growth", *Carnegie Endowment for International Peace Working Paper.*

25. W. M. Corden and J. Peter Neary, 1982, "Booming Sector and De-Industrialization in a Small Open Economy", The *Economic Journal*, 92, December, pp. 1 –24.

26. W. M. Corden, 1984, "Booming Sector and Dutch Disease Economics: Survey and Consolidation," *Oxford Economic Papers* 36, No. 3: pp. 359 –380.

27. A. Dixit, 2006a, "Lawlessness and Economics: Alternative Modes of Economic Governance" Princeton, NJ, Princeton University Press.

28. A. Dixit, 2006b, "Predatory States and Failing States-An Agency Perspective" Working Paper: http://tmdniubi.wp3.dvbbs.net/45/index.php? q = aHR0cDovL3d3dy5wcmluY2V0b24uZWR1L35kaXhpdGFrL2hvbWUvUHJlZEZhaWwucGRm.

29. G. Gandolfo, International Trade Theory and Policy (2e), Springer-Verlag. (中文:《国际贸易理论与政策》，上海财经大学出版社2005年版)。

30. Gylfason, T., Herbertson, T. T. and Zoega, G., 1999, "A mixed blessing: natural resources and economic growth" *Macroeconomic Dynamics*, Vol. 3, June, pp. 204 –225.

31. Gylfason, T, "Natural Resources, Education, and Economic Development", *European Economic Review*, Vol. 45, pp. 847 –859.

32. R. Hausmann and R. Rigobon, 2002, "An Alternative Interpretation of the Resource Curse: Theory and Policy Implications" *NBER Working Paper* w9424.

33. Iikka Korhonen, 2004, "Does democracy cure a resource curse?", BOFIT Discussion Papers 2004 No. 18

34. Li, S. and Li, S. and Zhang W., 1998, "Cross-regional competition and Privatization in China", MOST-MOCT: *Economic Policy in Transition Economics.*

35. J. Lin, M. Liu, S. Pan and P. Zhang, 2006, "Development Strategy, Viability, and Economic Institutions" UNU Research Paper. No. 2006/X.

36. K. Matsuyama, 1992, "Agricultural Productivity, Comparative Advantage, and Economic Growth", *Journal of Economic Theory*, Vol. 58, pp. 317 –334.

37. H. Mehlum, K. Moene and R. Torvik, 2005, "Institutions and the Resource Curse", Working Paper: http://www.svt.ntnu.no/iso/Ragnar.Torvik/ej_march05.pdf.

38. Newberry, D., 1986, "Natural Resources and the Macroeconomy." Basil Blackwell, Oxford.

39. R. K. Sah, and J. Stiglitz, 1984, "The Economics of Price Scissors" the *American Economic Review*, Vol. 74, No. 1, pp. 125 –138.

40. S. Parente and E. Prescott, 1999, "Monopoly Rights: A Barrier to Riches", the *American Economic Review*, Vol. 89, No. 5, pp. 1216 –1233.

41. T. Pearson and G. Tabellini, 2000, "Political Economics: Explaining Economic Policy" MIT press.（中文：佩尔森、塔贝里尼：《政治经济学：对经济政策的解释》，

中国人民大学出版社 2006 年版）

42. J. A. Robinson, R. Tovik, and T. Verdier, 2006, "Political Foundations of the Resource Curse", *Journal of Development Economics*, Vol. 79, pp. 447 – 468.

43. J. Sachs and A. Warner, 1995, "Natural Resource Abundance and Economic Growth", *NBER Working Paper*. w5398.

44. J. Sachs and A. Warner, 1997, "Fundamental Sources of Long-run Growth", the *American Economic Review*, Vol. 87, pp. 184 – 188.

45. J. Sachs and A. Warner, 2001, "The Curse of Natural Resources" *European Economic Review*, Vol. 45, pp. 827 – 838.

46. Xavier Sala-i-Martin and A. Subramanian, 2003, "Addressing the Natural Resource Curse-An Illustration from Nigeria", *NBER Working Paper*. w9804.

47. R. Torvik, 2001 Learning by doing and the Dutch disease, *European Economic Review* 45, pp. 285 – 306

48. R. Torvik, 2002, "Natural resources, rent seeking and welfare", *Journal of Development Economics*, Vol . 67, pp. 455 – 470.

第四章　规模报酬递增理论研究的新进展

一、引言

早在两百多年前，亚当·斯密在阐述劳动分工对经济增长的作用时就突出强调了规模报酬递增的重要性。后来，马歇尔进一步区分了企业内部的规模报酬递增和企业之间的规模报酬递增对经济增长的影响。在以亚当·斯密和马歇尔为代表的古典经济学家看来，通过劳动分工获得规模报酬递增带来的好处，是促进经济增长的重要手段。经济理论的发展在很大程度上都决定于现实经济环境的变革。亚当·斯密和马歇尔能对规模报酬递增现象的作用提出深刻的洞见，也许是因为他们观察到了产业革命初期大规模的工业化生产在降低成本方面的优势。虽然现代经济学家对亚当·斯密的理论耳熟能详，但是在20世纪80年代之前，在主流经济学框架中对规模报酬递增现象进行研究的文献为数甚少。从某种意义上讲，是Romer（1986）的开创性研究复兴了主流经济学对规模报酬递增现象的分析。从此，经济学家开始从不同的角度去论证是否存在显著的规模经济效应，去探求规模报酬递增的源泉，去分析规模报酬递增的影响。本章试图概述数十年来主流经济学家对规模报酬递增现象进行研究的成果。

二、规模报酬递增现象是否存在

对于是否存在规模报酬递增现象，有两种不同的研究路径：一是收集相关数据利用实证研究方法去证实在现实经济生活中确实存在递增的规模报酬；二是从理论上去证明只有出现递增的规模报酬，才能解释现实经济生活中的许多典型的事实。显而易见，在回答是否存在规模报酬递增现象这个问题时，实证研究结论更有说服力。尽管很难获得相关数据，但仍然有一些研究者利用国家、地区、产业和企业层面的数据对美国等发达国家经济活动中的规模收益递增现象进行了实证分析。

（一）国家层面的研究

Davis 和 Weinstein（1998）通过估计 13 个 OECD 国家的支出变化与产出变化之间的关系来检验是否存在规模报酬递增现象。他们估计出来的产出的需求弹性为 1.6，因此推断出存在明显的规模收益递增现象。Nelson（1998）以及 Nelson 和 Pack（1999）的研究表明，在韩国以及中国台湾地区 1960 ~ 1990 年间的高速增长中，由于在引进和吸收发达国家先进技术过程中，学习效应产生了重要的影响，所以出现了非常明显的规模报酬递增现象。Freenstra、Markusen 和 Rose（2001）利用美国和加拿大的相关数据对引力模型进行估计后得到的结论显示，从国家层面上看，美国和加拿大两国存在较为显著的规模经济效应。Head 和 Ries（2001）利用美国和加拿大的总量数据对 Krugman（1980）的规模收益递增模型进行实证检验的结果也表明，从整体上看，这两个国家的生产活动具有较为明显的规模报酬递增之特性。

（二）地区层面的研究

Ciccone 和 Hall（1996）利用美国各县的雇佣密度作为衡量各州经济活动的一个指标对美国经济中地区层面上的规模报酬递增现象进行了实证分析。他们的研究结果表明，一个县的雇佣密度每翻一番，劳动生产率就会提高 6%，而且全要素生产率也会提高 4%。也就是说，从地区层面上看，在雇佣劳动力方面存在非常显著的规模经济效应。不过，在他们的研究中，没有办法确定这种显著的规模经济效应到底是源于技术外部性（Technical Externalities）还是源于货币外部性（Pecuniary Externalities）。

为了探求技术外部性和货币外部性对地区经济活动中的规模经济效应的影响，Dumais、Ellison 和 Glaeser（1997）利用美国各州新建企业和消亡企业数据进行的实证分析试图区分知识外部性、劳动市场外部性和投入

—产出关联效应的影响。研究结果表明，相对于投入—产出关联效应而言，劳动市场外部性产生的影响更大，而知识外部性的作用也非常显著。Devereux、Griffith 和 Simpson（1999，2001）对英国的相关数据进行的经验研究也得到了类似的结果。

Davis 和 Weinstein（2001a）对日本各区域经济活动中的规模报酬递增现象进行实证分析的结果表明，在日本工业化过程中（甚至在其融入全球经济之后）之所以会出现大规模的人口集聚现象，是因为存在显著的规模经济效应。不过，他们并没有指出这种规模经济效应是由哪些因素导致的。在随后一篇利用日本 40 个县的相关数据对决定地区层面劳动生产率的因素进行实证分析的文章中，Davis 和 Weinstein（2001b）发现，与其他种类的外部性相比较，马歇尔－阿罗－罗默外部性（Marshall-Arrow-Romer Externalities）对规模报酬递增现象产生了重要的影响。

（三）产业层面的研究

以 Hall（1990）提出的生产函数估计法为基础，Caballero 和 Lyones（1990，1992）先后估计了欧洲和美国整个制造业部门以及制造业部门中各两位数行业的规模收益递增程度。在对两个估计结果进行比较后，他们发现，相对于各制造业行业中的规模收益递增程度而言，规模收益递增现象在整个制造业部门这个总体层面上体现得更加明显。以美国的制造业为例，除了金属原材料、电子机械和造纸这三个行业外，其他行业基本上不存在规模经济效应。另一方面，他们的估计结果显示，如果整个制造业部门的所有投入都增加 10%，则制造业产出会提高 13%，其中有 5% 来自于外部的规模经济（即行业间的规模经济）。Bartlesman、Caballero 和 Lyones（1991）的实证分析结论也与此一致。

Bartlesman、Caballero 和 Lyones（1994）为了区分需求边的外部性和供给边的外部性，他们将集聚效应置入柯布—道格拉斯生产函数进行估计。在他们的研究中，使用年度数据进行估计得到的结果显示需求因素对规模报酬递增产生的影响更大；不过，利用产业横截面数据进行估计得到的结果则表明供给因素的影响更大。换言之，在短期内，规模报酬递增主要是由需求因素导致的；而在长期供给因素发挥的作用更大。

Basu 和 Fernald（1997）指出，由于 Bartlesman 等人设定的集聚效应进入生产函数的形式是特定的，而且一些重要的生产要素实际上就是索罗剩余的构成要素，所以他们采用的分析方法是有问题的。Basu 和 Fernald（1997）认为，要克服这个问题，就要在对产业层面的数据进行实证分析之前先建立起微观理论基础。他们的研究表明，在估计规模报酬递增程度时，衡量产出的指标是增加值数据还是总产出数据，会对估计结果产生重要影响。

Paul 和 Siegel（1999）利用美国制造业部门中四位数行业的数据，对一个具有短期内投入不变，长期内存在可变规模报酬和集聚效应的动态成本函数进行了估计。在估计两位数行业层次上的投入需求方程组时，他们也采用了 Bartlesman 等人计算集聚效应的方法。不同之处在于，Paul 和 Siegel 使用的函数形式更加灵活，可以进行多种估计，而且在设定估计模型时允许资本和劳动都具有短期内保持不变，但长期内可变的特性。在他们的研究中，沿着短期成本曲线而发生的变动是要素利用程度的变化，长期成本曲线的移动则表示规模效应发生变动。Paul 和 Siegel 发现，将短期内要素利用程度变化造成的影响剔除之后，长期内仍然存在规模收益递增现象。这与 Caballero 和 Lyones（1992）以及 Bartlesman、Caballero 和 Lyones（1994）的研究结论是一致的。值得一提的是，Paul 和 Siegel 的研究结果显示，集聚确实能节约成本，而且还会使规模经济的估计值降低。此外，他们的分析再一次表明，长期的规模收益递增主要源于供给边的因素（比如中间投入品）而非需求边的因素。Henriksen、Knarvik 和 Steen（2007）以法国、德国、意大利和英国四个国家 15 个三位数制造业行业的数据为基础，实证分析了这四个欧洲国家制造业中的规模经济效应。他们的研究结果也表明，需求因素对规模报酬递增所产生的影响不同于供给因素。在长期内，供给因素的影响更大一些。

在分析制造业中的规模报酬递增现象时，上述研究大多将所有制造业行业视为一个整体，而没有关注到不同制造业行业在规模经济方面的表现是不一样的，而且这些研究所依赖的数据基础涵盖的时间段也比较短。从这两个方面看，Cain 和 Paterson（1986）的研究就很有参考价值。他们利用 1850 ~ 1919 年间美国制造业中两位数行业的数据对列昂惕夫生产函数的对偶成本函数进行估计后发现，除了食品和饮料行业以及皮革制品行业之外，在其他 17 个行业中都呈现出较强的规模经济效应，其中烟草、石油化工和交通运输设备制造等三个行业的规模经济特征最为明显。Davis 和 Weinstein（1999）使用 1985 年 13 个 OECD 国家 19 个产业部门的数据进行实证分析。他们发现，在 19 个产业部门中，有 8 个部门存在规模报酬递增的现象，包括钢铁业、化工业、电子机械制造业和交通运输设备制造业等。

（四）企业层面的研究

从理论上讲，上述利用国家、地区和产业层次上的数据进行实证研究得到的结论只能说明，在企业之间存在显著的规模经济效应。至于企业内部是否存在规模报酬递增现象，则需要利用企业层次上的微观数据进行分析。不过由于企业层次上的数据很难获得，所以这方面的研究非常少见。在为数不多的从企业层面对规模收益递增现象进行实证分析的文献中，最令人瞩目的就是 Lucas（1993）对第二次世界大战期间美国军工产品生产中的规模经济效应的研究。在 1941 ~1944 年间，美国海事委员会根据同一个设计蓝图生产了大量自由舰。根据 Lucas（1993）提供的分析结果，自由舰的累计总产量每翻一番，生产一艘自由舰所需要的时间就会下降 12% ~24%。同时，在生产胜利舰、护航驱逐舰和坦克的过程中，也存在类似的规模报酬递增现象。Rapping（1965）在此之前也曾经使用第二次世界大战时期美国军工产品生产中的相关数据，对柯布—道格拉斯生产函数进行估计。他的研究结果表明，控制了劳动和资本投入等因素之后，累计产量每翻一番，单位产品的生产时间会减少 11% ~29%。

三、规模报酬递增的源泉

从上述国家、地区、产业和企业四个层面的经验研究结果看，在美国等发达国家的经济活动中，规模报酬递增现象还是比较明显的。为了深化对规模经济效应的认识，我们还需要探求规模报酬递增的源泉。需要指出的是，在分析哪些因素导致了规模报酬递增时，现有的文献通常会将规模报酬递增区分为两类：一类是企业内部的规模报酬递增，即规模经济效应所产生的好处只为某家企业所拥有；另一类是企业间的规模报酬递增，即规模经济效应带来的收益是由许多不同的企业所分享。下面分别概述这两类规模报酬递增的源泉。

（一）企业内部规模报酬递增的源泉

从现有的理论研究文献看，企业内部的规模报酬递增主要是由以下两个因素导致的：第一，固定成本。Romer（1990）、Aghion 和 Howitt（1992）以及 Grossman 和 Helpman（1991）都指出，只要企业的生产经营活动中存在固定成本，那么就一定会在企业内部出现规模报酬递增的现象。这是因为，产品的平均成本既包括平均固定成本又包括可变成本，即便是不存在后面我们将要阐述的学习效应等使得可变成本下降的因素，也肯定会出现平均固定成本随着产量的增加而不断下降的现象，所以会出现显著的规模经济效应。显而易见，软件产业之所以会存在非常明显的规模报酬递增现象，主要是因为软件企业的生产经营活动的基本特征就是生产的固定成本非常高，而边际成本却近于零。

第二，生产投入品之间的互补性。Easterly（2001）认为，除了固定成本之外，还有另外一个因素会导致企业内部的规模报酬递增现象的出现，即不同类型熟练工人之间的互补性。在团队生产中，某个成员的错误会使得其他团队成员的努力付之东流，所以将团队中的高技能工人所创造的价值与低技能工人相比，就会发现在高技能工人身上投资的报酬会随着投资规模的扩大出现递增的特征。事实上，Acemoglu（1996）以及 Redding（1996）的研究从更宽广的角度分析了投入品之间的互补性对规模经济效应的影响。他们都强调，除了不同类型工人之间的互补性之外，工人技能与机器设备之间的互补性也会导致企业内部规模报酬递增现象的出现。也就是说，虽然熟练工人的工资更高，但是与非熟练工人相比，他们使用先进机器设备的效率更高。因此，从企业人力资本投资的角度看，就出现了规模报酬递增现象。换言之，这种规模经济效应不是说雇佣的员工越多，生产效率就越高，而是说（在雇佣员工数不变的条件下）投资于人力资本上的资金越多，这些投资的收益率越高。

（二）企业之间规模报酬递增的源泉

一般都认为，外部性是规模报酬递增的主要源泉。不过，在详细阐述外部性导致规模收益递增的机制之前，我们需要对不同类型的外部性加以区分。在现有的文献中，从不同的角度可以对外部性做出不同的分类。一是从外部性是否出现在市场交易活动中的角度将外部性分为技术外部性和货币外部性。所谓技术外部性是指，那些出现在非市场交易活动中直接影响其他企业的生产或其他人的效用的外部性，比如企业间的知识溢出和人力资本溢出所带来的外部性。货币外部性则伴随着某些市场交易活动而出现，这种外部性只会对那些参与市场交易活动的相关行为主体产生作用。比如，能使企业以更低的成本进行生产的集聚效应就能带来货币外部性，改善互补性投资之间的协调问题也能产生货币外部性。另外一种分类方法则将外部性区分为静态外部性（Static Externalities）和动态外部性（Dynamic Externalities）。静态外部性是指那些只对人均收入或城市规模产生影响的外部性。正的静态外部性能解释为什么会存在不同的集聚模式，但是却无法解释城市的不同增长速度。而动态外部性就是指那些对增长速度产生永久性影响的外部性。由于明确分析静态和动态外部性的文献相对较少，所以我们在此分别从技术外部性和货币外部性两个角度阐述企业间规模报酬递增的源泉。

1. 技术外部性

如前所述，技术外部性是那些出现在非市场交易活动中的外部性。在现有的文献中，技术外部性主要包括知识的外部性（Knowledge Externalities）、研究与开发的外部性（R&D Externalities）、干中学的外部性（Learning-by-doing Externalities）以及学校教育的外部性（Externalities from Schooling）等四种。下面我们依次阐述这四类技术外部性对规模报酬递增的影响。

第一，源于知识外部性的规模报酬递增。Easterly（2001）指出，知识外部性会从三个方面导致规模报酬递增现象的出现：首先，新知识与现有知识是互补的。一个社会知道得越多，那么新的观念对这个社会产生的价值就越大。从这个角度看，新知识与现有知识之间的互补性就是对知识的投资获得递增的规模报酬的基础。Foster 和 Rosenzweig（1996）运用来自印度的面板数据和时间序列数据进行的经验研究证实了这一观点。其次，知识具有非竞争性。知识的非竞争性特征意味着，一家企业在利用其开发出来的新知识之后，这些知识并不会因此而减少。其他企业如果能利用这些知识，则它们所利用的知识与第一家企业利用的知识是一样的。因此从全社会的角度看，投资于知识创新之上的资金会获得递增的规模报酬。最后，知识只具有部分排他性。由于存在知识溢出的现象，所以新知识实际上会提高整个社会中现有知识和机器设备的生产率。

第二，源于研发的外部性的规模报酬递增。知识生产的主要投入要素就是研究与开发投资。根据 Griliches（1992）的分类，可以将分析研发活动溢出效应的文献区分为两类。一类是计算某项（或某一系列）具体创新活动的社会收益的文献。在这方面，代表性的研究是 Mansfield、Rapoport 和 Romeo（1977）以及 Knutson 和 Tweeten（1979）等人的实证分析。他们的研究结果都表明，研发活动的社会收益率约为 56%，而相关的私人收益率则只有 25% 左右。另外一类文献则采用回归分析方法去估计研发活动对产业部门劳动生产率的影响。这方面的代表性研究是 Bernstein 和 Nadiri（1991）的分析。他们的实证分析结果表明，研发活动的私人收益率为 14% ~28%，而社会收益率的波动幅度虽然较大（最低为 10%，最高为 160%），但是其中位数却高达 56%。由此可见研发活动的外部性是非常明显的。正是因为存在很强的外部性，所以即便不考虑知识的互补性，研发投资的规模报酬递增特征也会非常明显。

第三，源于干中学的外部性的规模报酬递增。Lucas（1993）指出，通过“干中学”而积累起来的人力资本是规模报酬递增的主要源泉。Nelson 和 Pack（1999）指出，发展中国家在吸收国外的先进技术时，干中学对发展中国家的人力资本积累产生了重要的积极作用。由于发展中国家的人力资本随着用于购买发达国家先进机器设备的投资的增加而快速积累，所以人力资本与机器设备之间的互补性得以改善，最终导致了规模报酬递增现象的出现。

第四，源于学校教育的外部性的规模报酬递增。与干中学一样，学校教育也会对人力资本积累产生重要的影响。Foster 和 Rosenzweig（1996）指出，学校教育会使一个社会在采用新的生产率更高的技术时获得递增的规模收益。从理论上讲，学校教育对规模收益递增的影响与干中学的影响并没有实质性的差异。只是研究干中学的外部性的文献更加关注发达国家与发展中国家之间的技术差距，而分析学校教育的外部性的文献更注重对劳动者受教育年限的影响。在经验研究方面，对学校教育的外部性的分析非常详细。这方面的代表性研究是 Acemoglu 和 Angrist（2000）的分析。他们的实证分析结果表明，学校教育的人力资本外部性（即学校教育的社会收益率）为 25% ~30%，学校教育的私人收益率却只有 6% ~10%。由此可见学校教育的外部性非常显著。

2. 货币外部性

从现有的相关文献看，货币外部性，有时候又被称为“密集市场”效应（“Thick Market” Effects），基本上都出现在垄断竞争市场环境之中。较早从理论上分析货币外部性的文献是 Murphy、Shleifer 和 Vishny（1989a）的研究。在他们的模型中，一旦企业的利润不能完全反映其所创造的社会净收益，那么就会出现货币外部性。当企业创造的社会净收益不能为其完全拥有时，很明显此时就出现了外部性。这种外部性与像研发的外部性这些技术外部性不同的是，它与市场中从事相关经济活动的企业数目有关。也就是说，这种外部性的大小是与市场中参与此项活动的企业数目有关，而与企业从事的活动无关。此外，在他们的分析中，还有两个方面的因素会导致货币外部性的出现：一是不同投入要素之间的协调问题；二是基础设施投资问题。与前面对企业内部规模报酬递增源泉的分析类似，不同投入要素间的协调问题自然会带来外部性，而从整个社会的角度看，基础设施投资就相当于单个企业生产经营活动中的固定成本。不同之处在于，在 Murphy、Shleife 和 Vishny（1989a）的分析中，所有这些外部性都是发生在市场交易活动中。所以从全社会的角度看，只要企业的利润无法完全反映其创造的社会净收益、存在不同投入要素间的互补性和基础设施投资问题，就会出现货币外部性。此时，对基础设施建设进行投资并改善各投入要素间的协调问题，或者进行“大推进”式改革，都能获得递增的规模收益。

Rodrik（1996）分析了不可贸易的中间投入品之间的互补性会使小型开放经济体中出现规模报酬递增现象的情形。在他的模型中，生产高新技术产品需要用到的各种中间投入品具有互补性的特征。如果该经济体内只有少量中间投入品，由于这些中间产品无法通过国际贸易获得，所以生产高新技术产品的企业就会面临较高的单位生产成本。此时，高新企业进行生产将无利可图，于是所有劳动力和资本都会用于生产低技术含量的产品。如果该经济体中有许多中间投入品可供高新企业使用，那么这些企业的生产成本就会因为中间投入品之间的互补性而下降，所以高新企业进行生产就变得有利可图。与前面所阐述的企业内部的规模报酬递增一样，这种外部性的根源是生产投入品之间的互补性。不同之处在于，Rodrik（1996）的分析强调，中间投入品是由其他企业生产的，而在高新企业和中间投入品生产企业之间的交易是通过市场机制来实现的。正是在这一意义上，他所强调的外部性就成了货币外部性的一种。

Acemoglu（1996）分析了事前的投资（包括人力资本投资和物质资本投资）与劳动市场上花费成本的双边搜寻活动之间的相互作用所导致的货币外部性。在他的分析中，之所以会出现货币外部性，主要是因为以下两方面因素的影响：一是雇佣合同的不完全性；二是雇主和求职者在劳动市场无法完美匹配。当雇佣合同不完全时，在随机匹配的劳动市场上，企业只会关心所有求职者的人力资本的平均水平，所以所有企业都会根据这个平均的人力资本水平去进行物质资本投资。同样的，求职者做出决策的过程与企业类似，最终他们也只会将自身的人力资本确定在平均水平上。于是，物质资本和人力资本的投资都低于最优水平。显而易见，如果企业和求职者同时提高各自的投资水平，双方都会获得递增的规模收益。此时就出现了货币外部性。

四、规模报酬递增的影响

从现有的相关文献看，规模报酬递增并不是异常现象，而且也有许多研究详细地阐述了规模经济效应的形成机制。要进一步加深我们对规模报酬递增现象的理解，需要考察规模报酬递增的影响。现有分析规模经济效应影响的文献基本上都在探讨其对经济增长和经济波动的影响。

（一）规模报酬递增对经济增长的影响

如果经济体中所有投入的规模报酬都不变（或递减），那么就无法从理论上系统地解释为什么人均收入会持续地增长。这一点在新古典增长模型中体现得非常明显。新古典模型假设所有产品都是由规模报酬不变的技术生产出来的。若所有的投入都增加两倍，则产出也增加两倍。在此条件下，人均收入水平并没有提高。因此，若非存在递增的规模报酬，否则以人均收入水平来衡量的经济增长不可能实现。

在规模收益不变（或递减）的内生增长模型中，只有当经济体从某种特定的稳定状态转变为另外一种稳定状态时，人均收入的增长才能得以实现。为了从理论上解释人均收入的增长，内生增长模型转而将特定的技术进步引入到模型的分析之中。在此类模型中，技术进步是从天而降的，并不需要耗费任何资源。这种技术进步是不可以模型化的外部性带来的。为了克服这个缺点，相关的理论研究又把技术进步内生为状态变量。但是，不管内生增长模型如何精致复杂，其基本思想都强调，外部性都会带来递增的规模收益。所以有很多内生增长模型系统地分析了外部性（或递增的规模收益）对经济增长的影响。这方面的代表性研究有 Romer（1986，1990）、Barro（1990）、Aghion 和 Howitt（1992）、Young（1991，1993，1998）、List 和 Zhou（2007）等人对物质资本的外部性对经济增长的影响的分析，以及 Lucas（1988，1993）、Becker、Murphy 和 Tamura（1990）、Tamura（1991）、Goodfreind 和 McDerott（1995）等人对人力资本外部性对经济增长的影响的研究。内生增长理论中这些最具有代表性的模型从不同角度指出：没有递增的规模收益，就不会有人均收入的持续增长。

（二）规模报酬递增对经济波动的影响

就规模报酬递增所产生的影响而言，对经济增长的影响是长期效应，在短期内，规模经济效应是否会对经济波动产生作用是非常重要的问题。这是因为，短期内的经济波动会对社会的经济福利水平产生重要影响。如果不能理解经济波动产生的原因，就很难运用恰当的宏观经济政策去熨平经济波动。根据现有分析经济波动的文献可以大致将相关研究分为两类：一类是从供给的角度分析规模报酬递增对经济波动的影响；另一类是从需求的角度分析规模报酬递增对经济波动的影响。依此分类，我们分别概述供给边和需求边的规模经济效应对经济波动的影响。

1. 供给边规模报酬递增对经济波动的影响

在分析经济波动的文献中，供给冲击通常都是通过技术变革来体现的。在分析供给边的规模报酬递增对规模经济的影响时，代表性的研究主要有 Diamond（1982）、Weitzman（1982）、Shleifer（1986）、Diamond 和 Fudenberg（1988）、Howitt 和 McAfee（1988）、Cooper 和 John（1988）、Kiyotaki（1988）以及 Hammour（1988）等人的分析，他们都假设生产技术具有规模报酬递增的特征，并以此为基础从理论上阐述规模经济效应对经济变动的影响。他们指出，规模报酬递增会导致多重均衡的出现。由于不存在惟一的稳定均衡，所以经济在各均衡之间的转换会导致大幅度的波动。Murphy、Shleifer 和 Vishny（1989b）非常详细地考察了规模报酬递增对经济波动的影响。他们的研究结果表明，在短期内，规模报酬递增会使得经济波动的幅度变大；但是，这种波动持续的时间不会太长，在耐用品折旧等因素的影响下，从长期看经济会逐渐稳定下来。

近年来对经济波动的研究发现，经济波动通常都呈现出非线性的特征，而且这种非线性波动都是内生的。为了解释这种内生的非线性波动特征，Ryzhenkov（2006）利用 1948 ~2004 年间美国的总量数据对一个含有规模经济递增现象的内生增长模型进行校准后得到的研究结果表明，规模报酬递增对经济波动的直接影响并不显著，但是其累积循环效应却非常明显。Aloi、Dixon 和 Lloyd-Braga（2000）以及 Lloyd-Braga（2007）等人则在世代交叠模型中利用 Hopf 分叉法分析了规模报酬递增对非线性内生经济波动的影响。他们的研究表明，规模经济效应使得那些能导致非线性内生经济波动的条件更加容易出现。

2. 需求边规模报酬递增对经济波动的影响

在研究经济波动现象的文献中，很少有人从需求角度展开分析。这是因为，需求因素的变动都能通过价格机制反映到供给上去。但是，如果需求边出现外部性的话，市场机制能否将需求边的变化传递到供给边？供给边对需求边的变化所做出的反应究竟有多大？回答这些问题对于我们完整地理解经济波动具有重要意义。Young（2007）分析了需求边的规模报酬递增对经济波动的影响。他的研究表明，当带有明显网络特征的高新技术产业在经济中的比重越来越大时，为了获得消费外部性所带来的需求边的规模经济，高新企业会在需求发生很小的变动时做出重大的价格和产量调整。这会使经济变动变得更加剧烈。尤其需要注意的是，当需求边的规模收益递增现象比较显著时，即便投资和产出不发生变动，价格水平也会发生大幅度的变化。其原因在于，所有需求边的规模经济都源自于网络效应。由于存在网络效应的产业，基本上都是生产的固定成本较高，而边际成本趋近于零的产业，所以对于这些产业中的企业而言，价格竞争是最常用的竞争手段。

五、结论

在过去的很长一段时间内，限于数据的可获得性以及数理分析技术的复杂性，以新古典理论为基础的经济学的主流分析框架一直都无法对规模收益递增展开全面深入的研究。20 世纪 80 年代之后，垄断竞争理论的新发展为经济学家研究规模收益递增现象提供了强有力的分析工具。许多内生增长模型都开始将规模经济效应纳入到影响经济增长的因素之中。深入的理论分析一方面为实证研究提供了可供检验的假说，另一方面也需要经验研究发掘出需要解释的典型事实。于是，在具有突破性的理论研究带动下，许多经济学家对是否存在显著的规模报酬递增现象这个重要的问题展开了大量研究。我们所综述的相关经验研究文献显示，在国家、地区、产业和企业四个层次上，规模经济效应体现得都很明显。为了理解规模报酬递增的源泉，经济学家从不同角度展开的研究表明，固定成本和生产投入品之间的互补性是导致企业内部的规模报酬递增的主要因素；知识的外部性、研究与开发的外部性、干中学的外部性以及学校教育的外部性等四种技术外部性与货币外部性则是使企业之间出现规模报酬递增的重要因素。正如亚当·斯密和马歇尔等古典经济学家所强调的那样，现代经济学家的研究显示，规模报酬递增对长期经济增长具有重要的影响。此外，规模报酬递增还会对短期内的经济波动产生影响。尤其是对于那些内生的非线性经济波动而言，规模报酬递增是最为重要的影响因素。

参考文献

1. Acemoglu, D., 1996, "A Microfoundation for Social Increasing Returns in Human Capital Accumulation," *Quarterly Journal of Economics*, Vol. 111, pp. 498 - 511.

2. Acemoglu, D. and J. Angrist, 2000, "How Large Are Human Capital Externalities? Evidence from Compulsory Schooling Laws," *NBER Macro Annual.*

3. Aghion, P. and P. Howitt, 1992, "A Model of Growth through Creative Destruction," *Econometrica*, Vol. 60, pp. 321 - 351.

4. Aloi, M., H. D. Dixon, and T. Lloyd-Braga, 2000, "Endogenous Fluctuations in an Open Economy with Increasing Returns to Scale," *Journal of Economic Dynamics and Control*, Vol 24 (1). pp. 97 - 125.

5. Arrow, K. J., 1963, "The Economic Implication of Learning by Doing," *Review of*

Economic Studies, Vol. 29, pp. 155 – 173.

6. Barro, R. J., 1990, "Government Spending in a Simple Model of Endogenous Growth," *Journal of Political Economy*, Vol. 98, pp. 103 – 125.

7. Bartelsman, Eric J., R. J. Canallero, R. K. Lyons, 1991, "Short and Long Run Externalities," *NBER Working Paper* No. 3810.

8. Bartelsman, Eric J., R. J. Canallero, R. K. Lyons, 1994, "Customer and Supplier-Driven Externalities," *American Economic Review*, Vol. 84, No. 4, pp. 1075 – 1084.

9. Basu, S. and J. Fernald, 1997, "Are Apparent Productivity Spillovers a Figment of Specification Error?" *Journal of Monetary Economics*, Vol. 36, No. 1, pp. 165 – 188.

10. Becker, G. S., K. Murphy, and R. Tamura, 1990, "Human Capital, Fertility, and Economic Growth," *Journal of Political Economy*, Vol. 98, pp. 12 – 37.

11. Bernstein, J. I. and M. I. Nadiri, 1991, "Product Demand, Cost of Production, Spillovers, and the Social Rate of Return to R and D," *NBER Working Paper* No. 3625.

12. Caballero, R. and R. Lyons, 1990, "External Effects in US Pro-cyclical Productivity," *Journal of Monetary Economics*, Vol. 29, No. 2, pp. 209 – 225.

13. Caballero, R. and R. Lyons, 1992, "Internal versus External Economies in European Industry," *European Economic Review*, Vol. 34, No. 4, pp. 805 – 830.

14. Cain, L. P. and D. G. Paterson, 1986, "Biased Technical Change, Scale, and Factor Substitution in American Industry, 1850 – 1919," *Journal of Economic History*, Vol. 46, pp. 153 – 164.

15. Ciccone, A. and R. Hall, 1996, "Productivity and the Density of Economic Activity," *American Economic Review*, Vol. 86, No. 1, pp. 54 – 70.

16. Cooper, R., and A. John, 1988, "Coordinating Coordination Failures in Keynesian Models," *Quarterly Journal of Economics*, Vol. 103, pp. 441 – 464.

17. Davis, D. and D. Weinstein, 1998, "Market Access, Economic Geography, and Comparative Advantage: An Empirical Assessment," *NBER Working Paper*, No. 6787.

18. Davis, D. and D. Weinstein, 1999, "Economic Geography and Regional Production Structure: An Empirical Investigation," *European Economic Review*, Vol. 43, pp. 379 – 407.

19. Davis, D. and D. Weinstein, 2001a, "Bones, Bombs and Break Points: The Geography of Economic Activity," *NBER Working Paper*, No. 8517.

20. Davis, D. and D. Weinstein, 2001b, "Market Size, Linkages, and Productivity: A Study of Japanese Regions," *NBER Working Paper*, No. 8518.

21. Devereux, M., R. Griffith, and H. Simpson, 1999, "The Geographic Distribution of Productive Activity in the UK," *Institute for Fiscal Studies Working Paper*, No. 99/26.

22. Devereux, M., R. Griffith, and H. Simpson, 2001, "The Geography of Firm Formation," *Institute for Fiscal Studies Working Paper*, No. 01/13.

23. Diamond, P. A., 1982, "Aggregate Demand Management in Search Equilibrium," *Journal of Political Economy*, Vol. 90, pp. 881 – 894.

24. Diamond, P. A., and D. Fudenberg, 1988, "Rational Expectations Business Cycles in Search Equilibrium," *Journal of Political Economy*, Vol. 96, pp. 546 – 561.

25. Dumais, G., G. Ellison, and E. Glaeser, 1997, "Geographic Concentration as a Dynamic Process," *NBER Working Paper*, No. 6270.

26. Easterly, W., 2001, *The Elusive Quest for Growth: Economists' Adventures and Misadventures in Tropics*, Cambridge, Mass: MIT Press.

27. Feenstra, Robert C., James R. Markusen, and Andrew K. Rose, 2001, "Using the Gravity Equation to Differentiate among Alternative Theories of Trade," *Canadian Journal of Economics*, Vol. 34, No. 2, pp. 430 – 447.

28. Foster, A. and M. Rosenzweig, 1996, "Technical Change in Human Capital Return and Investments: Evidence from the Green Revolution," *American Economic Review*, Vol. 86, No. 4, pp. 931 – 953.

29. Goodfriend, M. and J. McDermott, 1995, "Early Development," *American Economic Review*, Vol. 85, pp. 116 – 133.

30. Griliches, Z., 1992, "The Search for R and D Spillovers," *Scandinavian Journal of Economics*, Vol. 94, pp. 29 – 47.

31. Grossman, G. M. and E. Helpman, 1991, "Quality Ladders and Product Cycles," *Quarterly Journal of Economics*, Vol. 106, pp. 557 – 586.

32. Hall, Robert E., 1990, "Invariance Properties of Solow's Productivity Residual," in Peter Diamond, ed., *Growth, Productivity, Employment: Essays to Celebrate Bob Solow's Birthday*. MIT Press, pp. 71 – 112.

33. Harmmour, M., 1988, "Increasing Returns and Endogenous Business Cycles," *MIT Working Paper*.

34. Head, Keith and John Ries, 2001, "Increasing Returns versus National Product Differentiation as an Explanation for the Pattern of U. S. -Canada Trade," *American Economic Review*, Vol. 91, No. 4, pp. 858 – 876.

35. Henriksen, E., K. H. M. Knarvik, and F. Steen, 2007, "Economies of Scale in European Manufacturing Revisted," *Norwegian School of Economics and Business Administration Working Paper*, No. 2896.

36. Howitt, P., and R. P. McAfee, 1988, "Stability of Equilibria under Monopolistic Competition," *Quarterly Journal of Economics*, Vol. 103, pp. 261 – 278.

37. Kiyotaki, N., 1988, "Multiple Expectational Equilibria under Monopolistic Com-

petition," *Quarterly Journal of Economics*, Vol. 103, pp. 695 – 714.

38. Knutson, M. and L. G. Tweeten, 1979, "Toward an Optimal Rate of Growth in Agricultural Production Research and Extension," *American Journal of Agricultural Economics*, Vol. 61, No. 1, pp. 70 – 76.

39. Krugman, Paul R., 1980, "Scale Economies, Product Differentiation, and the Pattern of Trade," *American Economic Review*, Vol. 70, No. 5, pp. 950 – 959.

40. List, J. and Haiwen Zhou, 2007, "Internal Increasing Returns to Scale and Economic Growth," *NBER Technical Working Paper*, No. 336.

41. Lloyd-Braga, T., 2007, "Increasing Returns to Scale and Nonlinear Endogenous Fluctuations in a Simple Overlapping Generations Model," *University of Catolica Portuguesa Working Paper.*

42. Lucas, R. E. Jr., 1988, "On the Mechanism of Economic Development," *Journal of Monetary Economics*, Vol. 22, pp. 3 – 22.

43. Lucas, R. E. Jr., 1993, "Making a Miracle," *Econometrica*, Vol. 61, pp. 251 – 271.

44. Murphy, K. M., A. Shleifer, and R. W. Vishny, 1989a, "Industrialization and the Big Push," *Journal of Political Economy*, Vol. 97, pp. 1003 – 1026.

45. Murphy, K. M., A. Shleifer, and R. W. Vishny, 1989b, "Increasing Returns, Durables and Economic Fluctuations," *NBER Working Paper*, No. 3014.

46. Nelson, R. R., 1998, "The Agenda for Growth Theory: A Different Point of View," *Cambridge Journal of Economics*, Vol. 22, pp. 497 – 520.

47. Nelson, R. R. and H. Pack, 1999, "The Asian Miracle and Modern Growth Theory," *Economic Journal*, Vol. 109, pp. 416 – 436.

48. Rapping, L. A., 1965, "Learning and World War II Production Functions," *Review of Economics and Statistics*, Vol. 47, pp. 81 – 86.

49. Rodrik, D., 1996, "Coordination Failures and Government Policy: A Model with Application to East Asia and Eastern Europe," *Journal of International Economics*, Vol. 47, pp. 1 – 22.

50. Romer, P. M., 1986, "Increasing Return and Long-Run Growth," *Journal of Political Economy*, Vol. 94, pp. 1002 – 1037.

51. Romer, P. M., 1990, "Endogenous Technological Change," *Journal of Political Economy*, Vol. 98, pp. 71 – 102.

52. Ryzhenkov, A. V., 2006, "Increasing Returns and Growth Cycles," *Center for Empirical Macroeconomics Working Paper*, No. 102.

53. Shleifer, A., 1986, "Implementation Cycles," *Journal of Political Economy*, Vol. 94, pp. 1163 – 1190.

54. Tamura, R. , 1991, "Income Convergence in an Endogenous Growth Model," *Journal of Political Economy*, Vol. 99, pp. 522 – 540.

55. Weitzman, M. L. , 1982, "Increasing Returns and the Foundations of Unemployment Theory," *Economic Journal*, Vol. 92, pp. 787 – 804.

56. Young, Alwyn, 1991, "Learning by Doing and the Dynamic Effects of International Trade," *Journal of Political Economy*, Vol. 99, pp. 369 – 406.

57. Young, Alwyn, 1993, "Invention and Bounded Learning by Doing," *Journal of Political Economy*, Vol. 101, pp. 443 – 472.

58. Young, Alwyn, 1998, "Growth without Scale Effects," *Journal of Political Economy*, Vol. 106, pp. 41 – 63.

59. Young, Andrew I. , 2007, "Demand-Side Increasing Returns: Implications for Economic Growth and Fluctuations," *Working Paper*, Emory University.

第五章　收入分配理论研究的新进展

一、引言

收入分配一直是经济学界关注和研究的社会热点问题。尽管在古典经济学时期，以大卫·李嘉图为代表的经济学家将分配理论视为经济学的核心部分（尹恒、龚六堂和邹恒甫，2002），但随着政治经济学（Political Economy）更名为经济学（Economics），收入分配研究逐渐从主流经济学的视野中淡出。虽然像西蒙·库兹涅茨这样在20世纪中期的经济学界数一数二的人物也曾重点研究了收入差距在经济发展过程中的演进（Kuznets，1955），然而收入分配领域的研究长期未能摆脱“重实证、轻理论”的怪圈，收入分配理论停止在假说和猜想的阶段。尤其是，以同质的代表性当事人（Homogenous Representative Agents）为基础的新古典经济学兴起以后，收入分配研究几乎完全被挤出了主流经济学的研究领域。

在长达三四十年的时间里，关于经济增长与收入差距关系的实证检验占据了收入分配研究，表面上成果颇丰，结论上却莫衷一是，与经济学的其他分支学科相比，内部分歧愈发严重。究其原因，既有成熟理论缺失造成的限制，亦有传统方法应用条件的约束。可喜的是，20世纪90年代以来，在理论上引入异质性（Heterogeneity）假设和多重均衡（Multiple Equilibria）分析，在方法上采取面板数据分析（Panel Data Analysis）和非参数（Non-parametric）技术等尝试都是十分有益的。这些理论和方法上的尝试给收入分配研究带来了活力。1996年4月，曾任欧洲经济学会和国际经济学会主席，时任英国皇家经济学会主席的安东尼·阿特金森在纪念著名经济学家、诺贝尔经济学奖得主詹姆斯·米德的重要学术会议上作的题为《收入分配研究的复兴》（Bringing Income Distribution in From the Cold）主题演讲中指出，在经济学研究中被边缘化的收入分配问题正在开始回到主流视野（Atkinson，1997）。这对于收入分配研究来说无疑具有里程碑的意义。

笔者将古典经济学家对分配问题的重视称为“李嘉图传统”，将20世纪中后期掀起的增长与均等关系的研究阶段称之为“库兹涅茨中兴”，将20世纪90年代以来、尤其是1997年以后收入分配研究重新获得重视称为“阿特金森复兴”，以此划分收入分配研究的历史断代。到今天，收入分配研究已经“复兴”了10年。本章梳理的对象，正是“阿特金森复兴”以来的收入分配文献。以下从理论方面的进展、前沿方法的应用以及热点问题的讨论三个方面，对收入分配研究的国际性成果进行简要的述评。

二、收入分配理论的新进展

（一）基本假设：从同质性到异质性

收入分配研究在理论方面的进展，首先体现在对经济行为主体的基本假设上。发扬于新古典经济学的同质性假设，虽然使经济分析变得简便而直观，却剥离了经济行为主体的差异性。如果经济中只存在一个代表性厂商和一个代表性消费者，厂商同时又是消费者，不难看出，此时不均等自动从分析中消失，残存的仅仅是按照边际生产力配置资源的分配规则，其后果必然是收入分配研究远离主流经济学。因此，必须放弃同质性假设，才能为收入分配研究创造必要条件。

最简单的引入异质性假设的处理办法是，在表示时间的下标t以外，加上一个表示不同当事人的下标i。这样，消费、闲暇、人力资本积累等变量只是增加了一个维度，数学处理并不十分复杂，却可以分析不同的偏好、禀赋，甚至是不同的行为模式。初始假定的改变，自动地生成了收入差距，收入分配问题重新被引入经济学理论分析框架。Foellmi和Zweimuller（2006）将异质性偏好引入了一个以创新为基础的增长模型，得到了再分配的帕累托改进性质，突破了“劫富济贫”必然会造成效率损失的传统观念。同样在偏好异质的假定下，Mani（2001）研究了收入不均等程度与产品需求的关系，得出了不均等程度越高（低）—中等技术密集型产品需求越低（高）—收入差距越大（小）的循环式结果。Das（2000）的研究则表明，收入和财富不均等的来源是不同居民群体在储蓄率上的异质性。异质性假设还可以应用到国家的层面，比如 Viaene 和 Zilcha（2002）研究了两个异质经济体（Heterogenous Economies）贸易的情况下，资本市场整合是如何影响代际收入分配的。

在采取了异质性假设以后，一些传统上被认为对不同群体影响无差异的因素，也会对收入分配产生影响。比如 Heer 和 Sussmuth（2007）基于现实中人们对不同资产形式的不同偏好，假定穷人和富人分别持有货币和股票。在发生通货膨胀的情况下，实际利息税会加重，而股票市场上的实际收益率会上升，这就意味着穷人负担加重，而富人获得更高收益。通常被认为不具有显著收入分配效应的通货膨胀也会扩大收入差距。

（二）基本判断：从单一均衡到多重均衡

在基本假设从同质性发展为异质性以后，一个新问题很自然地产生了：均衡是不是惟一的？以常识性的经济学知识来看，最常见的存在多个均衡的例子似乎是宏观经济学中的国民收入模型：当所有人对前景乐观、消费意愿强烈的时候，经济处在繁荣的均衡状态；当人们对未来充满消极态度、选择持有货币的时候，经济会跌进萧条的均衡状态。在采取同质性假设的情况下，由于所有人的行为是一致的，在其他一些假定的配合下，经济通常会收敛到一个均衡点。在上述国民收入模型中，要么收敛到繁荣的均衡，要么收敛到萧条的均衡。本质上，虽然有多个均衡，但它们并不是同时存在的。所以我们要进一步地问，是否同时存在多个均衡？这样，异质性假设就可以发挥出非常重要的作用。由于至少存在两类代表性当事人，他们在偏好、禀赋、行为模式等方面存在显著的差别，就有可能同时存在多个均衡。收敛于高水平均衡的群体与收敛于低水平均衡的群体之间的收入差距就可能具有持久性，而不是传统观点认为的那样：收入差距扩大只是暂时的、收入差距缩小是必然的。

Benabou（2000）的研究表明，在信贷市场不完善的情况下，穷人和富人在借贷问题上存在重要差异，就可能同时存在多个稳态（Multiple

Steady States）。Kremer 和 Chen（1999，2002）认为，贫富家庭的生育和教育选择存在明显的异质特征，也会产生多个稳态并存的局面。Dutta 等人（2001）对英国居民收入的变动性的研究，Rosser 等人（2003）对 18 个转轨经济国家的经验研究都给出了多重均衡存在的证据。多重均衡的存在对经济学界重新认识收入分配问题的影响无疑是巨大的，对于政府政策制定亦有深远的影响。

（三）分析框架：从新古典增长到新增长

发展经济学是关注收入分配问题最多的经济学主要分支，许多重要的收入分配理论都是放在经济发展框架下研究的，最著名的就是“库兹涅茨假说”（Kuznets，1955）。相当一部分收入分配研究基本上是附着于，甚至可以说是寄生于增长理论的，也许正是由于这个原因，尹恒、龚六堂和邹恒甫（2002）才认为收入分配研究是随着新增长理论的崛起而复兴的。笔者认为，从理论上讲，关于经济主体的异质性假设、关于多个经济均衡同时存在的基本判断，对收入分配研究的复兴起着更为根本的作用，能够从本质上给予收入分配研究持续繁荣的力量。当然，借助增长理论这一宏观经济学的重要领域，可以使收入分配研究更快地回归主流视野，也是很有裨益的。

早在新古典增长模型时代，一些重要的经济学家就曾尝试将收入分配问题纳入增长框架进行研究（如 Samuelson，1966；Stiglitz，1967，1969）。一般认为，新古典增长理论的最主要缺陷是储蓄率外生的假设。尽管当时的主流经济学界在“库兹涅茨中兴”的形势下，已经开始重新关注收入分配问题，但根据前述 Das（2000）的研究，外生的储蓄率对收入分配问题会起到排挤的作用。况且，新古典增长理论的流行时间并不长。随着理性预期学派的兴起，人们的关注重点转向了真实经济周期。相应地，收入分配研究逐渐被边缘化了。

进入 20 世纪 80 年代中后期，新增长理论的兴起重新激起了主流经济学界对收入分配理论研究的兴趣。第一代新增长理论代表人物、诺贝尔经济学奖得主小罗伯特·卢卡斯（Lucas，1992）和第二代新增长理论的奠基性经济学家菲利普·阿吉翁（Aghion et al，1999）都在内生增长框架下集中探讨了收入分配问题。近期有两篇文献非常值得关注。Garcia Penalosa 和 Turnovsky（2005）建立了一个随机内生增长模型，将发展中国家的特点纳入到模型分析中，可以描述产出波动和要素收入分配之间的复杂关系。该模型既考虑了不同的风险因素以及资本和劳动的替代，又将随机动态分析和经济周期分析应用于收入分配的研究，代表了未来在增长框架下分析收入分配问题的方向之一。此外，前述 Foellmi 和 Zweimuller（2006）的研究将异质性偏好和基于创新的新增长模型结合起来，不仅得出了突破传统观念的一些认识，还考虑了创新对收入分配会产生两种效应——正（负）的价格效应和负（正）的市场规模效应会带来收入差距的扩大（缩小），也代表了这一领域的研究方向。

三、收入分配研究方法的新进展

（一）收入数据获取条件的改善

Kuznets（1955）和 Atkinson（1997）都认为，数据的缺乏是收入分配研究最重要的困难之一。研究一个国家内部的收入分配问题，需要不同收入等级居民的可支配收入数据，这需要有完善的统计调查制度作为后盾。研究国家之间的收入差异和全球范围内的收入分配问题，则需要各国统计制度、统计口径和计量标准的相对一致性或可比性作为基础性支持。在国内经常性调查制度缺失、国家间统计工作欠协调的约束下，收入分配研究犹如“无米之炊”。

目前国际上最重要的官方统计标准是由国际货币基金组织制定的“数据公布通用标准”（General Data Dissemination System，GDDS）和“数据公布特殊标准”（Special Data Dissemination System，SDDS）。自“阿特金森复兴”以来，全球化进程的加快使得包括统计部门在内的各国政府之间的合作更为迫切，也使越来越多的国家（尤其是发展中国家）采用了国际通行的数据标准，促进了收入数据的可得性和可比性，为收入分配研究强化了资料来源方面的支撑。中国在 2002 年 4 月也加入了 GDDS（周建，2005）。此外，非官方的数据库也取得了较快的发展，比如著名的 Penn World Table 已经由 20 世纪 90 年代早期的“Mark 5”（Summers 和 Heston，1991）发展到了目前的“Version 6.2”（Heston et al，2006），涵盖了 188 个国家（或地区）1950～2004 年的购买力平价和国民收入账户数据，也丰富了收入数据的来源。

（二）计量经济学前沿方法的应用

在数据资料不断丰富的支持下，越来越多的计量经济学前沿方法开始被应用到收入分配研究中。

从“李嘉图传统”时代到“库兹涅茨中兴”时期，由于数据方面的局限，收入分配实证研究主要采用的是横截面数据多元回归分析的计量技术。这种经典方法的最大缺陷，在于很难估计一些不能直接观测和量化的因素对收入差距的影响。在计量分析中武断地假设各国、各地区、各收入等级居民某种重要特征的概率分布相同，相当于在理论上采用了同质性的假定，容易造成估计的偏误。这正是造成收入不均等有利于还是无利于经济增长的巨大分歧的技术原因。面板数据分析的引入改变了上述不利局面。该技术的一大优点就是可以估计非观测效应，不同主体之间的共通性和特殊性被良好地协调起来的。得益于这一优点，面板数据分析技术成为“阿特金森复兴”以来收入分配实证研究中采用最多的计量经济学方法。研究兴趣广泛的新古典经济学代表人物罗伯特·巴罗（Barro，2000）就运用面板技术分析了100多个国家收入不均等与经济增长之间的关系。如果以全部国家为样本，收入不均等程度与经济增长率不存在显著的相关关系。然而一旦区分了穷国和富国，则发现了在穷国不均等会阻碍增长、在富国不均等促进增长的重要结论，支持了库兹涅茨假说，并在一定程度上缩小了研究者的分歧。

面板数据分析依赖于较大规模的横截面和时间序列数据，可以进行大样本分析，加强了参数估计的有效性。在数据量较大的情况下，半参数和非参数估计比参数估计具备更明显的优越性。经典的回归分析，无论一元还是多元，无论线性还是非线性，均需要假定变量之间存在特定的关系。这样就产生了所谓的模型形式设定错误（Regression Specification Error）的问题——现实中并不存在的关系却被我们用来作为分析的起点。而半参数和非参数方法假定变量关系是部分或全部未知的，能够对整个回归函数进行估计、考察回归函数的导数在不同时期的变化、反映经济结构的调整过程，因此已经成为协整理论以后计量经济学的热点研究方向（叶阿忠，2003），也被越来越多的应用于收入分配研究。Biewen（2001）用非参数方法研究了东德经济转轨过程中主要社会经济变量对收入分配的影响，发现失业率上升、女性就业参与率的下降以及收入结构的异化对两德统一后东德收入差距的上升有显著影响。Johnson 和 Wilkins（2004）使用半参数的 Kernel 密度分析了澳大利亚的收入分配情况，发现就业的分布能够解释不均等程度上升的大部分。Hyslop 和 Mare（2005）使用同样的方法考察了新西兰 1983～1995 的收入分配变化，认为居民结构、退休状况等社会人口特征对收入差距的上升有重要影响。Burkhauser 等人（1999）对 20 世纪 80 年代美国和英国收入分配的分析也采用了类似的方法。

（三）收入差距测量技术的演进

衡量收入差距的指标有很多，最流行的是基尼系数。从 20 世纪 20 年代初首次出现在英文文献中（Gini，1921），到今天已经有近 90 年代的历史。基尼系数是当前普及程度最高、应用范围最广的衡量收入差距的经济学指标。目前较全面的中文版的基尼系数研究综述见徐宽（2003），其不仅回顾了基尼系数研究的重要成果，还探讨了该指标的社会福利含义。尽管基尼系数得到了极其广泛的应用，不过仍然有一些不能满足研究需要的缺陷。其中最致命的缺陷，是它仅考虑到单位正方形中 45 度对角线和洛伦茨曲线所夹部分的面积，而不考虑后者的形状。不同形状的洛伦茨曲线所代表的收入分配格局不尽相同，但只要它们和 45 度线所夹面积相等，基尼系数也就没有差异。例如，当一个经济体的洛伦茨曲线呈现出左下方上升缓慢、从中部开始增加迅速的情况时，说明该经济体低收入群体的收入份额较小、生活相对困难。如果将这条洛伦茨曲线依另一条 45 度对角线作轴对称旋转，则会得到一条新的洛伦茨曲线，代表另一个经济体的收入分配状况。根据基本的几何学常识，我们知道这两个经济体的基尼系数是相等的。然而后一个经济体的洛伦茨曲线表明，其低收入群体的收入份额要显著高于第一个经济体。从反贫困和福利经济学的角度来看，后一个经济体的收入分配状况更优，然而我们却难以从基尼系数识别出这一情况。

对基尼系数的改进通常采用的方法是引入偏好，这方面比较典型的早期贡献来自 Atkinson（1970）。他考虑到风险规避与收入分配的关系，提出了后来被称作阿特金森指数（Atkinson Index）的概念，用于收入差距的衡量。该指数的含义是，当收入差距缩小为零时，在社会福利水平保持不变的情况下收入水平可以降低的程度（周文兴，2005）。类似地，通过引入相对风险规避系数，考虑到不同社会对收入不均等的厌恶程度，徐宽（Xu，2000）提出了 S 基尼指数和 E 基尼指数。从偏好角度改进基尼系数，有助于赋予这一指标更丰富的经济学含义，使其能够更恰当地反映收入分配格局。不过，这种改进仍然不能从根本上解决上面提到的缺陷。近期，从信息理论的角度、以最大熵原则（Principle of Maximum Entropy）为基础的研究，有望彻底克服基尼系数的重要缺陷。最大熵原则是一种在部分信息基础上给概率分布赋值的广义方法。在特定的条件下，最大熵方法类似于极大似然法。应用这一方法，Wu（2003）对美国居民家庭的规模收入分配状况进行了考察，发现最大熵密度估计优于基尼系数。Wu 和 Perloff（2005）又将这一方法引入到中国的收入分配问题研究，他们通过最大熵方法很好地展现了中美收入分配情况的显著差异，尽管两国的基尼系数比较接近。

（四）收入差距分解技术的发展

哪方面的收入差距扩大对总体收入差距的贡献最大，是收入分配研究者非常关心的一个问题。如何将总体收入差距分解，需要依赖相应的技术手段。收入分配研究传统上采取的办法是泰尔指数（Theil Index）。“阿特金森复兴”以来，泰尔指数的应用已比较成熟。Grabka 等人（1999）对德国收入分配的研究、古斯塔夫森和李实（Gustafsson 和 Li，2001）对中国收入分配问题的分析都采用了泰尔指数分解法。在最大熵方法引入收入差距测量以后，可以进一步应用该方法分解收入差距。上面刚刚提到的 Wu 和 Perloff（2005）就用最大熵方法分解了中国 1985 ~ 2001 年的收入差距，得出了与古斯塔夫森和李实类似的结论，即城乡差距的扩大构成了中国收入差距扩大的最主要来源。

泰尔指数为代表的传统方法和比较前沿的最大熵方法，都是从横向角度分解收入差距的技术——平行的各部分对总体收入差距的贡献如何。引入矩阵和线性代数的方法，计算乘数（Multiplier），则可以从纵向角度分解出收入流动过程中各个环节所起的作用。Lenzen 和 Schaeffer（2004）依托收入乘数矩阵，不但能够分解出不同收入组居民的组内收入差距和组间差距，还能够量化再分配效应。他们对巴西收入分配的研究表明，由于生产性资本的所有权分配不公，收入形成过程极有利于最高收入群体。Llop 和 Manresa（2004）利用社会核算矩阵基础上的乘数分析，也可以将收入分配过程中的各组成部分的影响进行分解。这方面的进展丰富了既有的分析思路，有助于收入差距分解技术的进一步发展，应该引起更多的关注。

四、收入分配热点研究的新进展

（一）教育对缩小收入差距的重要性：共识已形成

效率和公平是经济学要解决的一对矛盾。如果说经济增长研究主要解决的是效率问题，那么收入分配研究则主要是一个关于公平的领域。根据张春霖（2006），可以将“公平”细分为过程公平、机会均等、结果均等三个方面的含义。其中，机会均等实际上是人们普遍接受的公平概念。确保机会均等的首要途径就是教育，因而教育是收入分配研究中最重要的热点问题。教育体系、教育投资以及教育质量等方面的进步均能促进收入分配的均等化，既有理论支持，又有经验证据。教育对收入分配有非常积极的作用，已经成为共识。

陈虹如（Chen，2005）研究了教育体系与收入分配的关系，在一个公立学校与私立学校共存的教育体系下，如果信贷市场不完全，则通过提高公立学校的入学率就可以促进收入均等化。Calcutt（2004）对美国的实证分析能够支持这一理论，公立教育发展有利于社会福利的增加和收入差距的缩小，教育体系完全私有化会造成福利损失和收入差距扩大。Zilcha（2003）采用了一个包括人力资本的代际转移模型，父母的利他主义（Altruism）倾向通过对子女的教育投资（可以理解为人力资本积累）和遗产赠与两种途径实现。他的理论推导表明，教育型利他主义有助于收入分配的均等化，遗产型利他主义会扩大收入差距。Birchenall（2001）对哥伦比亚的实证分析表明，人力资本积累确实能使收入差距降低。Mehta（2000）将教育质量的提高作为技术进步引入了一个二元经济一般均衡模型，在产品市场完全竞争的条件下，教育质量的提高可以降低不均等程度。

（二）全球化对收入分配的影响：因国情而异

全球化是当今世界发展最重要的趋势之一，新开放宏观经济学把握了这一时代脉搏，逐渐居于宏观经济研究的主流地位。随着新开放宏观经济学的发展和完善，收入分配研究将从封闭经济走向开放经济。不过目前这方面的理论成果较少，研究者的兴趣主要集中在全球化对收入分配影响的实证分析上。

Milanovic（2005）研究了贸易开放程度和外国直接投资对不同收入群体收入份额的影响，其实证分析表明，这种影响是动态的——在人均收入较低时，开放会降低穷人的收入份额，只有富人在全球化进程中受益；当人均收入提高到一定程度以后，中低收入群体的收入份额开始增加，全体社会成员才真正共享了全球化带来的好处。Epstein 等人（2007）对 115 个国家 1950～1998 年的情况进行了考察，发现在石油危机以前，贸易模式有助于低收入国家进入中高收入国家的行列，而在石油危机以后，既有的贸易模式有利于发达国家而有损于欠发达国家。这同样说明，全球化的影响是结构性的。这些经验证据与 Acemoglu 和 Ventura（2002）的理论存在一定分歧，后者认为，国家贸易会带来稳定的收入分配格局。由此可见，这一领域的研究亟待新的理论产生。

一个可行的理论拓展方向是要素禀赋理论的应用。Spilimbergo 等人（1999）的面板数据分析就表明，贸易开放对收入分配的影响取决于要素禀赋——在土地和资本密集型国家，开放会加剧收入不均；在技术密集型国家，开放会缩小收入差距。Ranjan（2001）的不完全信贷市场模型解释了这一现象——在技术密集型国家，信贷市场不完全的程度较低，而其人力资本投资水平较高，考虑到前面所述教育的作用，能够得出开放会缩小收入差距的结论。

（三）世界分配格局：视角更广阔

收入和财富在全球范围内的分配也是收入分配研究的热点之一。Milanovic 和 Yitzhaki（2002）分析了 11 个国家的收入和消费分配数据，发现世界不同地区的国家在收入分配格局上存在很大差异。其中，亚洲国家内部的收入分配状况差别最大，而且国家之间的收入差距要远远超过国内收入差距；拉美国家国内收入差距很大，各国之间则趋同；欧美国家则呈现出同质性，各国国内收入差距不大，各国之间差异很小。Milanovic（2002）研究了 91 个国家 1988 年和 1993 年的收支调查数据，计算出全球基尼系数从 0.63 上升到 0.66，这远高于单一国家内部的收入差距。而 Sala-i-Martin（2006）对 138 个国家和地区的研究则表明，20 世纪 80 ~ 90 年代期间，全球不平等状况出现了明显的下降，基尼系数由 1979 年的 0.662 下降到 2000 年的 0.637。在单一国家内部的收入分配研究共识越来越多的同时，关于国家间收入和财富分配的研究呈现出争鸣的态势。

（四）政府在调节收入差距中的作用：不断争鸣中

收入分配问题对政府来说之所以重要，是因为其关乎公平。政府是否应该调节收入差距？是否能够影响分配格局？如何解决收入分配难题？类似的问题始终是收入分配研究争论的重点。随着理论的深入发展和证据的及时补充，一些问题业已得到解决。与此同时，一些新问题也在不断产生。

早期研究政府在收入分配领域作用的成果主要集中在政府的再分配职能上，比如通过提高边际税率“劫富济贫”，从而实现收入分配的均等化。此类手段时常受到诟病，是由于人们认为其有损效率，不具有帕累托改进性质，会扭曲经济行为和资源配置。收入分配研究在理论方面的进展，率先改变了人们对政府干预收入分配必要性的疑虑。由于经济行为主体存在异质性，均衡或稳态可能不止一个。我们可以将低水平的均衡理解为贫困陷阱，在既定的约束条件下，落入贫困陷阱的人很难依靠自身的力量摆脱困境，这就给政府的介入提供了理论支持。实证分析进一步支持了理论推演。Cardak（2004）对美国情况的考察表明，教育与收入分配呈现出双峰分布的关系：在不存在外溢的情况下，公立学校学生的收入将收敛到低水平均衡，而私立学校的学生会保持高水平的收入增长。这与前面探讨教育重要性时提及的陈虹如（Chen，2005）、Calcutt（2004）等观点不谋而合。前述 Zilcha（2003）的代际转移模型还表明，引入公立教育之后，教育性利他主义不仅有助于收入分配的均等化，而且会促进产出增长。这些理论和经验证据均说明，政府应该通过再分配政策促进公立教育的发展，从而促进机会公平。Calderon 和 Chong（2004）对 1960 ~ 1997 年的一个跨国面板数据集进行了分析，发现公路、铁路、电信和能源四个方面的基础设施发展有助于减轻不平等，基础设施的收入分配效应在发展中国家更为显著。这也说明政府可以通过再分配改善收入分配状况。Matsuyama（2000）的南北贸易模型说明，发展中国家的国内收入再分配政策能改善贸易条件、增进社会福利水平，也支持了政府的再分配职能。本章第二部分引证的 Foellmi 和 Zweimuller（2006）的研究，通过理论模型展示了再分配的帕累托改进性质。

政府在克服市场失灵方面具有作用，已经得到了经济学界的广泛承认，政府应该通过再分配政策促进社会公平的观点在收入分配研究者中也取得了一致性。但现实生活中的政府毕竟不是超脱的中央计划者（Central Planner），其自身也会产生各种问题，容易发生政府失灵，会对收入分配造成不利影响。Shughart 等人（2003）研究了寻租对收入分配的影响。他们基于美国 9 个州的横截面分析表明，收入不均是利益集团权力的增函数，在利益集团的左右下，增加教育投入反而会加剧收入差距。Costa-i-Font 和 Rodriguez Oreggia（2005）分析了墨西哥公共投资对区域收入差距的影响，发现公共投资的区域分布不均是导致区域收入分配不均的重要原因，说明政府非但没有起到应有的调节收入差距的作用，反而扩大了区域收入差距。Aaberge 和 Langorgen（2006）对挪威地方政府支出对收入分配的影响进行了专门研究，实证结果表明，在各种力量和效应的交互作用下，政府的收入分配政策总体上为中性。此类研究重新构成了对政府调节收入差距能力的质疑。

在关于政府再分配的新一轮争论方兴未艾之时，越来越多的研究者开始关注制度与收入分配的关系，相关研究也属于广义的政府作用范畴。Neyapti（2006）探讨了财政分权制度与收入分配的关系，发现如果地方政府的收入能力存在较大差别，那么分权将导致不平等的加剧；如果政府治理水平较高，则分权有助于缩小收入差距。姚洋（Yao，2006）研究了选举制度对乡村治理和收入分配的影响。其对中国 8 个省份 48 个行政村 1986～2002 年的经验分析表明，实行村民选举制度不仅有助于提高乡村公共支出比重、降低行政支出比重，而且并没有导致更多的再分配倾向，还缩小了基尼系数。Acemoglu 等人（2002）的跨学科研究也重点考察了制度对收入分配的影响。他们认为，1500～2000 年间，世界收入分配格局的变化是由欧洲殖民主义带来的制度造成的，保护产权并鼓励投资的制度使得原先贫穷的国家抓住了工业化的历史机遇，成为了当今的富国，而那些没有引入合理制度的殖民地则仍然贫穷。在新制度经济学、演化经济学、新政治经济学等经济学分支学科加速发展的过程中，收入分配研究很有希望从中汲取新的力量。

五、结论

本章从理论、方法、热点三个方面评述了最近10年来的国外收入分配文献。理论方面，收入分配研究的基本假设从同质性发展为异质性，基本判断从单一均衡过渡到多重均衡，分析框架从新古典增长演进到新增长阶段。实证方法方面，在数据资源不断充分化的条件下，研究者应用了面板数据分析和非参数估计技术等计量经济学前沿方法，通过引入风险偏好和最大熵方法改进了收入差距测量指标，并发展了纵向和横向的收入差距分解技术。在热点问题的讨论方面，教育对缩小收入差距重要性的共识已形成，全球化对收入分配的影响在不同国情条件下有显著差异，世界分配格局的讨论提供了更广阔的视角，政府在调节收入差距中的作用处于不断争鸣的状态。可以预见，收入分配研究将持续繁荣。不仅如此，由于采用了更加合理的假设条件和研究方法，收入分配研究将对整个经济学的发展做出重要贡献。

参考文献

1. 徐宽：《基尼系数的研究文献在过去八十年是如何拓展的》，载《经济学（季刊）》2003年第4期，第757～778页。

2. 叶阿忠：《非参数计量经济学》，南开大学出版社2003年版。

3. 尹恒、龚六堂、邹恒甫：《当代收入分配理论的新发展》，载《经济研究》2002年第8期，第83～91页。

4. 张春霖：《公平何处求："质疑改革年"过后的思考》，载《比较》（第二十三辑），中信出版社2006年版，第69～86页。

5. 周建：《宏观经济统计数据诊断：理论、方法及其应用》，清华大学出版社2005年版。

6. 周文兴：《中国：收入分配不平等与经济增长——公共经济与公共管理的制度创新基础》，北京大学出版社2005年版。

7. Aaberge, R. and A. Langorgen, 2006, "Measuring the benefits from public services: The effects of local government spending on the distribution of income in Norway", *Review of Income and Wealth* 1, pp. 61－83.

8. Acemoglu, D., S. Johnson and J. Robinson, 2002, "Reversal of fortune: Geography and institutions in the making of the modern world income distribution", *Quarterly Jour-*

nal of Economics 117 (4), pp. 1231 – 1294.

9. Acemoglu, D. and J. Ventura, 2002, "The world income distribution", *Quarterly Journal of Economics* 117 (2), pp. 659 – 694.

10. Aghion, P., E. Caroli, and C. Garcia-Penalosa, 1999, "Inequality and economic growth: The perspective of the new growth theories", *Journal of Economic Literature* 37 (4), pp. 1615 – 1660.

11. Atkinson, A., 1970, "On the measurement of inequality", *Journal of Economic Theory* 2 (3), pp. 244 – 263.

12. Atkinson, A., 1997, "Bringing income distribution in from the cold", *The Economic Journal* 107 (441), pp. 297 – 321.

13. Barro, R., 2000, "Inequality and growth in a panel of countries", *Journal of Economic Growth* 5 (1), pp. 5 – 32.

14. Benabou, R., 2000, "Unequal societies: Income distribution and the social contract", *The American Economic Review* 90 (1), pp. 96 – 129.

15. Biewen, M., 2001, "Measuring the effects of socio-economic variables on the income distribution: An application to the East German transition process", *Review of Economics and Statistics* 83 (1), pp. 185 – 190.

16. Birchenall, J., 2001, "Income distribution, human capital and economic growth in Colombia", *Journal of Development Economics* 66 (1), pp. 271 – 287.

17. Burkhauser, R., A. Cutts, M., Daly and S. Jenkins, 1999, "Testing the significance of income distribution changes over the 1980s business cycle: A cross-national comparison", *Journal of Applied Econometrics* 14 (3), pp. 53 – 272.

18. Calcutt, E., 2004, "Evolution of the income distribution and education vouchers", *Macroeconomic Dynamics* 8 (2), pp. 226 – 249.

19. Calderon, C. and A. Chong, 2004, "Volume and quality of infrastructure and the distribution of income: An empirical investigation", *Review of Income and Wealth* 1, pp. 87 – 106.

20. Cardak, B., 2004, "Education choice, endogenous growth and income distribution", *Economica* 71 (281), pp. 57 – 81.

21. Chen, H., 2005, "Educational systems, growth and income distribution: a quantitative study", *Journal of Development Economics* 76 (2), pp. 325 – 353.

22. Costa-i-Font, J. and E. Rodriguez-Oreggia, 2005, "Is the impact of public investment neutral across the regional income distribution? Evidence from Mexico", *Economic Geography* 81 (3), pp. 305 – 322.

23. Das, S., 2000, "Trade among similar countries and the personal distribution of income and wealth", *Economica* 67 (266), pp. 265 – 281.

24. Dutta, J., J. Sefton and M. Weale, 2001, "Income distribution and income dynamics in the United Kingdom", *Journal of Applied Econometrics* 16 (5), pp. 599 – 617.

25. Epstein, P., P. Howlett and M. Schulze, 2007, "Trade, convergence, and globalisation: The dynamics of the international income distribution, 1950 – 1998", *Explorations in Economic History* 44 (1), pp. 100 – 113.

26. Foellmi, R. and J. Zweimuller, 2006, "Income distribution and demand-induced innovations", *Review of Economic Studies* 73 (4), pp. 941 – 960.

27. Garcia-Penalosa, C. and S. Turnovsky, 2005, "Production risk and the functional distribution of income in a developing economy: Tradeoffs and policy responses", *Journal of Development Economics* 76 (1), pp. 175 – 208.

28. Gini, C., 1921, "Measurement of Inequality of Incomes", *The Economic Journal* 31 (121), pp. 124 – 126.

29. Gong, L., 2003, "Comments on 'Dynamics of income distribution'", *Canadian Journal of Economics* 36 (4), pp. 1026 – 1033.

30. Grabka, M., J. Schwarze and G. Wagner, 1999, "How unification and immigration affected the German income distribution", *European Economic Review* 43 (4 – 6), pp. 867 – 878.

31. Gustafsson, B. and S. Li, 2001, "The effects of transition on the distribution of income in China-A study decomposing the Gini coefficient for 1988 and 1995", *Economics of Transition* 9 (3), pp. 593 – 617.

32. Heer, B. and B. Sussmuth, 2007, "Effects of inflation on wealth distribution: Do stock market participation fees and capital income taxation matter?", *Journal of Economic Dynamics & Control* 31 (1), pp. 277 – 303.

33. Heston, A., R. Summers and B. Aten, 2006, *Penn World Table Version 6. 2*, Center for International Comparisons of Production, Income and Prices at the University of Pennsylvania, September.

34. Hyslop, D. and D. Mare, 2005, "Understanding New Zealand's changing income distribution, 1983 – 1998: A semi-parametric analysis", *Economica* 72 (287), pp. 469 – 495.

35. Johnson, D. and R. Wilkins, 2004, "Effects of changes in family composition and employment patterns on the distribution of income in Australia: 1981 – 1982 to 1997 – 1998", *Economic Record* 80 (249), pp. 219 – 238.

36. Kremer, M. and D. Chen, 2002, "Income distribution dynamics with endogenous fertility", *Journal of Economic Growth* 7 (3), pp. 227 – 258.

37. Kremer, M. and D. Chen, 1999, "Income-distribution dynamics with endogenous fertility", *The American Economic Review* 89 (2), pp. 155 – 160.

38. Kuznets, S., 1955, "Economic growth and income inequality", *The American Economic Review* 45 (1), pp. 1 – 28.

39. Lenzen, M. and R. Schaeffer, 2004, "Interrelational income distribution in Brazil", *Developing Economies* 42 (3), pp. 371 – 391.

40. Li, H., D. Xie and H. Zou, 2000, "Dynamics of income distribution", *Canadian Journal of Economics* 33 (4), pp. 937 – 961.

41. Llop, M. and A. Manresa, 2004, "Income distribution in a regional economy: A SAM model", *Journal of Policy Modeling* 26 (6), pp. 689 – 702.

42. Lucas, R., 1992, "On efficiency and distribution", *The Economic Journal* 102 (411), pp. 233 – 247.

43. Mani, A., 2001, "Income distribution and the demand constraint", *Journal of Economic Growth* 6 (2), pp. 107 – 133.

44. Matsuyama, K., 2000, "A Ricardian model with a continuum of goods under non-homothetic preferences: Demand complementarities, income distribution, and North-South trade", *Journal of Political Economy* 108 (6), pp. 1093 – 1120.

45. Mehta, S., 2000, "Quality of education, productivity changes, and income distribution", *Journal of Labor Economics* 18 (2), pp. 252 – 281.

46. Milanovic, B., 2005, "Can we discern the effect of globalization on income distribution? Evidence from household surveys", *World Bank Economic Review* 19 (1), pp. 21 – 44.

47. Milanovic, B., 2002, "True world income distribution, 1988 and 1993: First calculation based on household surveys alone", *The Economic Journal* 112 (476), pp. 51 – 92.

48. Milanovic, B. and S. Yitzhaki, 2002, "Decomposing world income distribution: Does the world have a middle class?", *Review of Income and Wealth* 2, pp. 155 – 178.

49. Neyapti, B., 2006, "Revenue decentralization and income distribution", *Economics Letters* 92 (3), pp. 409 – 416.

50. Ranjan, P., 2001, "Dynamic evolution of income distribution and credit-constrained human capital investment in open economies", *Journal of International Economics* 55 (2), pp. 329 – 358.

51. Rosser, J., M. Rosser and E. Ahmed, 2003, "Multiple unofficial economy equilibria and income distribution dynamics in systemic transition", *Journal of Post Keynesian Economics* 25 (3), pp. 425 – 447.

52. Sala-i-Martin, X., 2006, "The world distribution of income: Falling poverty and... convergence, period (*)", *Quarterly Journal of Economics* 121 (2), pp. 351 – 397.

53. Samuelson, P., 1966, "The Pasinetti Paradox", *Review of Economic Studies* 33 (4), pp. 269 – 302.

54. Shughart, W., R. Tollison and Z. Yan, 2003, "Rent seeking into the income distribution", *Kyklos* 56 (4), pp. 441 – 455.

55. Spilimbergo, A., J. Londono and M. Szekely, 1999, "Income distribution, factor endowments, and trade openness", *Journal of Development Economics* 59 (1), pp. 77 – 101.

56. Stiglitz, J., 1967, "A two-sector two class model of economic growth", *Review of Economic Studies* 34 (2), pp. 227 – 238.

57. Stiglitz, J., 1969, "Distribution of income and wealth among individuals", *Econometrica* 37 (3), pp. 382 – 397.

58. Summers R. and A. Heston, 1991, Penn World Table (Mark 5): an expanded set of international comparisons, 1950 – 1988, *Quarterly Journal of Economics* 106 (2), pp. 327 – 368.

59. Viaene, J. and I. Zilcha, 2002, "Capital markets integration, growth and income distribution", *European Economic Review* 46 (2), pp. 301 – 327.

60. Wu, X., 2003, "Calculation of maximum entropy densities with application to income distribution", *Journal of Econometrics* 115 (2), pp. 347 – 354.

61. Wu, X. and J. Perloff, 2005, "China's income distribution, 1985 – 2001", *Review of Economics and Statistics* 87 (4), pp. 763 – 775.

62. Xu, K., 2000, "Inference for generalized Gini indices using the iterated-bootstrap method", *Journal of Business and Economics Statistics* 18 (2), pp. 223 – 227.

63. Yao, Y., 2006, "Village elections, accountability and income distribution in rural China", *China & World Economy* 14 (6), pp. 20 – 38.

64. Zilcha, I., 2003, "Intergenerational transfers, production and income distribution", *Journal of Public Economics* 87 (3 – 4), pp. 489 – 513.

第六章　反贫困理论研究的新进展

一、贫困的概念

（一）生存视角

对贫困的认识，首先是从货币收入额开始的。1899 年，Rowntree 在《贫困：有关城镇生活的调查》中对英国约克市的贫困状况进行了调查。通过估算约克市这一特定环境中“获得仅够维持体能所需要的最低必需品”的预算，Rowntree 得出了一个“社会可接受的”货币量（Rowntree 1901）。[①] 这种与生存的需要或工作效率的需要相联系的生物学方法集中于贫困的生存表象而忽视了贫困内在所包含的发展、赋权等更深刻的内容。这样的探索虽然还停留在初期阶段，但却引发了之后人们对于贫困问题越来越多的关注和探讨。

（二）人文视角

1990 年的《世界发展报告》把传统的基于收入的贫困定义进行了扩充，加入了健康、教育、营养等发展因素。联合国开发计划署（UNDP）在 1997 年的《人类发展报告》中，提出了新的贫困概念，将一般意义上

---

① 拉维·坎波尔、琳·斯奎尔：《关于贫困的思想演变：对相互作用的探讨》，选自杰拉尔德·迈耶、约瑟夫·斯蒂格列茨：《发展经济学前言：未来展望》，中国财政经济出版社 2003 年版，第 131 页。

的经济贫困拓宽到“人文贫困”（Human Poverty）。主要包括收入贫困、权利贫困、人力贫困和知识贫困。其中，收入贫困是指最低收入和支出水平的贫困；权利贫困是指缺少本应享有的公民权、政治权、文化权和基本人权；人力贫困是指缺乏基本的人类能力，包括识字水平、足够营养、预防疾病、健康长寿；知识贫困是指获取、交流、创造知识和信息的能力匮乏（叶普万，2004）。人文视角的提出将人们对贫困的认识由单一的一维视角拓展到了多重视角中，并进一步拓展了贫困的概念。

（三）能力视角

1998 年诺贝尔经济学奖获得者阿马蒂亚·森有关可行能力——贫困视角的提出是贫困问题认识中的重大突破。森指出，贫困必须被视为基本可行能力的被剥夺，而不仅仅是收入低下。这种可行能力——贫困的视角不否认低收入是贫困的主要原因之一的那种合理的观点，同时还将反贫困的政策视角从直接的生活质量改善拓展到提高获取收入并摆脱收入贫困的能力。可行能力视角对贫困分析所做出的重要贡献在于，通过把注意力从手段（而且是经常受到排他性注意的一种特定手段，即收入），转向了人们有理由追求的目的，并相应地转向可以使这些目的得以实现的自由，加强了我们对贫困和剥夺的性质及原因的解释（阿马蒂亚·森，2002）。

在此基础上，Haveman 和 Bershadker（1998）提出了净收入能力贫困（Net Earnings-Capacity Poverty，简称 NEC）的概念，意指家庭在充分利用其人力资本和物质资本后，仍不能获得等于或大于家庭贫困线的净收入流。由此，他们所导出的政策取向是：采取各种措施取消贫困者就业的外部限制，确保贫困户中有工作能力成员的就业机会；通过教育、培训等途径帮助贫困者提高获取收入的能力，而不是简单地通过分发食品票等形式保障贫困户的基本食品需要；要提高贫困者脱贫的能力，调动其脱贫的积极性，而非使他们被动地依赖外界的援助来维持低水平的生活（蔡荣鑫，2000）。

基于经济运行，德布拉吉·瑞进一步将这种制约“享受自己所珍视的生活这种基本自由的能力”具体化为穷人获得信贷、出卖劳力、租赁土地以进行耕种的能力等方面。穷人进入市场能力的受限，进而对整个经济体系又发生影响（德布拉吉·瑞，2002）。

总结现有文献关于贫困问题的论述，CDP（Committee for Development Policy）在对欠发达国家 2006 年的回顾和总结中认为贫困包含三方面的要素：低收入、人力资本的缺乏以及经济上的脆弱性（“The Least Developed Countries Report”，2006）。正如《2000/2001 世界发展报告》所说的那样，“穷人生活在没有最基本的行动与选择的自由的境况中，而这种自由是使他们生活改善理所当然应具备的。通常他们缺少必要的食品和住房、教育和医疗，以便使他们能过上所有人都向往的那种生活。面对疫病、经济混乱和自然灾害他们十分脆弱。同时，他们经常遭受国家和社会的不公正对待，在涉及决定他们生活的重大问题上无发言权”。

二、贫困的度量

在一个给定的社会中，当一个人或多个人没有达到依照那个社会的标准制定的合理的最低限度的某一福利水平时，我们就说该社会存在着“贫困”。说一个社会“存在”贫困只是第一步；出于各种目的，包括政策分析，我们还必须知道有“多少”贫困存在。有关贫困概念的一般理论必须包括两个要素：（1）识别（Indentification）穷人的方法；（2）把穷人所构成的集合的特征进行加总（Aggregation），以形成贫困总体映象（Over-all Image of Poverty）的方法（阿马蒂亚·森，2001）。前者回答哪些个体是贫困的？他们有多贫困？而后者则回答一个地方有多少贫困人口？（马丁·瑞沃林，2005）。

（一）贫困线

贫困线是一个关于收入、消费，或更一般地讲，对产品或服务可得性的门槛，在此门槛之下的人们被认定是穷人。那么，贫困线就是在特定时间、特定社会中的一个最低的、“可接受”的经济参与水平（德布拉吉·瑞，2002）。但贫困的相对性和贫困内涵的广泛性为我们测量贫困程度和确定贫困线带来了困难。

荷兰经济学家奥迪·海根纲斯和克拉斯·德沃通过对不同贫困定义的研究后，进行了归纳总结，认为贫困程度的测量可以从以下三个角度进行：（1）低于一个客观确定的绝对最小值；（2）低于社会中的其他一些人；（3）自我感觉生活需要不足（林闽钢，1994）。

具体的测量方法可以是：得到一个足够人饮食的最小营养水平，加上包含这些营养成分的食物价格、住宿和衣着的费用，然后再将能达到这些基本生活要求的消费支出加总。这就得到了“低于客观确定的最小值”的绝对测量。而用一国法定的最小工资来对该国的贫困线进行估计，或者定义该国平均收入的10%为估计贫困线则是一种相对测量，这是评价一个人富裕的程度依赖于社会中其他人的状况。结合贫困线度量的“相对方法”和“绝对方法”的优点，Foster（1998）所提出的加权几何平均方法则是一种“混合测量”的探索。

（二）贫困指数

1. 贫困发生率和贫困缺口率

一旦确定了贫困线，就需要确定在特定条件下如何评估贫困的程度。最直接的方法是计算收入或消费水平处于贫困线以下人口占总人口的百分比，即贫困发生率：$H = q/n$。其中，n表示总人数；q是贫困人口数。这种计算“人头”的方式到目前为止是测算贫困程度最常用的方法。不过它有明显的缺点，因为它忽略了贫困的强度，尤其是对于贫困线以下人群的收入分配状况不敏感，而且也无法反映反贫困战略实施中所需要的经济代价。基于这一指标的决策者，可能会将减贫资源更多地用于那些离贫困线较近的人，而不是那些更需要这些资源的人。

另一种测算贫困的方法考虑了相距贫困线的距离，被公式化为穷人的平均收入与贫困线的差距的百分比，即贫困缺口率：$I = \frac{1}{q}\sum_{i=1}^{q}\left(\frac{z - y_i}{z}\right)$。其中，q是贫困人口数；z是贫困线；$y_i$是第i个人的收入水平。与贫困发生率相比，贫困缺口率对贫困人口的数量不很敏感，而是侧重于收入分布。

贫困缺口率与贫困发生率分别提供了有关贫困的“广度”和“强度”的重要信息。但这两个指标有一个共同的缺点，即忽视了非常重要的穷人中的相对剥夺问题。世界发展报告中的一个例子很好地说明了这个问题。1981年印度尼西亚加瓦地区稻米价格上升，相当部分的穷人家庭为农民，他们是稻米的净生产者，因此按道理讲，稻米价格的上升应该对他们有好处，而且确实贫困人口数也下降了，但是这种情况却掩盖了另一种现象：许多最穷的人并非稻米生产者，而是无地劳工或农民，其收入也来自于其他方面，他们是稻米的净消费者，因此，他们反而受到了负面影响。那些

“对转移支付敏感”的贫困指数可以把这些变化表现出来，而贫困发生率和贫困缺口率却表现为贫困下降（德布拉吉·瑞，2002）。

2. 度量贫困的公理和 Sen 指数

1976 年，Sen 提出了贫困指数应当满足的公理系统：

单调性公理（Monotonicity Axiom）：给定其他，贫困线以下任一人收入的减少必定会增加贫困指数的度量；

传递性公理（Weak Transfer Axiom）：给定其他，贫困线以下任一人向较其富有的人的收入转移必定会增加贫困指数的度量（Amartya Sen，1976）。

Sen 将指数的一般形式定义为贫困缺口的加权：$P = A(n, q, \pi)\sum_{i \in T} v_i g_i$。其中，$v_i$ 是第 i 个人的贫困缺口 g_i 的权重；$A(n, q, \pi)$ 是一个正规化参数，它依赖于总人数 n、穷人人数 q、贫困线 π。根据上述两个公理以及推导，Sen 得出，当 q 很大时的贫困指数形式 $P = H\{I + (1 - I)G\}$，其中 G 是穷人内部收入分配的基尼系数。

在此基础上，Shorrocks（1995）进一步提出了修正的 Sen 指数，这一指数等同于受到约束的 Thon 指数，因此又称为 Sen-Shorrocks-Thon（SST）指数：$S_{SST} = \frac{1}{N^2}\sum_{y_i < z}(2N - 2i + 1)\left(\frac{z - y_i}{z}\right)$。

3. FGT 指数

在贫困度量公理的基础上，Foster、Greer 和 Thorbecke（1984）提出了满足可分解性的贫困指数 FGT，其中总的贫困程度是子群贫困水平的加权。假设 z 是贫困线，y_i 是第 i 个人的收入，定义贫困指数 $P(y; z) = \frac{1}{n}\sum_{i=1}^{q}\left(\frac{z - y_i}{z}\right)^{\alpha}$。其中，α 为贫困厌恶（Aversion to Poverty）指数。不同于 Sen 指数，在 FGT 指数中，P 的权重不再仅仅取决于贫困线以下人群的收入序列而完全取决于贫困缺口本身。α 值越大，表明对贫困的厌恶程度越高。

4. 包含全体分配的社会福利方法（inclusive measure）（Martin Ravallion，1994）

与那些对生活水平在贫困线以上赋零权重的方法不同的是，利用社会福利函数测度贫困的方法对于全体的分配都赋予了正的权重，在多种多样政策的出台上已经有了许多有经验的应用。这种方法的基本观点认为贫困的存在会给整个社会福利带来损失，贫困指数测度的即是这种损失量。例如，Blackorby 和 Donaldson（1980）根据这一概念推导出的贫困指数公式：$BD = H(z - \xi_e)/z$，其中 ξ 是平均分配相同收入的社会福利函数。Clark，Hemming 和 Ulph（1981）提出了的贫困指数公式：$CHU = (z - \xi_e)/z$。Vaughan（1987）在其著作中详细指出了社会福利方法与传统方法的区别之处，讨论和总结了以往一些基于社会福利观点的贫困指数，并在此基础上，提出了总的相对贫困福利指数：$GRWP = \frac{Hz^{1-\varepsilon} - H[(I - A_p)\bar{y}^p]^{1-\varepsilon}}{Hz^{1-\varepsilon} + (I - H)[(I - A_r)\bar{y}^r]^{1-\varepsilon}}$。社会福利函数的贫困指数方法使人们认识到将贫困纳入到全社会福利分配的大背景下考虑的重要意义，但同时由于福利函数本身的不确定，这种方法在应用中还存在一些局限。

三、引发贫困的要素分析

（一）地理与制度

具有相似人力禀赋的国家为什么却走向了截然不同的发展路径。普遍的观点认为地理要素和制度是引发贫困的两个最基本的因素。前者认为区域的地理条件、气候和生态环境将决定当地的技术和对民众的激励，强调自然因素对发展能力的制约。其解释力在现代经济时期也开始显得相当地局限。而相反的是，对于后者制度假设的分析，则日益成为经济学家们关注的焦点。

对制度假设的研究最早可以追溯到 John Locke、Adam Smith、John Stuart Mill。Douglass North 在清楚阐明制度对经济发展的影响力方面作出了重大贡献。Daron Acemoglu，Simon Johnson and James Robinson（2003）认为简单地从传统经济学研究的一般层面去追索国富国穷的原因，如为什么某些地区没能建立起更好的市场、没有更好的人力资本，或者没有更多的投资、更好的机器设备和技术，都只是得到了导致贫困的近似原因。而引发贫困的最基本的因素则在于地理和制度。后者则被作者认为是比地理环境更为重要的解码穷国富国问题的钥匙。不同于地理假设中对自然因素的过分强调，制度假设突出人在经济发展中的影响力。他们的研究发现，事实上，并不存在某种强制性的原因使社会自然地倾向于好的制度模式。但现存的制度模式会通过影响产出和分配对未来“蛋糕”的大小和分配产生影响（Acemoglu and Robinson，2000，2002）。并且能够清楚地观察出“坏的制度”的特征，即社会中的某一部分人群享有了对社会总剩余的极大的占有权，而这恰恰是社会不平等和贫困加剧的重要原因。

（二）真实经济因素

1. 资本

广义的资本至少包括了五个范畴：生产资本、人力资本、自然资本、社会资本和文化资本（Bebbington，Kopp 和 Rubinoff，1997；Bebbington，1997；Scoones，1998；Carney，1998）。

Philippe Askenazy 和 Cuong Le Van（1999）认为初始的贷款额和贷款约束（生产资本）对于未来经济增长路径具有重要决定作用。如果时间偏好非常强，经济将很可能陷入一个贫困的陷阱中。Michael A. Sadler（2000）进一步讨论了这一问题，但他认为即使穷人是风险厌恶的，但出于摆脱贫困现状的刺激，他仍具有通过储蓄积累的方式从事风险性投资的倾向。

Sen（1997）指出人力资本存量不仅意味着人们可以生产得更多，更有效率；它还赋予了人们更富有成效地、更有意义地参与到这个世界中的能力，更重要的是，改造世界的能力。从这个意义上说，我们很容易理解这样的分析思路：资本不仅仅使人们能够生存、适应和对抗贫困，同时，它还是人们挑战和改造现有规则的基础（Giddens，1979）。在某种意义上，这种分析框架就是将资本看作是人类机械性活动（生存）、解释性活动（使生活变得更有意义）、解放性活动（挑战当前的社会结构）的主要工具（Habermas，1971）。Erik Thorbeck 和 Hong-Sang Jung（1996）指出，如果希望穷人也能够广泛地参与到社会的工业化进程当中，就需要加强人力资本的投资。Gerhard Glomm（1997）比较了公共教育和私人教育这两种教育体制，并指出在公共教育的供给中，社会的人力资本存量积累不足，从而引发的贫困陷阱问题。Bloom 和 Sachs（1998）宣称撒哈拉以南非洲地区所流行的疟疾每年导致数百万人丧生，尤其是婴幼儿。疾病减缓了该地区的经济增长速度每年超过 1.3 个百分点。也就是说如果疟疾在

1950年根除的话，撒哈拉以南非洲的人均收入大约是今天的两倍。G. Edward Schuh（2000）分析了农业现代化对贫困的变化所产生的多方面影响，并详细论述了通过提高人力资本，包括认知能力、职业技能、营养健康等以部分地消除贫困的各种途径。Massimo Giannini（2003）则在对人力资本的积累和分配效应的分析基础上，指出了人力资本存量对贫困的两方面影响。初始的人力资本和能力禀赋会决定未来的人力资本投资和经济中的积累，同时一般而言，更加公平的初始分配将会促进经济以更快的速度增长。作为资本的类型之一，社会资本对贫困人口具有更加重要的意义。基础建设中的公共资本，不仅会对个人的生产力产生一个正的影响，同时还会对个人投资产生一个补充效应。但如果这种效应太低（由于基础设施投资中的不可分割性），经济就会陷入低增长高贫困的陷阱中。事实上，只有关注贫困的长期政策和提高穷人力资本的措施共同作用，才能够在减贫中取得成效（Haider A. Khan，1999）。

在社会资本方面，Christiaan Grootaert 和 Deepa Narayan（2004）指出，在各种社会组织中按会员人数度量的社会资本的增加有利于增进家庭财富和减少贫困。Yuan K. Chou（2006）的进一步分析表明社会资本的积累又取决于政策和经济发展中的多种均衡。因此，在社会资本的积累过程中要时刻警惕，避免落入贫困的陷阱中。

值得一提的是，Anthony Bebbington（1999）认为资本不仅仅是人们构筑生活空间的资源，更重要的是它赋予人们这样一种能力，可以成为他们期待的那样或者做他们所期待的。贫困中的核心问题在于资源（资本）和获取它的途径之间联系的断裂，从而这种联系资源的途径或者说获取这种途径的能力成为人们维持生存和缓解贫困中最为重要的资本。Anthony Bebbington 将能力也纳入对贫困问题思考的资本视角中，极大地丰富了普遍意义上对资本的认识，对此后反贫困战略的制定和完善具有重要意义。Caroline O. N. Moser（1998）就强调关注穷人所拥有的而不是他们尚未拥有的。在此基础上，她分析了资本对于家庭贫困和脆弱程度的控制力，并指出干预性的辅助政策应集中于为穷人提供更多的机会，消除障碍，以使他们能够更好地使用他们已经掌握的资本。

2. 增长与不平等

普遍的观点认为增长会改善穷人的生活状况，至少可以说穷人无法在经济衰退中获益。实证研究证明了这样的看法。平均消费增长速度每年超过3%的国家和地区（巴西、印度尼西亚和马来群岛）中贫困人口的总人数经历了一个快速的下降过程。平均消费量年增长率大约为1%的国家和地区（印度和摩洛哥），这一指标也正在适当下降，而平均消费下降的地区（哥伦比亚和委内瑞拉），这一指标升高了。这似乎意味着当分配（洛伦兹曲线）保持相对稳定时，平均消费（G）与贫困人口数量指数存在某种关系。Lyn Squire（1993）通过回归的方法，证实平均收入1个百分点的增长将促使贫困人口指数的减少增加0.24个百分点。

实证研究的日益丰富，人们开始发现增长速度远非贫困的惟一解释变量。研究发现在某些高速增长的国家中，穷人状况的改善远不如我们所预想的那样。财富分配中的不平等决定了有多少人可以进行储蓄并将其投资于人力资本，并因此对贫困有一个显著的负效应。从20世纪60时代初到90年代初的数据说明，印度尼西亚和中国台湾地区出现了迅速的增长，但不平等并没有恶化。（这两个地方的不平等都有所下降，但其趋势没有统计上的意义。）在这期间，印度尼西亚最穷的1/5的人的收入每年最少增长4.8%；而台湾地区最穷的1/5的人的情况甚至更好，年平均收入增长率为5.8%。最新的研究还发现在地区不平等扩大和贫困演化的过程中，分配也充当着重要的角色（Adriaan Kalwij和Arjan Verschoor，2007）。

3. 政府

世界银行行长沃尔芬森指出，新制度理论对经济发展的贡献有三个方面：第一是收入转移；第二是调整政策以保证稳定的增长和人力资本的投入；第三是赋予贫困者“能力”。后者又包括三个方面：一是加强贫困者的呼声；二是扩大贫困者拥有的信息量；三是提高贫困者的责任感和自主意识（易宪容、黄少军，2000）。但政府总像是经济中的一把双刃剑。一方面，政府是反贫困政策制定的主体，也是反贫困过程中重要的参与者；但另一方面，它也常常被指责是会导致贫困的重要因素。Larry Diamond（2004）就指出在缺乏政治民主的情况下，代表社会中少数精英阶层利益的政府必将使增长的砝码偏向于社会中的少数人。可以断言的是，发挥政府在反贫困中的作用和影响，对于政府机制本身也意味着重大的挑战。其次由于逆向选择的存在，援助计划最终取得的成效会小于初始的预期（Jonathan Sanford，1997）。支持者们则用多方面的证据肯定了政府在反贫困过程中的作用。

（1）再分配政策。世界银行的两位经济专家Datt和Ravallion（1997）

提出了将总体贫困分解为 Lorenz 曲线不变的情况下，收入变化的增长效应以及收入恒定条件下，Lorenz 曲线变化导致的分配效应和残差项的分析框架。用这一方法，Datt 和 Ravilion 研究了 20 世纪 80 年代巴西和印度的贫困问题。他们得出的结论是再分配政策在实证研究中具有重要意义，尤其对于那些丧失或缺乏劳动自给能力的老人和孩子来说更重要。

（2）公共服务。经济增长并不总是伴随着健康和教育质量的广泛提高。Jean Dreze 和 Amartya Sen（1990）提供了有说服力的证据。一些国家如巴西（World Bank，1988）、巴基斯坦（Sohail J. Malik，1993）都经历了 GDP 的显著增长，但教育和基础医疗等方面的进展却不能与之成比例。不仅如此，他们国内的医疗和教育水平（尤其针对女性）其普及率和质量都远低于同等人均 GDP 水平的其他国家。在这些案例中，基础社会服务的供给不充分或者说不恰当是贫困人口出现的重要原因。相反地，在斯里兰卡、喀拉拉邦，尽管收入增长率较低，但在人口寿命、出生率和识字率等方面都获得了显著的提高。Paul T. Schultz（1988）的经验估计也表明基础教育的社会回报率大约在 20% 或以上，中等教育大约在 15% 或以上。在印度尼西亚，基于有效的劳动力使用和由贫困阶层掌握的资本以及广泛的公共服务支持的经济增长，使得国家中的贫困人口快速稳定地减少。仅在 17 年间，印度尼西亚贫困人口的百分比就由 64% 减少到 22%（Lyn Squire，1993）。Bruno Amable 和 Jean-Bernard Chatelain（2001）指出金融方面的公共建设有助于增强银行部门的有效性，降低资金成本，增加储蓄量和中等存款。这些因素又将进一步加速经济增长，并帮助国家从贫困陷阱中跳出。Zafiris 和 Tzannatos（2003）对此的计量分析表明，仅仅依靠教育津贴对促使未成年劳动力脱离劳动力群体的刺激并不像我们想像中的那么大。政府对于基础教育的公共基础投资以及相关的政策支持对于促进增长和减贫具有更加重大的意义。M. Grimm（2005）也强调了政府教育支持和相关政策的制定在减贫过程中的重要性。David Parker，Colin Kirkpatrick 和 Catarina Figueira-Theodorakopoulou（2007）列举了多种公共基础设施建设对减贫具有极大促进作用的例子。Xinshen Diao 和 Alejandro Nin Pratt（2007）通过对埃塞俄比亚的案例研究发现，农业在减缓当地的贫困中扮演着重要的角色。因此，农业基础设施如道路、市场的建设投资对农村地区的脱贫是十分关键的。

此外，另一些研究如 Paul Collier 和 David Dollar（1999）强调了配套的政策效应在对贫困地区救助中的重要作用。Camilo Dagum 和 Daniel

J. Slottje（2000）从提高国家和个人人力资本的角度，肯定了系统的政策框架在应对内生贫困中的重要作用。Robert T. Jensen 和 Kaspar Richter（2001）通过分析贫困在代际间传播的多种途径和由此而引起的贫富悬殊等社会问题，指出政府促进儿童健康的行动计划对减贫的重要作用。Shafiq Dhanani 和 Iyanatul Islam（2002）证明了在缺少政府干预的条件下，个人和家庭脆弱性，即经历暂时贫困的风险性会增强。因此，需要将建立增强家庭的应对机制和社会资本量的弹性社会保障网络纳入国家反贫困的中期战略中。

如何正确或者恰当地发挥政府在反贫困进程中的作用。R. Heltberg 和 F. Tarp（2002）认为政府对市场进入的鼓励政策，在某种程度上，会使首次进入市场的农民从额外供给中受益减少。因此在倾向穷人的增长战略的制定中，必须充分考虑风险、生产率、资本存量等环境因素，以及贫困人口对这些刺激的反馈。Pranab Bardhan 和 Dilip Mookherjee 的研究则强调反贫困计划的重要一点是政府对地方授权。分权机制被证明是有效率的，并且有利于地区协调发展。同时，如果中央对地方的承诺出现缩水，那么在地方政治精英争夺政治资源的过程中，就会破坏地区间的协调，甚至引发一些危害。

4. 工业化与城市化

对于正处于工业化和城市化进程中的中国而言，了解贫困在这一进程中的演变具有重要的现实意义。魏众和 B·古斯塔夫森（1998）对 Datt 和 Ravilion 的分析框架做了进一步的扩展。他们认为，“在贫困变动的分析中，通常被忽略掉的残差是指人口结构变动所导致的贫困率的变动。在一般情况下，增长和分配的因素往往已经能够很好地说明两者对贫困问题的影响，而残差的值通常又较小，所以，人们无须关注人口因素的影响，而当增长和分配因素的效应相互抵消之时，人口构成因素就成为贫困变化的主要解释因素”。在此基础上，魏众和 B. 古斯塔夫森计算了 1988～1995 年间人口构成的变动导致中国贫困率的下降程度。并得出结论，由于城市人口比例的增加、农村的非农化倾向以及农村的家庭规模减小和年龄结构以及受教育程度的提高等原因，在 7 年间，中国的贫困率因此下降了 3.42%。

5. 经济全球化

经济全球化对在反贫困中的作用，一直以来褒贬不一。Lundberg 和

Squire（1999）的研究发现开放似乎代表着一种权衡的关系：它使经济增长率提高，却使社会中的不平等现象恶化。

持肯定观点的，如 Caesar B. Cororaton 和 John Cockburn（2007）以菲律宾贸易改革的案例为基础，证实了削减关税对减贫的促进作用。试验还说明，如果削减关税以后的税收缺口不是通过直接税，而是通过增值税等弥补，可以获得更好的减贫效果。John Page（2007）研究了中东地区和北美地区的贫困问题在 1970～1999 年的变化过程，实证分析发现，1985 年之前，使该地区贫困人口大幅锐减的原因是高速的经济增长，而 1985 年之后，拉动减贫过程的主要动力则来自于倾向弱势人群的收入分配和来自于劳动力在国际间的流动。

但另一方面，持否定观点的学者认为，在开放条件下，仅仅依靠少数初级产品出口换汇的国家会因国际原料出口量迅速增加，而陷入出口收入减少的危机之中。由于贸易条件的不利变动，这些国家将会遭受“贫困化增长”之苦（Bhagwati，1958）。Bill Gibson（2005）也赞同这样的观点。他认为如果家庭太穷而无法维持人力资本积累的投资，或者国家无法在一个合理的价格上向社会供给，那么技术密集型的出口就没有竞争力，开放的结果就只能是增加贫困和失业。Pranab Bardhan（2006）进一步分析了全球化对于贫困的影响。研究指出，通过全球化过程，更多的跨国贸易和长期资本流动，将极大地影响发展中国家，尤其是农村地区的生活状况。全球化不仅会给农村地区的贫困人群带来困境，还会带来不同政治体系，不同经济结构，不同产出水平国家间的贫富分化。

伴随全球化进程的不断深入，跨国公司开始在世界经济中扮演越来越重要的角色。跨国公司通过在全球范围内生产要素的重新整合，极大地促进了世界商品和劳动力的流动。有关跨国公司在贫困问题中所扮演的角色，一直以来，也是众说纷纭。尽管有关大型跨国公司负面影响的讨论不断（e. g.，Hertz，2001；Klein，2002；Stiglitz，2002），但大多数的人仍相信它们在减缓贫困过程中有额外价值或者至少有潜在的额外价值。Ans Kolk 和 Bob Van Tulder（2006）认为跨国公司的这种微观效应和全球经济的宏观效应，都是我们在制定反贫困政策时需要考虑的问题。

6. 环境保护

近年来有关资源和环境与减贫关系的讨论日益增多。Stephen Cornell 和 Joseph P. Kalt（2000）的研究发现法制体系的建立和完善以及对市场和生态环境的保护等措施有助于减缓贫困战略的实施。Piet Buys，Ken Chomitz，Susmita Dasgupta，Uwe Deichmann，Bjorn Larsen，Craig Meisner，Jostein Nygard，Kiran Pandey，Nat Pinnoi 和 David Wheeler（2006）分析和讨论了发展中国家中经常面临的减贫与环境保护之间的政策困境，指出仅仅以贫困指数作为依据，是不可能取得最有效的反贫困资源配置的。Makoto Kanagawa 和 Toshihiko Nakata（2007）还分析阐述了能源与减贫之间的诸多复杂联系。Brendan Fisher 和 Treg Christopher（2007）指出了保持地区的生物多样性和缓解贫困之间的矛盾。与这种悲观的看法相反的是，Edmund M. Balsdon（2007）则认为减贫的措施虽然会导致自然资源的加速消耗，但同时也会拉长下一阶段等量资源的耗费时间，从而使贫困与环境间的矛盾可以在减贫的过程中得到缓解。

（三）行为

将反贫困的视角由国家层面引入到个体层面是反贫困理论研究的一大进展。这得益于在行为经济学方面的一系列突破和试验经济学方法的大量应用。经济学家对贫困人口的观察发现，他们的短期行为往往受到各种突发事件和微小因素的影响，这一影响导致了穷人面对风险的脆弱性，为一系列社会保障制度和“安全网”的建立提供了理论基础。穷人们的长期行为则往往表现出一些可总结的规律性。例如，穷人的效用水平通常位于比其他人更低的地方。穷人看上去似乎已经没有什么可以失去的了。因此，对于他们，惩罚的威胁也不像对其他人那样有效。穷人被排除在大额信贷之外，因为在理性条件下，禀赋较少的穷人们总是倾向于选择违约或者逃跑。Jonathan Morduch（1999）的实证检验发现，向贫困家庭提供信用（参与借贷的能力并进行投资和适度的风险活动）可以潜在地消除一部分贫困问题。

而在后者的研究中，学者们常常希望通过努力改变使穷人继续成为穷人的某些行为预期和偏好等，有时虽然这仅仅是一些少量的投资。例如，美国家庭总数的10% ~20% 没有银行账户（John P. Caskey，1997）。但实际上，在美国，没有银行账户的成本是相当高的。他们需要用现金支付账单，而且无法获得稳定的利息收入，有时甚至会面临货币贬值的风险。如果穷人们都意识到了这种高额的成本，但却并不办理，那么在理性假定下，必定是由于某些其他的因素。比如，银行账户的固定收费或者相对小额交易而言较高的边际成本。如果我们发现并清醒地认识到这一问题，那么提供财政补贴以降低持有银行账户的某些费用或者促使银行在某些地区的分行不致关闭，就能吸引更多的人，尤其是穷人开设银行账户，从而极大地提高整个社会的总福利水平。这似乎暗示了穷人对于某些要素比常人有更强的反应。R. Heltberg 和 F. Tarp（2002）的研究证实了这一点。决定农民是否参与市场和购买多少的因素中，最重要的并不是价格因素，而是风险、技术和运输结构等非价格因素在起作用。大多数的研究还发现，穷人往往比较他们富有的人有更高的时间偏好，因为他们更关心当前的生存而较少考虑为未来的储蓄。这样的观点也是倾向环境保护的经济增长和由环境恶化导致贫困讨论中的中心思想。根据这样的看法，似乎财富是人们关心未来和投资于环境保护的主要原因，而贫困则会导致竭泽而渔的悲剧。但 William G. Moseley（2001）并不同意这样的观点。他通过对非洲国家的实证研究发现，穷人的时间偏好并不像传统中所认为的那样强烈。

还有一些有趣的结论是从对穷人的问卷调查中得出的。Trudy Owens（2004）发现贫困人口对贫困和增长的决定因素和对援助的认识具有异于常人的表现。在此基础上，Dariush Hayati 和 Ezatollah Karami（2005）调查了伊拉克农民对贫困原因的认识，结果发现认为贫困由个人原因所致的农民普遍拥有更好的生活质量和技术水平，拥有更多的土地、收入作为保障，并可以获得更多的相关服务。而认为贫困是由命运所致的农民的生活状况则最差。持结构性贫困观点的农民的生活状况则介于上述两者之间。因此，他们强调在制定减贫战略时，不仅要考虑贫困者当前的生活状况、所拥有的资源，更要考虑到人们的认识对行为的影响，更加合理地分配反贫困的资源。

此外，还有一些与贫困问题相关的其他研究。Erik Thorbecke 和 Hong-Sang Jung（1996）强调部门间的扩散和协同效应在减贫中的间接影响。George Galster（2002）回顾了长期以来对贫困人口集中和分散的理论政策观点，并通过实证检验发现，在 15% 以下的低贫困率和 40% 以上的高贫困率国家和地区中的社会净福利水平都高于 15% ~40% 之间贫困率的国家和地区。贫困的集中和分散度对社会的影响效应要远高于传统中的认识和理解。Frank Ellis 和 Godfrey Bahiigwa（2003）通过对乌干达三个农村地区“消除贫困行动计划”（PEAP）的分析和检验，指出农村贫困常常与土地和生活资料的缺乏密切相关，而穷人很难获得农业以外的选择机会。研究还发现了分散的农村税收体系和减贫目标之间的矛盾。Arie Kuyvenhoven（2004）指出如果无法构建有效的要素和商品市场，无论是高潜力地区的涓滴效应还是结构调整中的收益都无法使贫困地区获得乐观的减贫效果。Marieke Heemskerk、Anastasia Norton 和 Lise De Dehn（2004）分析了非正式的安全网的建立对减贫战略的重要意义。通过强化非正式的保障体系和货币分配可以提高穷人应对风险管理的能力，并促进人力资本的积累。Stefan Dercon（2006）通过对埃塞俄比亚 1989 ~ 1995 年经济改革时期贫困分布变化的分析，发现由外部冲击导致的土地、劳动力及人力资本等要素回报的变化对消费品的相对价格有重要影响，并进而使贫困的分布发生改变。基于新古典的增长模型，V. V. Chari，Patrick J. Kehoe 和 Ellen R. McGrattan 发现以投资对消费的相对价格计量的投资扭曲可以在某种程度上解释国家间的收入差异。Anil Rupasingha 和 Stephan J. Goetz（2007）以美国的数据为基础，分析了导致贫困的广泛原因，包括社会资本、种族和收入不平等、地区间的政治竞争、联邦授权、国外的出生人口等。David Parker，Colin Kirkpatrick 和 Catarina Figueira-Theodorakopoulou（2007）则独辟蹊径，以家庭为研究的出发点和落脚点，讨论了家庭在缓解贫困中所扮演的重要角色。通过对突尼斯地区减贫计划的分析，Sami Bibi 和 Jean-Yves Duclos（2007）发现这类反贫困计划的最终结果常取决于决策者的政治偏好，倾向于垂直等级间的平等还是水平等级间的平等。

四、贫困陷阱

贫困陷阱为政策制定者提出了一个严重的现实问题，一系列的实证分析已经证明了这类陷阱问题的存在。Sen（1992）和 Dasgupta（1993，1997）指出，拥有大量失业人口的国家无法简单地通过其自身力量取得繁荣。Islam（2003）发现贫困国家的单位资本收入并不向发达国家接近，富的国家通常集中于一条高收入水平的发展路径，而穷的国家则集中于一条低收入水平的发展路径，这种均衡通过要素间的反馈作用而自我强化。一旦人们依据可获得的资本量，做出不同的战略决策，包括给定生产和技术条件下未来的财富流以及伴随价格、产出波动的风险等，做出决策，结果也就随之决定了。陷入低水平均衡的人群将很难摆脱贫困的恶性循环（Christopher B. Barrett 和 Brent M. Swallow，2006）。

有关这一问题，最初的思想来源可以追溯到马尔萨斯的《经济学原理》。他发现世界上的许多国家存在某种根本性的差别，虽然他们有几乎相同的禀赋，但却在国家财富的增长方面走向了截然不同的道路。第二次世界大战以后，Rosenstein-Rodan（1943），Nurkse（1953），Nelson（1956），Myrdal（1957、1968、1970）相继对这一问题做了进一步的分析。他们认为国家在人均资本收入较低水平上的增长和贫困之间的循环关系是导致“贫困陷阱”的重要原因。贫困国家要摆脱贫困，打破恶性循环，必须大规模地增加储蓄，扩大投资，促进资本形成，才能冲出“低水平均衡陷阱”，并最终促成一个正的“循环积累因果运动”。

20 世纪 80 年代后期 90 年代初开始的具有代表性的研究，如 Murphy，Shleifer 和 Vishny（1989），Matsuyama（1991），Krugman（1995），Azariadis（1996，2001），Rodríguez-Clare（1996）和 Rodrik（1995，1996）等，在增长的低水平均衡和高水平均衡之外引入了不稳定的动态均衡点。这一点的微小冲击将使福利水平的走向发生极端改变。事实上，这种不稳定的动态均衡点所反映的正是跳出低水平均衡的惊人一跃，在比较静态分析中这个被忽视的转折成为了最新的动态分析中的关键，如图 6－1 所示。

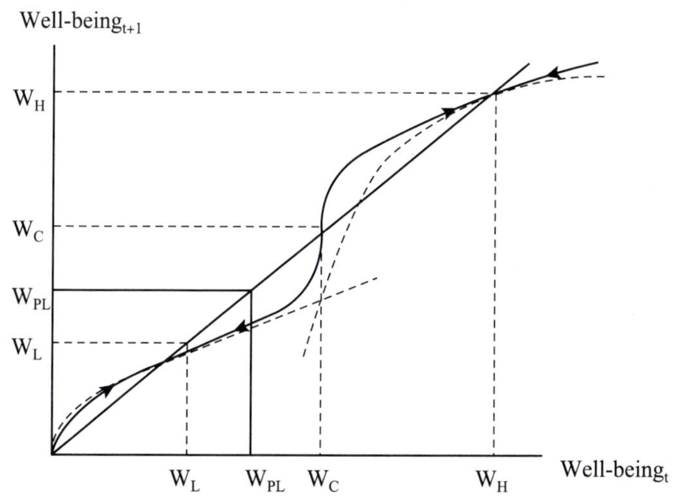

图 6－1 贫困陷阱假设下的福利变化

资料来源：Christopher B. Barrett and Brent M. Swallow，2006。

区别于传统的增长模型，上述这类模型的一个重要特征是经济处于低增长还是高增长的均衡往往取决于经济中内生的非线性的因素，如外部性、初始的人力资本存量等。一些研究已经说明了这种情况的存在，无论是由于人力资本积累对社会增长继而对经济总量规模的作用（Azariadis and Drazen，1990），还是由于资本市场的不完善（Galorh and Zeira，1993），初始的人力资本存量不同的国家会徘徊在不同的稳定均衡水平中。如果开始时拥有较低的人力资本存量也就会有较少的教育回报。而相反地，当经济开始于一个较高的人力资本存量水平时，就会刺激其向上发展。Jean-Marie Baland 和 Patrick Francois（1996）指出，由经济的不同产业结构与技术创新之间的相互作用导致了多重均衡，并刻画了非均衡状态中的经济行为模式。他们是关于营养不良，疾病，性别不平等和较高的怀孕比例，极端的地理限制，私人企业之间的协作失败，或常常面临破产风险的政权组织，等等。Kremer 和 Chen（1999）提供了工资、生育率和教育成本之间如何相互影响导致贫困陷阱的例子。他们的模型基于三个主要假设：高工资会减少生育率，缺少技能的人群的子女倾向于获得较少的技能，而在生产中，高技能工人和低技能工人之间是相互补充的关系。生育率和获取教育的刺激取决于工资结构，也就是工人中高技能劳动力的比例。而劳动这一比例又反过来取决于生育率和教育的可获得性本身。这种因素间的相互影响使经济中出现多重均衡的可能。如果初始比例过低的话，低技能和高技能工人间的不平等会自我加强，经济可能会在低比例高技能工人和高度的不平等上陷入均衡。Danilo Guaitoli（2000）分析了代际间的分配和内生增长的动态关系及人力资本和物质资本的积累和可能引致的贫困陷阱。Se-Jik 和 Yong Jin Kim（2000）指出教育和国际贸易对经济增长路径的影响，两者的共同作用将使工人可以向具有更高生产力的产业移动，并使经济增长率趋向于技术进步率最快的产业。由于初始资本存量的差异，这种作用将使经济增长出现多种不同的均衡状态，而自由贸易是使国家避免落入这种贫困陷阱的方法。Sara Horrell，Jane Humphries 和 Hans-Joachim Voth（2001）将营养和人力资本的贫困陷阱结合在一个模型中，考察了 19 世纪英国的劳动力市场变化的动态过程，指出旨在帮助脆弱的儿童避免营养和人力资本贫困陷阱的再分配生产战略对于减贫的重要意义。Paul J. Zak，Yi Feng 和 Jacek Kugler（2002）分析了家庭的生育和迁移决策在人力资本代际间传播的影响和可能导致的贫困陷阱。David E. Bloom，David Canning 和 Jaypee Sevilla（2003）指出了地理因素与不同的经济均衡间的关系。Michael Ben-Gad（2003）指出了特定财政政策与增长路径中多重均衡的关系问题，并分析了其中可能的贫困陷阱。Costas

Azariadis 和 John Stachurski 分析了由于市场失败或者组织，包括政策干预、立法失败中的原因造成的贫困陷阱问题，尤其生产技术方面，即“最具生产力的技术并不总是首选”。[①] Mariapia Mendola（2005）讨论了家庭在移民问题中的迁移选择，发现了贫困的农民无力承担高额的迁移费用，从而只能选择低回报的迁移方式（如就在本地），因此也就很难获得生产力方面的提升，从而落入贫困的陷阱中。Engin Dalgic 和 Ngo Van Long（2006）通过模型，分析了中央政府和地方政府博弈行为对整体经济运行状况的重要意义。如果初始的资本存量及初始的政府透明度、任期、地方政府在税收中的分享额低于某一特定水平的，国家就有可能陷入贫困陷阱之中。Roland G. Fryer，Jr.（2006）证明了以下三个主要观点：首先，一些被期待作出特定的专业投资的人变得更穷了，因为他们被观察的决定只是对组织忠诚度的检验，从而获得在人力资本和群组之间合作关系的平衡；其次，这种均衡使具有同样能力的个体趋向两种极端的人力资本投资行为。最后，伴随社会流动性的增强，这种极端的情况会进一步增强。Ryo Horii 和 Masaru Sasaki（2006）分析了由于人力资本投资的选择性行为在代际内的影响和反馈效应以及在代际间的传递效应所导致的双重贫困陷阱。Aart Kraay 和 Claudio Raddatz（2007）针对非洲国家的实证研究，证明了低储蓄和低技术所导致的贫困陷阱的存在。Michael R. Carter，Peter D. Little 和 Tewodaj Mogues and Workneh Negatu（2007）认为干旱、飓风等环境冲击的长期影响将有可能把家庭推入贫困陷阱的漩涡中，而如果没有来自外部的援助，家庭似乎很难从中逃脱。Fangwei Wu，Deyuan Zhang 和 Jinghua Zhang 分析了教育禀赋差异在具有相同收入禀赋的家庭之间的影响。由于教育禀赋的差异，收入差距会不断增大，而低收入水平的家庭就由此可能陷入贫困的陷阱中。从这个意义上说，具有不同教育禀赋差异的地区间、城乡间的发展水平也会扩大，从而可能形成贫困的陷阱。而解决这一问题的方法在于促进教育公平、收入合理化和平衡发展的政策引导。[②]

对于如何跳出贫困的陷阱，刘易斯提出要走工业化和城市化道路；舒尔茨提出要进行人力资本开发，所以科技扶贫和教育扶贫政策就显得重

---

① Costas Azariadis and John Stachurski，Poverty Traps，Prepared for the Handbook of Economic Growth（Philippe Aghion and Steven Durlauf，eds.）.

② Fangwei Wu，Deyuan Zhang and Jinghua Zhang，Unequal education，poverty and low growth-A theoretical framework for rural education of China，Economics of Education Review.

要；缪而达尔从经济政治等不同角度全面系统地研究了发展中国家贫困的综合性政策建议；世界银行（1992）设计了一个扶贫政策框架：影响经济增长和劳动力需求的政策（激励政策、规章制度方面的政策、宏观经济政策）；影响资本积累和持续的政策（人文资本政策、金融政策、土地和环境政策）。亚太发展中心（1996）总结了亚洲国家的扶贫项目，得出了8项成功政策：开展以帮助穷人增加收入和扩大就业为目标的发展项目；对穷人特别集中地区开展能帮助穷人提高生产力和改善生活条件的基础设施建设；使扶贫项目能促使穷人提高自己的能力和素质；管理上的分权和集权相结合；使穷人受益的资源再分配；把穷人组织起来；设计好项目和独立的项目运作系统；直接面对穷人的小额信贷。世界银行报告（2003）认为，贫困人口应自己决定所获得服务质量和数量方面的参与程度。山塔·德瓦拉杨（2003）说：当穷人处于服务提供的中心位置时，服务就能产生效益。世界银行《2004年世界发展报告：让服务惠及穷人》的报告阐述了增加贫穷的服务对象对提供服务的选择和参与，加强对服务提供者的监督和约束；通过投票以及广泛提供信息的方式，加强贫困居民的发言权；对向穷人提供有效服务的相关部门给予奖励，对无效服务给予惩罚等三种改进服务的方式。世界银行《2000～2001年世界发展报告》提出了创造机会促进赋权增加安全保障等消除贫困战略的总体框架（匡远配，2005）。2005年，UNMP终期报告认为“克服贫困陷阱最关键的是增加经济中的资本存量，包括基础建设、人力资本和公共管理等，使经济摆脱向下的循环从而获得稳定的增长。这需要政府对于基础投资方面的‘极大推动’……”Tirole（1996）证明了一个持续时间足够长和足够深入的政府反破产计划可以使经济跳出较高的破产预期的陷阱，有效地推动经济由一个坏的均衡走向一个好的均衡。其中政府具有两方面的作用，一是财政补贴；二是直接的科研支持（Jean-Marie Baland 和 Patrick Francois，1996）。

五、结论

本章简要回顾了近10年来反贫困研究领域的主要文献。正如穆勒100年前指出的那样，一门科学的定义总是产生于这门科学创立之后，而不是之前。“正像修建城墙那样，通常不是把它当作一个容器，用来容纳以后可能建造的大厦，而是用它把已经盖好的全部建筑物围起来。”① 虽然，反贫困理论的研究者们总是不断试图以各种理论去解释他们所发现的种种贫困问题，却始终未能构建起一个相对独立的研究体系（Pierre-Richard Agenor，2004）。但同时这种开放的分析框架和大量的文献研究，也极大地促进了这一理论的不断创新与发展。贫困是一种多维的现象（Barbara Parker 和 Valerie Kozel，2007）。但简单地说，贫困经济学就是在研究“贫困”的“发展”。它既可以小到研究某个人的行为，也可以大到讨论穷国富国的根源。发展经济学的理论分析框架是这一研究的重要基础，但却不是全部。在贫困经济学的研究中，我们不仅可以引入新古典经济、新制度经济学的分析框架，还可以纳入动态博弈论、行为经济学等一系列最新的研究成果。

在本章的最后，我们试图以我们的理解，阐述反贫困研究领域几个可能在未来几年有重大进展的论题：

（1）有关贫困概念能力视角的引入，使人们能够从现代经济学意义上思考贫困问题，而不再是社会学意义上的分析与描述。但正如我们之后所提及的，获取能力的“路径”正日益成为一种稀缺的资源。当我们从能力的角度去审视贫困者的生活状况时，也不妨关注一下，贫困者距离这种能力究竟有多远。这样的观点更多地要求在“机会”赋予中的公平。正像 Sam Hickey 和 Sarah Bracking（2005）所表达的那样。社会中那些最贫困的人们所需要的不是单纯的政治尊重，而是希望获得广泛意义上的政治公平，获得属于他们的那一部分声音和社会剩余的分享。

（2）虽然在 Sen 提出度量贫困的公理化路径之后，贫困的度量方法日益完善。但同时贫困度量方法与分析路径间的脱离也表现得日益明显。如何为我们的度量寻找到合理的经济学基础，也许将是我们今后在这一方向上努力的重点。

（3）发展中国家的脱贫问题始终是各国经济学家关注的热点，目前越来越多的研究也开始着眼于发达国家中的贫困问题。我们需要认识到贫困存在多种形式和多重纬度，并从更加广泛和深入的层面上了解贫困在各国各时期间的差异性。

---

① 《政治经济学中若干尚未解决的问题》，第120页。转引自莱昂内尔·罗宾斯：《经济科学的性质和意义》，商务印书馆2000年版，第9页。

参考文献

1. 冈纳·缪尔达尔：《世界贫困的挑战——世界反贫困大纲》，北京经济学院出版社 1991 年版。

2. 冈纳·缪尔达尔：《亚洲的戏剧：南亚国家贫困问题研究》，首都经济贸易大学出版社 2001 年版。

3. 阿马蒂亚·森：《贫困与饥荒》，商务印书馆 2001 年版。

4. 阿马蒂亚·森：《以自由看待发展》，中国人民大学出版社 2002 年版。

5. 蔡荣鑫：《国外贫困理论发展述评》，载《经济学家》2000 年第 2 期。

6. 德布拉吉·瑞：《发展经济学》，北京大学出版社 2002 年版。

7. 洪兴建：《贫困指数理论研究述评》，载《经济评论》2005 年第 5 期。

8. 匡远配：《中国扶贫政策和机制的创新研究综述》，载《农业经济问题》2005 年第 8 期。

9. 拉维·坎波尔、琳·斯奎尔：《关于贫困的思想演变：对相互作用的探讨》。选自杰拉尔德·迈耶、约瑟夫·斯蒂格列茨：《发展经济学前言：未来展望》，中国财政经济出版社 2003 年版，第 131 页。

10. 莱昂内尔·罗宾斯：《经济科学的性质和意义》，商务印书馆 2000 年版。

11. 林闽钢：《国外关于贫困程度测量的研究综述》，载《经济学动态》1994 年第 7 期。

12. 马丁·瑞沃林：《贫困的比较》，北京大学出版社 2005 年版。

13. 沈小波、林擎国：《贫困范式的演变及其理论和政策意义》，载《经济学家》2005 年第 6 期。

14. 世界银行：《1990 年世界发展报告》，中国财政经济出版社 1991 年版。

15. 世界银行：《2000/2001 年世界发展报告》，中国财政经济出版社 2001 年版。

16. 魏众、B. 古斯塔夫森：《中国转型时期的贫困变动分析》，载《经济研究》1998 年第 11 期。

17. 叶普万：《贫困经济学研究》，中国社会科学出版社 2004 年版。

18. 易宪容、黄少军：《制度演进与经济贫困——第三届“国际新制度经济学会”年会综述》，载《世界经济》2000 年第 4 期。

19. Aart Kraay and Claudio Raddatz, 2007, “Poverty Traps, Aid and Growth”, *Journal of Development Economics*, Vol. 82, pp. 315 – 347.

20. Adriaan Kalwij, Arjan Verschoor, 2007, “Not by Growth Alone: The Role of the Distribution of Income in Regional Diversity in Poverty Reduction”, *European Economic Review*, Vol. 51, pp. 805 – 829.

21. Amartya Sen, 1976: “Poverty: An Ordinal Approach to Measurement”, *Econometrica*, Vol. 44 (2), pp. 219 – 231.

22. Ani Rupasingha and Stephan J. Goetz, 2007, "Social and Political Forces as Determinants of Poverty: A Spatial Analysis", *The Journal of Socio-Economics*.

23. Ans Kolk, and Rob Van Tulder, 2006, "Poverty Alleviation as Business Strategy? Evaluating Commitments of Frontrunner Multinational Corporations", *World Development*, Vol. 34 (5), pp. 789 - 801.

24. Anthony Bebbington, 1999, "Capitals and Capabilities: A Framework for Analyzing Peasant Viability, Rural Livelihoods and Poverty", *World Development*, Vol. 27 (12), pp. 2021 - 2044.

25. Anthony F. Shorrocks, 1995, "Revisiting the Sen Poverty Index", *Econometrica*, Vol. 63 (5), pp. 1225 - 1230.

26. Arie Kuyvenhoven, 2004, "Creating an Enabling Environment: Policy Conditions for Less-favored Areas", *Food Policy*, (29), pp. 407 - 429.

27. Barbara Parker, and Valerie Kozel, 2007, "Understanding Poverty and Vulnerability in India's Uttar Pradesh and Bihar: A Q-squared Approach", *World Development*, Vol. 35 (2), pp. 296 - 311.

28. Bill Gibson, 2005, "The Transition to A Globalized Economy: Poverty, Human Capital and the Informal Sector in a Structuralist CGE Model", *Journal of Development Economics*, (78), pp. 60 - 94.

29. Bloom, David E. and Jeffrey D. Sachs, 1998, "Geography, Demography, and Economic Growth in Africa", *Economic Activity*, (2), pp. 207 - 295.

30. Brendan Fisher, and Treg Christopher, 2007, "Poverty and Biodiversity: Measuring the Overlap of Human Poverty and the Biodiversity Hotspots", *Ecological Economics*, (62), pp. 93 - 101.

31. Bruno Amable and Jean-Bernard Chatelain, 2001, "Can Financial Infrastructures Foster Economic Development?", *Journal of Development Economics*, Vol. 64, pp. 481 - 498.

32. Caesar B. Cororaton and John Cockburn, 2007, "Trade Reform and Poverty-Lessons from the Philippines: A CGE-microsimulation Analysis", *Journal of Policy Modeling*, 29, pp. 141 - 163.

33. Camilo Dagum and Daniel J. Slottje, 2000, "A New Method to Estimate the Level and Distribution of Household Human Capital with Application", *Structural Change and Economic Dynamics*, Vol. 11, pp. 67 - 94.

34. Caroline O. N. Moser, 1998, "The Asset Vulnerability Framework: Reassessing Urban Poverty Reduction Strategies", *World Development*, Vol. 26 (1), pp. 1 - 19.

35. Charles Blackorby, and David Donaldson, 1980, "Ethical Indices for the Measurement of Poverty", *Econometrica*, Vol. 48 (4), pp. 1053 - 1060.

36. Christiaan Grootaert and Deepa Narayan, 2004, "Local Institutions, Poverty and Household Welfare in Bolivia", *World Development*, Vol. 32 (7), pp. 1179 – 1198.

37. Christopher B. Barrett and Brent M. Swallow, 2006, "Fractal Poverty Traps", *World Development*, Vol. 34 (1), pp. 1 – 15.

38. Costas Azariadis and John Stachurski, "Poverty Traps", working paper.

39. Danilo Gualtoli, 2000, "Human Capital Distribution, Growth and Convergence", *Research in Economics*, Vol. 54, pp. 331 – 350, http://www.idealibrary.com.cn.

40. Dariush Havati and Ezatollah Karami, 2005, "Typology of Causes of Poverty: The Perception of Iranian Farmers", *Journal of Economic Psychology*, Vol. 26, pp. 884 – 901.

41. Daron Acemoglu, Simon Johnson and James Robinson, 2003, "Understanding Prosperity and Poverty: Geography, Institutions and the Reversal of Fortune", working paper.

42. Datt G. and Ravallion M., 1992, "Growth and Redistribution Components of Changes in Poverty Measures", *Journal of Development Economics*, Vol. 38, pp. 275 – 295.

43. David E. Bloom, David Canning and Jaypee Sevilla, "The Wealth of Nations: Fundamental Forces Versus Poverty Traps", Working Paper 8714, http://www.nber.org/pepers/w8714.

44. David E. Bloom, David Canning and Jaypee Sevilla, 2003, "Geography and Poverty Traps", *Journal of Economic Growth*, Vol. 8, pp. 355 – 378.

45. David Parker, Colin Kirkpatrick and Catarina Figueira-Theodorakopoulou, 2007, "Infrastructure Regulation and Poverty Reduction in Developing Countries: A Review of the Evidence and a Research agenda", *The Quarterly Review of Economics and Finance*.

46. Edmund M. Balsdon, 2007, "Poverty and the Management of Natural Resources: A Model of Shifting Cultivation", *Structural Change and Economic Dynamics*.

47. Engin Dalgic and Ngo Van Long, 2006, "Corrupt Local Governments as Resource Farmers: The Helping Hand and the Grabbing Hand", *European Journal of Political Economy*, Vol. 22, pp. 115 – 138.

48. Enrica Chiappero-Martinetti and Stefano Moroni, 2007, "An Analytical Framework for Conceptualizing Poverty and Re-examining the Capability Approach", *The Journal of Socio-Economics*, Vol. 36, pp. 360 – 375.

49. Fangwei Wu, Deyuan Zhang and Jinghua Zhang, "Unequal Education, Poverty and Low Growth-A Theoretical Framework for Rural Education of China", *Economics of Education Review*.

50. Fernando Perera Tallo, "Biased Technological Change and Poverty Traps", *CAERP Working Paper*.

51. Frank Ellis and Godfrey Bahiigwa, 2003, "Livelihoods and Rural Poverty Reduc-

tion in Uganda", *World Development*, Vol. 31 (6), pp. 997 – 1013.

52. G. Edward Schuh, 2000, "The Household: The Neglected Link in Research and Programs for Poverty Alleviation", *Food Policy*, Vol. 25, pp. 233 – 241.

53. George Galster, 2002, "An Economic Efficiency Analysis of Deconcentrating Poverty Populations", *Journal of Housing Economics*, Vol. 11, pp. 303 – 329.

54. Gerhard Glomm, 1997, "Parental Choice of Human Capital Investment", *Journal of Development Economics*, Vol. 53, pp. 99 – 114.

55. Haider A. Khan, 1999, "Sectoral Growth and Poverty Alleviation: A Multiplier Decomposition Technique Applied to South Africa", *World Development*, Vol. 27 (3), pp. 521 – 530.

56. Halvor Mehlum, Karl Moene and Ragnar Torvik, "Crime Induced Poverty Traps", *JEL Classification Numbers; 011, P20, K00.*

57. James E. Foster, 1998, "Absolute Versus Relative Poverty", *The American Economic Review*, Vol. 88 (2), pp. 335 – 341.

58. James Foster, Joel Greer and Erik Thorbecke, 1984, "A Class of Decomposable Poverty Measures", *Econometrica*, Vol. 52 (3), pp. 761 – 766.

59. Jean-Marie Baland and Patrick Francois, 1996, "Innovation, Monopolies and the Poverty Trap", *Journal of Development Economics*, Vol. 49, pp. 151 – 178.

60. Jonathan Morduch, 1999, "The Role of Subsidies in Microfinance: Evidence from the Grameen Bank", *Journal of Development Economics*, Vol. 60 (1), pp. 229 – 248.

61. Jonathan Sanford, 1997, "Alternative Ways to Fund the International Development Association (IDA)", *World Development*, Vol. 25 (3), pp. 297 – 310.

62. Karla Hoff, and Arijit Sen, 2005, "The Kin System as a Poverty Trap?", *World Bank Policy Research*, Working Paper 3575.

63. Larry Diamond, 2004, "Moving Up out of Poverty: What does Democracy have to do with it?", *CDDRL Working Papers.*

64. Lundberg, Mattias and Lyn Squire, 1999, "Growth and Inequality: Extracting the Lessons for Policymakers", *World Bank Policy Research*, http://www.worldbank.org/html/prdmg/grthweb/semiold.htm Lyn Squire, 1993, "Fighting Poverty", *The American Economic Review*, Vol. 83 (2), pp. 377 – 382.

65. M. Grimm, 2005, "Educational Policies and Poverty Reduction in Cote d'Ivoire", *Journal of Policy Modeling*, Vol. 27, pp. 231 – 247.

66. Makoto Kanagawa and Toshihiko Nakata, 2007, "Analysis of the Energy Access Improvement and its Socio-economic Impacts in Rural Areas of Developing Countries", *Ecological Economics*, Vol. 62, pp. 319 – 329.

67. Mariapia Mendola, 2005, "Migration and Technological Change in Rural House-

holds: Complements or Substitutes?", http: //www. smye2005. org/pdf/A1. 3. pdf.

68. Marikek Heemskerk, Anastasia Norton and Lise De Dehn, 2004, "Does Public Welfare Crowd Out Informal Safety Nets? Ethnographic Evidence from Rural Latin America", *World Development*, Vol. 32 (6), pp. 941 – 955.

69. Martin Ravallion, 1994, "Measuring Social Welfare With and Without Poverty Lines", *The American Economic Review*, Vol. 84 (2), pp. 359 – 364.

70. Massimo Giannini, 2003, "Accumulation and Distribution of Human Capital: The Interaction Between Individual and Aggregate Variables", *Economic Modelling*, Vol. 20, pp. 1053 – 1081.

71. Michael A. Sadler, 2000, "Escaping Poverty: Risk-Taking and Endogenous Inequality in a Model of Equilibrium Growth", *Review of Economic Dynamics*, Vol. 3, pp. 704 – 725.

72. Michael Ben-Gad, 2003, "Fiscal Policy and Indeterminacy in Models of Endogenous Growth", *Journal of Economic Theory*, Vol. 108, pp. 322 – 344.

73. Michael R. Carter, Peter D. Little, Tewodaj Mogues and Workneh Negatu, 2007, "Poverty Traps and Natural Disasters in Ethiopia and Honduras", *World Development*, Vol. 35 (5), pp. 835 – 856.

74. Michelle Adato, Francie Lund and Phakama Mhlongo, 2007, "Methodological Innovations in Research on the Dynamics of Poverty: A Longitudinal Study in KwaZulu-Natal, South Africa", *World Development*, Vol. 35 (2), pp. 247 – 263.

75. Paul Collier, and David Dollar, 1999, "Aid Allocation and Poverty Reduction", *Policy Research Working Paper 2041*.

76. Paul J. Zak, Yi Feng, and Jacek Kugler, 2002, "Immigration, Fertility and Growth", *Journal of Economic Dynamics &Control*, Vol. 26, pp. 547 – 576.

77. Pertti Haaparanta and Mikko Puhakka, 2004, "Endogenous Time Preference, Investment and Development Traps", *BOFIT Discussion Papers*, No. 4.

78. Philippe Askenazy and Cuong Le Van, 1999, "A Model of Optimal Growth Strategy", *Journal of Economic Theory*, Vol. 85, pp. 24 – 51.

79. Piet Buys, Ken Chomitz, Susmita Dasgupta, Uwe Deichman, Bjorn Larsen, Crdig Meisner, Jostein Nygard, Kiran Pandey, Nat Pinnoi, and David Wheeler, 2006, "The Economics of Decentralized Poverty-encironment Programs: An Application for Lao PDR", *Journal of Policy Modeling*, Vol. 28, pp. 811 – 824.

80. Pranab Bardhan, 2006, "Globalization and Rural Poverty", *World Development*, Vol. 34 (8), pp. 1393 – 1404.

81. Pranab Bardhan and Dilip Mookherjee, "Decentralizing Anti-Poverty Program Delivery in Developing Countries", working paper.

82. R. Heltberg and F. Tarp, 2002, "Agricultural Supply Response and Poverty in Mo-

zambique", *Food Policy*, Vol. 27, pp. 103 – 124.

83. R. N. Vaughan, 1987, "Welfare Approaches to the Measurement of Poverty", *The Economic Journal*, Vol. 97, pp. 160 – 170.

84. Richard R. Nelson, 1956, "A Theory of the Low-Level Equilibrium Trap in Underdeveloped Economies", *The American Economic Review*, Vol. 46 (5), pp. 894 – 908.

85. Robert Haveman and Andrew Bershadker, 1998, "Self-Reliance as a Poverty Criterions: Trends in Earnings-Capacity Poverty, 1975 – 1992", *The American Economic Review*, Vol. 88 (2), pp. 342 – 347.

86. Robert T. Jensen and Kaspar Richter, 2001, "Understanding the Relationship Between Poverty and Children's Health", *European Economic Review*, 45, pp. 1031 – 1039.

87. Roland G. Fryer, Jr., "A Model of Social Interactions and Endogenous Poverty Traps", *NBER Working Paper Series*, Working Paper 12364, http://www.nber.org/papers/w12364.

88. Ryo Horii and Masaru Sasaki, "Dual Poverty Trap", *Discussion Papers in Economics and Business*, Discussion Paper 06 – 12.

89. Sam Hickey and Sarah Bracking, 2005, "Exploring the Politics of Chronic Poverty: From Representation to a Politics of Justice?", *World Development*, Vol. 33, No. 6, pp. 851 – 865.

90. Sami Bibi and Jean-Yves Duclos, 2007, "Equity and Policy Effectiveness with Imperfect Targeting", *Journal of Development Economics*, Vol. 83, pp. 109 – 140.

91. Sara Horrell, 2001, "Destined for Deprivation: Human Capital Formation and Intergenerational Poverty in Nineteenth-Century England", *Explorations in Economic History*, Vol. 38, pp. 339 – 365.

92. Se-Jik Kim and Yong Jin Kim, 2000, "Growth Gains from Trade and Education", *Journal of International Economics*, Vol. 50, pp. 519 – 545.

93. Stephen Clark, Richard Hemming, and David Ulph, 1981, "On Indices for the Measurement of Poverty", *The Economic Journal*, Vol. 91 (362), pp. 515 – 526.

94. Shafiq Dhanani and Iyanatul Islam, 2002, "Poverty, Vulnerability and Social Protection in a Period of Crisis: The Case of Indonesia", *World Development*, Vol. 30 (7), pp. 1211 – 1231.

95. Stefan Dercon, 2006, "Economic Reform, Growth and the Poor: Evidence from Rural Ethiopia", *Journal of Development Economics*, Vol. 81, pp. 1 – 24.

96. Sylvain Dessy and Stephane Pallage, "Why Don't Poor Countries Adopt Better Technologies?", Working Paper No. 20 – 27.

97. Theodore W. Schultz, 1965, "Investing in Poor People: An Economist's View", *The American Economic Review*, Vol. 55 (1/2), pp. 510 – 520.

98. Trudy Owens, 2004, "External Support During the Transition Phase: Roles for Humanitarian Aid and Development Assistance from a Village Perspective", *World Development*, Vol. 32 (10), pp. 1711 - 1733.

99. United Nations Conference On Trade and Development, 2006, "The Least Developed Countries Report 2006", *United Nations Publication.*

100. V. V. Chari, Patrick J. Kehoe and Ellen R. McGrattan, "The Poverty of Nations: A Quantitative Investigation", *Federal Reserve Bank of Minneapolis*, Research Department Staff Report 204/JV.

101. William G. Moseley, 2001, "African Evidence on the Relation of Poverty, Time Preference and the Environment", *Ecological Economics*, Vol. 38, pp. 371 - 326.

102. Xinshen Diao, and Alejandro Nin Pratt, 2007, "Growth Options and Poverty Reduction in Ethiopia-An Economy-wide Model Analysis", *Food Policy*, Vol. 32, pp. 205 - 228.

103. Yuan K. Chou, 2006, "Three Simple Models of Social Capital and Economic Growth", *The Journal of Socio-Economics*, Vol. 35, pp. 889 - 912.

104. Zafiris Tzannatos, 2003, "Child Labor and School Enrollment in Thailand in the 1990s", *Economics of Education Review*, Vol. 22, pp. 523 - 536.

第七章　公平工资理论研究的新进展

一、引言

工资理论一直是经济学家关注的焦点之一。在理论上，传统的新古典经济理论认为工资是厂商对工人边际产品的回报。在现实中，作为激励手段，真实世界生活中的工资问题也得到了广泛的关注。“同工同酬”，反映了人们对于公平和工资之间联系的朴素认识，但是它引发关注的原因也许在于其实现的困难性。很多计量研究证实了即使在控制工作属性、工人属性等相关变量的基础上，产业内的工资差别也是普遍存在的（Krueger 和 Summers，1986a，b；Dickens 和 Katz，1986a，b，1987；Katz 和 Summers，1989）。针对这个现象，经济学家给出了不同的解释。Thaler（1989）等认为这仅仅是一种异象；Murphy 和 Topel（1990）等认为这些差异只是对一些未能观察到的工人工作能力或者工作环境差异的补偿，并不能拒绝新古典工资理论；Akerlof 和 Yellen（1988）、Krueger 和 Summers（1987，1988）等则拒绝了新古典视角。也许过于极端，但 Albert Rees（1993）写道：“在参与了一系列有关工资决策的实践活动后，我发现我教授了 30 年的新古典工资理论毫无用处……它根本没有考虑到公平”。无论如何，经济学家开始寻找其他解释已经是不争的事实，近年来获得极大发展的实验经济学和行为经济学就提供了这样一个新的视角。

在过去的 15 年里，实验研究者提供了大量的证据表明，人们所遵循的一些社会准则和非自私动机对经济结果有着重要的作用（Fehr et. al，1998）。在个人选择理论和博弈论领域，实验经济学家做了大量实验，说明人类行为与新古典经济学的理性假设存在着系统性的偏差，尤其是个人选择经常违背利益最大化原则，对此的一般性解释认为人们不仅关心自身利益，而且关心他人利益，即表现出互惠性。以此为基点，研究劳动力市场的实验经济学和行为经济学进一步研究了市场主体对待工资和劳动努力程度的态度，进而认为公平工资的概念是非常重要的。

本章主要关注的是实验经济学对公平工资问题的研究，系统介绍了该领域的理论渊源、阶段性成果，并对其做出评价。

二、检验公平偏好的经济学实验

新古典经济学的“经济人”或者“理性人”假设认为个人是理性的利益最大化者，长期以来对此一直存在争议。自从 1982 年 W. Güth 教授主持的最后通牒博弈实验结果公布以来，实验经济学家设计了大量不同版本的最后通牒博弈、单方指定博弈、礼物交换博弈（信任博弈）、公共品博弈等来检验人们的公平偏好。

在最后通牒博弈中，提议者和回应者分配一笔固定财富。提议者为回应者提出分成 s（不失一般性的，将该固定财富标准化为 1，用 s 表示回应者的分成，所以提议者的分成为 1－s），回应者若接受，则提议者和回应者得到的财富分别为 1－s 和 s；若拒绝，则双方得到的财富均为 0。以理性人假设为基础的新古典经济学的预测是：提议者的最优选择是 s＝0；回应者的最优选择是接受任何 s≥0 的分成。在用实验方法研究博弈论假设的领域内，最后通牒博弈是被研究得最多的。已经存在源自不同国家的、不同标的大小和不同实验程序的大量的实验研究，例如，Thaler（1988）、Güth 和 Tietz（1990）、Camerer 和 Thaler（1995）以及 Roth（1995）。基本规律如下：①事实上没有 s＞0.5。②60%～80%的提议者的选择是 s∈[0.4，0.5]。③几乎没有出现 s＜0.2 的情况。④很小的 s 经常被拒绝，并且 s 越小，被拒绝的概率越大。即使在标的很大的情况下，这些规律也基本适用（Cameron，1995；Slonin 和 Roth，1997），其中 Cameron（1995）实验中的标的相当于实验参与者 3 个月的收入（Fehr 和 Schmidt，1999）。另外，Henrich 等人（2001）在 15 个不同文化的小规模社会做的最后通牒博弈也展现了类似的特质，说明了这些实验结果是普遍的，并非由于之前实验参与者局限于大学生所导致的。这些实验结果说明了新古典理性人假设在这个领域并不适用。

单方指定博弈与最后通牒博弈的区别只是回应者没有拒绝分成的权利，提议者和回应者得到的财富必然是 1－s 和 s。和最后通牒博弈一致，新古典理性人假设下的预测是：利益最大化的提议者的最优选择是 s＝0。但是实验结果表明大部分提议者的行为并不符合理性人假设①。

对于最后通牒博弈中提议者的行为，一些经济学家认为正是由于提议者理性预期到被拒绝的可能性才没有做出 s＝0 的选择，因此这些提议者的行为符合理性人假设。但是即使在提议者的出价不能够被拒绝（单方指定博弈）的条件下，提议者一般也不会选择 s＝0 的事实说明了理性人假设的局限性。目前为止被普遍接受的解释是提议者表现出了互惠性，并且回应者有惩罚不公平出价的倾向（Fehr 和 Schmidt，1999）。

Akerlof（1982）首先在劳动力市场领域提出了“礼物交换”的观点。实验经济学家将其扩展到其他市场，做了大量的礼物交换博弈（Fehr，Kirchsteiger 和 Riedl，1993；Berg，Dickhaut 和 McCabe，1995）。实验结果表明提议者和回应者的行为不符合理性人假设，转而是“礼物交换”的，即用友好回应友好、用不友好回应不友好。这说明了实验参与者不仅会惩罚不公平行为，也有奖励公平行为的倾向。

以上这些实验都是双人参与的，公共品博弈实验则研究了在群组中个体的公平偏好问题。Marwell 和 Ames（1979，1980）首先完成了公共品博弈的系统性实验。与理性人假设下个体不投入任何私人资源到公共品生产的预测不同，他们的实验结果表明：在不同条件下，平均 40%～60% 的私人资源被稳定地投入到公共品的生产中，这个比例会随着实验标的的上升而略微有所下降（Marwell 和 Ames，1979，1980）。Fehr 和 Gatcher（2000）设计了在同伴或者陌生人、对“搭便车”行为有惩罚措施或者对“搭便车”行为没有惩罚措施中两两组合的四组公共品实验，结果表明在可能的情况下，即使个人需要付出成本，惩罚措施的运用也非常普遍，并且对公共品生产的总体投入显著高于新古典理性人假设下的预测结果。

虽然有些实验（例如，存在提议者或者回应者竞争的市场博弈实验以及没有惩罚措施的公共品博弈实验）中，行为个体的表现基本符合理性人假设（Fehr 和 Schmidt，1999）。但是以上介绍到的代表性实验也说明了在很多情况下这种理性人假设是不完全的，至少相当一部分个体表现出或多或少的公平偏好——利他主义以及互惠性，并且互惠性是双向的，

① 阮青松、黄向晖：《西方公平偏好理论研究综述》，载《外国经济与管理》2005 年第 6 期。

即对公平行为的奖励和对不公平行为的惩罚。

三、公平工资的经济学实验

新古典框架下的工资理论最初不过是其消费者理论的简单应用，Lucas 和 Rapping（1970）首次纳入时间因素，提出了跨期劳动供给决策理论，极大地扩展了其适用范围，但是面对本章开篇引用的诸多劳动力市场问题时，它依然显得力不从心。Akerlof（1982）认为，因为使用劳动力往往面临着更多的限制，并且劳动力个体的产出部分由其所在群体决定，所以经济学家仅仅简单的假设劳动力和资本一样只是影响最终产出的一个因素的观点并不准确。随后出现了拒绝新古典视角的效率工资理论。其中 Akerlof 和 Yellen（1990）提出了以公平工资—努力为核心的效率工资理论的完整版本，其基本假设是如果工资下降到低于作为参考的公平工资之下，则提高工资会增加工人的努力程度，因此厂商有激励去支付接近公平工资的实际工资；Shapiro 和 Stiglitz（1984）等提出了以退出为核心的效率工资理论，即厂商支付激励相容的工资以避免工人退出。Kahneman、Knestch 和 Thaler（1986）提出了被广为接受的公平工资的概念，它和新古典工资理论中使市场达到均衡的工资有很大差异。近年来还有很多证据表明工人对于公平工资的构成的认知影响着厂商的工资决策（Blinder 和 Choi，1990；Agell 和 Lundberg，1995；Bewley，1998；Campbell 和 Kamlani，1997）。

工资可以被看做是在厂商和工人之间的收入分配问题，所以当经济学家利用实验者的实验收入分配来研究公平偏好并且取得一定成果时，自然就将其扩展到利用实验来研究劳动力市场的工资问题，即涉及公平工资的经济学实验。如果劳动力市场的参与双方表现出互惠性，到底是什么影响着其决策呢？已有的文献主要从三个方面考察这个问题：不完全合同、竞争和行为因素。

（一）不完全合同

现实中的劳动合同明显是不完全合同，主要是因为有关工人劳动表现的细节难以在事前确定（Milgrom 和 Roberts，1992）。Gätcher 和 Fehr

(2002) 指出：不完全合同的普遍存在为社会准则（包括公平偏好）影响个人决策和行为开辟了道路。沿着 Akerlof（1982）指明的方向，截至目前大部分研究公平工资的实验都集中在该领域，其中代表性的人物有：Fehr，Kirchsteiger 和 Riedl（1993，1998）、Fehr 等（1998）以及 Fehr 和 Falk（1999）。在这四个实验中，都存在两组人、两种条件和两个阶段。两组人是指实验者随机地扮演厂商或者工人的角色，模拟劳动力市场的参与双方。两种条件是指为了检验不完全合同对于实验者互惠行为的影响，分别设计了实验条件（Main Treatment）模拟不完全合同的劳动力市场，以及控制条件（Control Treatment，记为控制条件 a）模拟完全合同的劳动力市场。两个阶段是指在实验条件下，第一个阶段中市场双方出价（第一个实验中是厂商单方出价，后两个实验中双方 Double Auction，这是其主要区别），如果双方就某一工资水平达成一致，则签订合同；在第二个阶段中，工人有成本地选择努力程度，并且其决策影响厂商收益。实验条件和控制条件的区别在于后者没有第二阶段，因而不完全合同表现在合同并没有规定努力程度。每个条件下都进行两组实验，每个持续 10 期；双方的效用函数以及工人的努力成本函数都是公共信息，而工人选择的努力程度是私人信息；双方不能直接交流。新古典工资理论的预测是：在这两种条件下均衡结果是一致的，厂商支付最低的工资，并且实验条件下工人会选择最低努力程度。但是实验结果表明：虽然控制条件 a 下的工资—努力程度水平接近新古典预测，但是实验条件下的工资和努力程度都显著偏高[①]，并且工资和努力程度之间存在比较显著的正相关性（第一个实验中报告了线性回归方程，后两个实验中各有 57% 和 43% 的观测值在 10% 的显著性水平下表现出正相关）。另外，Falk，Gätcher 和 Kovács（1999）在匈牙利以及 Gätcher 和 Falk（2001）在奥地利采用相似的实验方法得到的结果也支持了以上结论（Gätcher 和 Fehr，2002）。

除此之外，鉴于以上实验都预先给定了双方的效用函数，Charness，Frechette 和 Kagel（2001）在改变该变量的基础上重复了以上实验，说明了实验者的行为并不受该特定效用函数的影响。Fehr 和 Gätcher（1998）扩展了 Fehr 等人（1998）的实验：实验条件中还包括第三阶段，在其中，厂商有权利根据工人在第二阶段的表现进行奖励或者惩罚。结果表明：大

---

① Fehr，Kirchsteiger and Riedl（1993）中实验条件下平均努力程度是最低努力程度的四倍；Fehr and Falk（1999）中实验条件下的平均工资大约是控制条件 a 下的两倍、厂商最优选择下的工资属于区间［66，75］，而新古典模型的预测是最优工资为 20。

部分厂商选择使用该权利，即使这样做需要花费成本，但这个事实进一步验证了双方的互惠性表现。

另一方面，Fehr，Kirchsteiger 和 Riedl（1996）首先在实验中验证了以退出为核心的效率工资理论，与以上实验相比，此处在第一阶段时厂商要求一个特定的努力程度并写入合同；当工人在第二阶段做出努力程度选择之后，会以一定概率被监管，如果被发现没有履行合同，则会被惩罚。Fehr，Gätcher 和 Kirchsteiger（1997）、Fehr，Klein 和 Schmidt（2001）以及 Fehr 和 Gätcher（2002）都进行了类似的实验，结果是为互惠性提供了额外的证据：惩罚既没有减少双方的互惠表现，也没有降低工人的努力程度（Bewley，2004）。

在这些实验中，两阶段的设计反映了劳动力市场的一个本质特征——不完全合同（Gätcher 和 Fehr，2002）。虽然新古典工资理论能够较好地预测控制条件 a 下的实验结果，但是考虑到实验设计中在此条件下引入的竞争因素（以下会具体讨论）以及包括两阶段或者三阶段的实验条件下的实验结果与其预测的偏离，Akerlof 和 Yellen（1990）提出的以公平工资—努力为核心的效率工资理论更具解释力（Fehr 和 Gätcher，1998；Gätcher 和 Fehr，2002）。正如 Akerlof（1982）所言：厂商和工人之间表现出一种“礼物交换”的倾向，这对双方都是有利的。而不完全合同的存在无疑给了双方这样的机会（Fehr 和 Falk，1999）。

（二）竞争

在劳动力市场中，竞争是否会影响厂商和工人的互惠行为呢？实验经济学家做出了解释。Fehr 等人（1998）、Fehr 和 Falk（1999）以及 Brandts 和 Charness（2000）的研究是其中代表性的文献。除了以上介绍到的，Fehr 等人（1998）还进行了另外一种形式的对比：礼物交换市场与双边礼物交换（Bilateral Gift Exchange）。前者就是实验条件下的情形：实验保证扮演厂商和工人的实验者分别为 6 ~ 8 人和 9 ~ 12 人，并且工人至少存在 50% 的超额供给。后者可被看作另外一个控制条件（记为控制条件 b），其与前者的区别是扮演厂商和工人的实验者均为 10 人。他们论述道：由于实验条件下的双边拍卖（Double Auction）机制在引发竞争进而增加市场有效性方面非常有优势（Friedman 和 Rust，1993），而且双边礼物交换情形创造了一个没有竞争的环境，所以比较这两种条件下实验者的行为是有意义的，也是有说服力的（Fehr et. al.，1998；Fehr 和 Falk，1999）。实验结果显示：在10期数据中，只有第3期和第4期中控制条件b下的平均工资显著高于实验条件下的平均工资。Fehr 等人据此认为可能竞争对双方的互惠行为在短期内有影响，而长期则没有。Charness（1996）的实验与控制条件b下的类似，只是扩展讨论了工资由厂商决定或者被随机决定这两种机制的影响，说明了公平意图（Rabin，1993）的重要性。Fehr 和 Falk（1999）的实验中厂商和工人分别固定为7人和11人，但是没有引入控制条件b，因为这个实验的出发点是观察在工人存在超额供给时，厂商和工人是否存在要价过低（Underbid）的现象。结果发现竞争性市场环境的存在使得在实验条件中71%、控制条件a中接近100%的工人的要价低于厂商愿意支付的工资；但是虽然在控制条件a中厂商确实利用了工人的低出价，在实验条件中工人的出价过低并没有引起实际工资的下降。这个结论验证了之前的理论分析（Kahneman，Knestch 和 Thaler，1986）以及问卷调查结果（Agell 和 Lundberg，1995；Bewley，1995）。Brandts 和 Charness（2000）不仅分析了超额供给情况，还分析了超额需求情况，结论表明竞争的作用并不明显。

Fehr 等人（1998）指出：在实验中设计竞争性市场并以此为基点来研究社会准则（包括公平偏好）的方法是适当的。总体而言，在以上这些实验中，完全合同条件下竞争起到了较大的作用，部分地制约着人们的互惠行为；而在不完全合同下，互惠占据了主导地位，指导着人们的行为。

（三）其他行为因素

近年来，实验经济学家开始关注另外一类问题：除了以上市场条件的制约，个体本身的行为特征是否会影响其行为？自从 Kahneman 和 Tversky（1979）以来迅速发展的行为经济学为这类实验的设计提供了诸多帮助。Fehr 和 Götte（2005）以及 Falk，Fehr 和 Zehnder（2005）等就反映了这种趋势。

在理论上，行为经济学针对个体行为决策有三个基本概念：损失厌恶、收入靶假说和参考依赖偏好（RDP），其中最后一个是前两个的个体偏好体现。其核心体现了行为经济学与新古典经济学对于结果的不同评价，后者以最终财富、而前者以结果相对于某个参考点的损益为评价标准。参考依赖偏好理论有两个重要的性质：一是损失厌恶，相比收益，人们更在意同样额度的损失；二是递减的敏感性，随着损益值远离某个参考点，人们对其的边际评价递减（有关 RDP 的综述参见 Heath，Larrick 和 Wu，1999）。

大多数此类实验都是在检验 RDP：工人是否会选择特定的参考点并且以此进行决策，以及工人选择的参考点代表什么？Joanne Martin（1982）在实验中通过让 100 个蓝领工人选择自己偏好的工资体系（共有四个不同体系，分别刻画了不同的组间差异和组别差异）以揭示工人最有可能用来进行比较的参考对象。虽然 Martin 并没有检验具体的参考点，但是这种通过比较进行评价的思想和 RDP 是一致的。Fehr 和 Götte（2005）以苏黎士两个企业的信差的投递记录为数据进行研究。他们选择其中的一个企业进行实验，由于这两个企业非常相似并且收益具有相关性，另外一个企业被用来做比较，以控制时间效应和需求等外生因素的变化。在实验企业中，随机将信差分为实验组和控制组（第二次实验中，实验组和控制组人员互换），宣布将实验组的工资率提高 25%（利用调查问卷迷惑实验者，使其不了解真实的实验目的），为期一个月。结果表明：①工资的参与弹性为 0.72～0.82（在这些企业中，信差可以事先选择是否工作）；②就平均工资而言，实验组低于控制组；③总体而言，信差的风险厌恶程度（利用问卷调查中其对风险评价问题的选择来近似）预测了其努力程度。这些结果都符合 RDP 的预测，而新古典劳动供给理论仅能解释结果①。Goette 和 Huffman（2003）进行了相似的实验来检验信差在一天之内的劳动供给情况，结果同样符合 RDP 的预测，只是在这里，实验组的平均工资略高（Fehr 后来认为这是由此处实验组的工资率仅仅提高 5% 造成的）。此外，Camerer 等人（1997）、Farber（2005）对出租车司机的调查以及 Oettinger（1999）对棒球场内个体商贩的调查表明：利用现场数据的研究结果也支持了 RDP 的预测（Goette，Fehr 和 Huffman，2004）。由于公平工资往往构成了市场双方的参照点，这类实验展示了行为特征和公平之间的相互关系。

另外一个比较有特点的实验是 Falk，Fehr 和 Zehnder（2005），他们主要从人们对公平判断的角度来讨论最低工资引入前后工人的工资的变化。每组包括 24 个实验者，随机指派，其中 6 个扮演厂商，18 个扮演工人。厂商只能提供统一的工资合同，但是可以不止一份（最多三份）。工人在每期期初报出自己的保留工资，若收到工资合同并且高于其保留工资，则必须选择接受，合同签订，收益为厂商提供的合同中的工资；若没有收到工资合同或者工资合同低于其保留工资，则当期失业，收益为零。工人仅仅知道自己是否收到一份合同，而不了解厂商提供的合同总量。厂商有统一的收益函数，其中惟一的变量是劳动投入，并且劳动的边际产品递减。厂商和工人的收益函数都是公共信息。每期完成后，收益情况并告知所有实验者。每组一共进行 30 期：有最低工资限制的实验条件和没有最低工资限制的控制条件各 15 期。实验共有 10 组，其中 5 组先完成实验条件，然后再完成控制条件；另外 5 组顺序相反。实验结果如下：①控制条件中，工资明显高于 0（新古典工资理论的预测是 0），但是大部分低于最低工资（该条件下实际并不存在）；在实验条件中，大部分工资明显高于最低工资。②控制条件中，工人的保留工资明显高于 0，但是几乎所有的均低于最低工资；在实验条件中，工人的保留工资略高于最低工资（接近半数等于最低工资）。③相比实验条件，控制条件中存在着更多的失业现象。④最低工资的暂时引入会对工资产生长期影响，并且首先进行实验条件的组中的控制条件下的工资比首先进行控制条件的组中的控制条件下的工资平均高出 25.7%。⑤相比引入最低工资之前，移除最低工资之后的工人的保留工资明显较高。⑥最低工资的引入比移除引起了更大的雇佣变化。

新古典工资理论并不能完全解释这些实验结果。对此的可能解释是最低工资影响了工人对于公平工资的认识，与没有最低工资时的情况相比，此时同样的工资在工人的主观公平判断中是不同的，为了进一步验证，他们用不具有强制约束力的指导工资（Wage Guildline）代替最低工资做了小规模实验，也发现了实际工资的同方向变化，只是幅度略小。这个思想与 Kahneman，Knestch 和 Thaler（1986）提出的公平工资的概念是相符的。工人在选择劳动合同时，不仅考虑到具体的工资数额，而且还关心其本身所代表的意图。

虽然这类实验在设计上并没有突出厂商和工人的互动过程，但是指出了工人的行为特征也会影响其对公平工资的认识。由于工资理论强调工资对工人努力的激励作用，这些实验结论对全面认识工资理论是非常重要的。

另外，值得说明的是：一部分旨在考察不完全合同和竞争的影响的实验（如 Fehr et. al.，1998；Fehr 和 Falk，1999），通过合理设置厂商的利润函数排除了实验者可能出现的损失厌恶倾向，这是实验可控性的优点的表现。

四、实验方法的适用性

在过去的十几年里，实验方法得到了极大发展，越来越多的经济学家希望从模拟现实的实验中寻找到经济问题的答案。但是这些结果并不是来源于真实的经济环境，而是来自于实验经济学家精心设计的实验，那么它们能在多大程度上解释现实呢？Roth（1995）认为在他看来，如今的实验经济学和20世纪70年代末期博弈论的发展轨道是相似的。虽然反对的声音从来没有停息，但是实验经济学的快速发展已经是不争的事实。

实验方法在研究劳动经济学上又有哪些优点和缺点呢？以Fehr为代表的实验经济学家认为可控性是实验方法的最大优点（Falk和Fehr，2003）。首先，在现实中研究某个具体问题时，能够获得的现场数据往往并不能满足需求；而在实验中，通过对一些变量进行控制来获取足够的实验室数据是可能的。以产业内工资差别为例，在现实中经济学家很难判断它到底是工作租金还是难以观察到的工人的能力差异引起的，因为现实中存在很多干扰因素，工人的努力成本、参与约束等数据难以获得；而在实验方法中，经济学家可以按照自己的研究目的选择不同的实验对象和实验程序，提供了在控制其他条件不变情况下研究某个特定因素的影响以及获取足够数据的可能性。其次，研究者难以从现场数据中获取有关人们的交互行为的信息，而在实验室条件下这是可能的。最后，实验是可以复制的，更容易检验，可以更系统和细致地观察变量之间的关系；而现场数据中很多变量是内生的，加之其不能被复制，这阻碍了进一步的深入分析。

对使用实验方法研究劳动力市场问题的主要批评集中在主体偏差（Subject Pool Bias）、激励水平（Stake Level）、观测数据以及内外部合法性（Internal和External Validity）几个方面。主体偏差主要是指大部分的实验参与者都是学生，没有任何面临特定社会经济问题的经验。这主要是因为学生容易召集、能够更快的理解实验规则并且机会成本较小，而且其他实验对象也正在被包括进来（如Fehr et. al.，1998选择军人、Fehr和list选择CEO作为实验对象）。激励水平问题是指对实验中的激励是否能够保证实验者的行为与现实一致的质疑。针对这一问题，实验经济学家达成的共识仅仅是高的激励水平会有助于减少行为差异，而在激励水平是否会影响实验者行为这个问题上存在不同的证据（Camerer 和 Hogarth，1999；Holt 和 Laury，2002），不过很多此类实验中支付给实验者的平均工资高于其日常工作的平均收入（Fehr et. al.，1998；Fehr 和 Falk，1999）。观测数据问题是指实验往往是小型的。虽然实验经济学家对此也做出了回应（Harrison，Lau 和 Williams，2002），但是受限于各种条件，这个困难还是很难克服的。至于内外部合法性，其中内部合法性是个实验控制问题，还是比较容易解决的；但是外部合法性是普遍存在于各种实证方法中的，实验方法也不例外。

总体而言，实验经济学家一直在不断努力完善实验方法。使用现实与实验相结合的方法（Falk 和 Ichino，2003；Fehr 和 Götte，2005）以及实验设施和条件的改善（Fehr 及其同伴的实验经历了从隔开的房间到大型实验室、从粉笔黑板到使用计算机软件 Z-Tree 的转变）都增加了实验结果的可信度。引用该领域领军人物 Ernst Fehr 教授的一句话也许是合适的，“虽然反面因素确实起到限制作用，但是一个设计良好的实验可以避免很多这类问题（编者注：以上提及到的对该方法的批评）；而且实验方法仅仅是对经济学中的实证分析方法的一个补充”（Falk 和 Fehr，2003）。有理由相信，这种补充是有益的！

五、结论

本章比较系统地梳理了实验经济学研究劳动力市场，尤其是公平工资问题的理论渊源以及阶段性成果，主要侧重其实验设计。首先回顾了有关公平偏好问题的经济学实验，这也是公平工资思想的一个直接的理论渊源；接下来介绍了与新古典工资理论相竞争的效率工资理论，这是公平工资思想的另一个理论渊源；随后具体分析了实验经济学研究公平工资问题的三个主要视角：不完全合同、竞争以及行为因素。最后讨论了用经济学实验来研究劳动力市场的优点和缺点。

总体而言，新古典工资理论在解决诸如产业内工资差别、非自愿失业等方面存在不足，主要体现在其理性人假设没有考虑社会准则（包括公平偏好）对个体决策和行为的影响。但是现实中的劳动力市场包含着市场主体双方的互动过程，在这个过程中参与者表现出来的各种社会偏好也许是重要的。随着越来越多的证据表明个体行为会表现出明显的互惠性，经济学家转而从行为经济学角度分析劳动力市场，提出了替代性的效率工资理论。但是现实环境的复杂性为评价这两种理论带来了困难。

最近兴起的实验经济学则较好地解决了这个问题。实验经济学家根据不同的需要，在控制一些变量的基础上，利用实验来模拟真实劳动力市场环境，这为比较两种理论构建了平台，而且实验中出现的新现象加深了经济学家对现实经济问题的认识。目前为止，绝大多数此类实验支持了以公平工资—努力为核心的效率工资理论，认为新古典工资理论是有很大局限的。实验方法的应用拓展了经济学家的视野，革新了其研究工具，但是它本身也有很多局限性，需要慎重对待。

从国内经济学的研究来看，可能是由于资金等种种限制条件，利用实验经济学的方法研究公平工资问题几乎没有。鉴于其重要意义和广阔的发展前景，进一步的工作是必需的，也是值得期待的。

参考文献

1. 周业安、章泉：《劳动供给理论的新进展》，载《教学与研究》2006年第2期。

2. 阮青松、黄向晖：《西方公平偏好理论研究综述》，载《外国经济与管理》2005年第6期。

3. Akerlof, George, 1982, "Labor Contracts as Partial Gift Exchange", *The Quarterly Journal Economics*, 97 (4): pp. 543 – 569.

4. Akerlof, George and Janet Yellen, 1990, "The Fair Wage-Effort Hypothesis and Unemployment", *Quarterly Journal of Economics*, 105 (2): pp. 255 – 283.

5. Bewley, Truman, 2004, "Fairness, Reciprocity and Wage Rigidity." discussion paper.

6. Blinder, Alan S. and Don H. Choi, 1990, "A Shred of Evidence on Theories of Wage Stickiness", *The Quarterly Journal of Economics*, 105 (4): pp. 1003 – 1015.

7. Brandts, Jordi and Gary Charness, 2000, "Do Market Conditions Affect Preferences? Evidence from Experimental Markets with Excess Supply and Excess Demand", working paper.

8. Camerer, Colin, Linda Babcock, George Loewenstein and Richard Thaler, 1997, "Labor Supply of New York City Cabdrivers: One Day at a Time", *The Quarterly Journal of Economics*, 112 (2), pp. 407 – 441.

9. Charness, Gary, 1996, "Attribution and Reciprocity in a Labor Market: An Experimental Investigation", unpublished manuscript.

10. Falk, Armin and Ernst Fehr, 2003, "Why Labour Markets Experiment?", *Labour*

Economics, 10: pp. 399 – 406.

11. Falk, Armin, Ernst Fehr and Christian Zehnder, 2005, "The Behavioral Effects of Minimum Wage.", working paper.

12. Fehr, Ernst, Klein Alexander and Klaus M. Schmidt, 2001, "Fairness, Incentives and Contractual Incompleteness", working paper.

13. Fehr, Ernst and Armin Falk, 1999, "Wage Rigidity in a Competitive Incomplete Contract Market", *Journal of Political Economy*, 107 (1): pp. 106 – 134.

14. Fehr, Ernst and Simon Gatcher, 2000, "Cooperation and Punishment in Public Goods Experiments", *The American Economic Review*, 90 (4): pp. 980 – 994.

15. Fehr, Ernst and Simon Gätcher, 2002, "Do Incentive Contracts Undermine Voluntary Cooperation?", working paper.

16. Fehr, Ernst and Lorenz Götte, 2005, "Do Workers Work More if Wages Are High? Evidence from a Randomized Field Experiment", working paper.

17. Fehr, Ernst, Simon Gatcher and Georg Kirchsteiger, 1997, "Reciprocity as a Contract Enforcement Device: Experimental Evidence", *Econometrica*, 65 (4): pp. 833 – 860.

18. Fehr, Ernst, Erich Kirchler, Andreas Weichbold and Simon Gatcher, 1998, "When Social Norms Overpower Competition: Gift Exchange in Experimental Labor Markets.", *Journal of Labor Economics*, 16 (2): pp. 324 – 351.

19. Fehr, Ernst, Georg Kirchsteiger and Arno Riedl, 1993, "Does Fairness Prevent Market Clearing? An Experiment Investigation", *Quarterly Journal of Economics*, 108 (2): pp. 437 – 460.

20. Fehr, Ernst, George Kirchsteiger and Arno Riedl, 1996, "Involuntary Unemployment and Non-Compensating Wage Differentials in an Experimental Labour Market", *The Economic Journal*, 106 (434), pp. 106 – 121.

21. Fehr, Ernst, Georg Kirchsteiger and Arno Riedl, 1998, "Gift Exchange and Reciprocity in Competitive Experimental Markets", *European Economic Review*, 42: pp. 1 – 34.

22. Fehr, Ernst and Klaus, M. Schmidt, 1999, "A Theory of Fairness, Competition, and Cooperation", *The Quarterly Journal of Economics*, 114 (3): pp. 817 – 868.

23. Gächter, Simon and Ernst Fehr, 2002, "Fairness in the Labour Market-A Survey of Experimental Results.", working paper.

24. Goette, Lorenz, Ernst Fehr and David Huffman, 2004, "Loss Aversion and Labor Supply", *Journal of the European Economic Association*, 2 (2 – 3): pp. 216 – 228.

25. Heath, Clip, Richard P. Larrick and George Wu, 1999, "Goals as Reference Points", *Cognitive Psychology*, 38: pp. 79 – 109.

26. Henrich, Joseph, Robert Boyd, Samuel Bowles, Colin Camerer, Ernst Fehr, Herbert Gintis and Richard McElreath, 2001, "In search of Homo Economics: Behavioral

Experiments in 15 Small-Scale Societies.", *The American Economic Review*, 91 (2): pp. 73 – 78.

27. Kagel, John. H and Alvin E. Roth, 1995, *The Handbook of Experimental Economics*, Princeton University Press.

28. Kahneman, Daniel, Jack L. Knestch and Richard H. Thaler, 1986, "Fairness and the Assumption of Economics", *The Journal of Business*, 59 (2): pp. 285 – 300.

29. Kahneman, Daniel and Amos Tversky, 1979, "Prospect Theory: An Analysis of Decision under Risk", *Econometrica*, 47 (2): pp. 263 – 292.

30. Martin, Joanne, 1982, "The Fairness of Earnings Differentials: An Experimental Study of the Perceptions of Blue-Collar Workers", *The Journal of Human Resources*, 17 (1): pp. 110 – 122.

31. Marwell, Gerald and Ruth E. Ames, 1979, "Experiments on the Provision of Public Goods. I. Resources, Interest, Group Size, and the Free-Rider Problem", *The American Journal of Sociology*, 84 (6): pp. 1335 – 1360.

32. Rabin, Matthew, 1993, "Incorpating Fairness into Game Theory and Economics", The American Economic Reviwe, 83 (5): pp. 1281 – 1302.

33. Rees, Albert, 1993, "The Role of Fairness in Wage Determination.", *Journal of Labor Economics*, 11 (1): pp. 243 – 252.

34. Shapiro, Carl and Joseph E. Stiglitz, 1984, "Equilibrium Unemployment as a Worker Discipline Device", *The American Economic Review*, 74 (3): pp. 433 – 444.

注：Simon Gatcher 与 Simon Gätcher 系同一个人，前者为其正式发表刊物时的署名；Lorenz Götte 与 Lorenz Goette 系同样情况。

第八章　现代农业研究的新进展

从党的“十六”大报告开始，我国就已经明确提出了要建设现代农业的思想，2006年中央经济工作会议又提出“把发展现代农业作为推进新农村建设的着力点”，2006年12月22日举行的中央农村工作会议上进一步强调，推进新农村建设，首要任务是“建设现代农业”。2007年中共中央出台《国务院关于积极发展现代农业扎实推进社会主义新农村建设的若干意见》“一号文件”明确提出必须把建设现代农业作为贯穿新农村建设和现代化全过程的一项长期艰巨任务，指出发展现代农业是社会主义新农村建设的首要任务，它顺应我国经济发展的客观趋势，符合当今世界农业发展的一般规律。发展现代农业是我国经济发展到一定阶段的必然选择，从世界范围来看，现代农业的概念已经有很多年的历史了，而且发达国家基本已经完成了从传统农业到现代农业的转型。当前，国外对现代农业的研究也很多，但是已经与我国目前提出的现代农业的概念不完全相同。

一、现代农业的概念

发达国家现代化的过程要远远早于发展中国家，因此他们很早就开始了对现代农业的研究。舒尔茨（1964）早在《改造传统农业》中就提出，现代农业是与传统农业相对的概念。传统农业是一个经济概念，要从经济本身入手分析，完全以农民时代使用的各种生产要素为基础的农业可以称之为传统农业，现代农业则采取并使用现代生产要素，生产率高。他从生产要素的角度分析了现代农业。

后来国外关于现代农业的定义也基本上延续了这种观点，但是把生产要素的概念具体化为现代科学技术的使用。虽然19世纪中期以引入化肥为标志被认为是科学方法运用于农业的开始，但是20世纪才是真正建立在科学基础上的农业，20世纪的农业更加集约化和更多地利用机械化生产，并在生产中设定生产目标，可以说，20世纪的农业是“设计的世纪”，这是驱动农业产出增长的关键因素（Louise O. Fresco，2002）。20世纪后半期农业技术和投资模式的发展和实践一般被认为是现代农业，它是“绿色革命”的巅峰时期，是目前我们所知道的发展农业的能够证明的最好方法（Norman Uphoff，2007）。

在国际上与现代农业相关的还有另外一个概念，即可持续发展农业（Sustainable Agriculture）。关于可持续发展农业目前还没有广泛认可的定义，英国农业、渔业和食品部（MAFF）（2000）认为该定义包括以下几方面内容：（1）在一般可以接受的环境和社会标准下，确保能够提供给消费者健康的、多样的、价格合理的、足够的食物；（2）保持农业的竞争力和发展弹性，以有助于促成经济的、保证需求的农村社会；（3）有效保护环境和谨慎使用自然资源；（4）保护和提升土地的景观、野生动物、文化和考古价值；（5）尊重动物高质量的安宁生活。对于农业可持续发展的衡量需要对社会、环境和经济要素进行测评。

我国国务院发布的2007年一号文件对现代农业所做的解释是：用现代物质条件装备农业，用现代科学技术改造农业，用现代产业体系提升农业，用现代经营形式推进农业，用现代发展理念引领农业，用培养新型农民发展农业，提高农业水利化、机械化和信息化水平，提高土地产出率、资源利用率和农业劳动生产率，提高农业素质、效益和竞争力。建设现代农业的过程，就是改造传统农业、不断发展农村生产力的过程，就是转变农业增长方式，促进农业又好又快发展的过程。从国外的研究来看，我们的现代农业概念包含的内容更多，含义更加宽泛。

二、现代农业的特点

现代农业与新技术的应用密切相关，基本的特征主要包括：

（1）机械化。20世纪随着拖拉机和其他机械工具的运用，可耕种土地有了很大的拓展。土地扩张策略具有节约劳动和资本密集型的特点，这在农村人口大量城市化，工业和服务业能够提供足够的工作机会时是适当的（Norman Uphoff，2007）。机械化是对劳动的替代，降低了劳动成本，减少了罢工等的影响（Friedland，William H.，1980）。

（2）规模化和商业化生产。在美国过去的几个世纪中，公司农业占了主导地位，尤其是在加利福尼亚。公司农业具有资本雄厚、大规模、技术先进、横向和纵向一体化生产等特点，其农业产地的配送体系更像公司而不是农场。在20世纪90年代，美国小农场的数量大幅下降，每个农场所拥有的土地面积不断增加（Rosset和Altieri，1997）。美国农场的数量已经从1910年的630万下降到今天的200万个，但是耕种的面积并没有变化，其中消失的大部分农场都是中等规模的农场，而大农场则表现出数目减少而每个农场的面积扩大的状况。虽然在美国还有大量的小规模农场，但是它们对大的食品系统来说是无关紧要的（Goldschmidt，Walter R，1947）。美国的农民和食物供应商都被卷入强调资金效率和低价格的商业模式，消费者通过更多地在快餐店和大型食物零售商，比如沃尔玛、Albertsons和Krogers进行消费。这些餐馆和零售商有一个共同的特点，即需求是可预计的、统一的和低成本供应的。他们发现他们可以通过与大型的、创新的食品生产商合作或者直接与大型的农场合作从而更好地满足消费者的需要。低成本、统一的农业产品与源于新技术带来的农业生产力的增长为农民专业化生产提供了经济刺激。商业化肥开始替代牲畜肥料，杀虫剂代替了粮食轮作，机械化进一步减少劳动力需求。专业化导致了更低的生产成本和扩大了农场规模，美国的消费者比其他国家的消费者消费的食品更便宜（Bruce A. Babcock，2002）。正在经历农业现代化的非洲Soroti地区，农民也是通过建立各种农业企业发展现代农业，他们通过组建农业企业对抗贫困。农业企业可以提高农产品的附加值，使农民获取更高的收入，如今从柑橘公司到养猪公司，再到养蜂公司等，农民已经建立起了很多农业公司（John Ongangole，2006）。

（3）高度依赖石化燃料作为能源。机械化的生产方式需要大量的能源，需要耗费大量的石化燃料。在过去的几个世纪中，发展现代农业的国家是幸运的，因为当时能源比较便宜，这使得现代农业能够盈利（Norman Uphoff，2007）。

（4）大量使用农用化学品。现代农业依赖大量的外部投入，包括杀虫剂、除草剂，以及各种化肥的使用。机械化使农业更多地依赖工业品投入（而不是天然地投入）以产出计划的产量。商品化的动植物最大可能地与生态系统隔离，投入集约型的农业更多地依赖化肥和动植物保护的化学投入。现代农业的盈利性也主要依赖化肥和农用化学品的使用（Norman Uphoff，2007）。

（5）大量运用基因改良技术。在现代农业中很多新的粮食品种和牲畜品种提高了生产力，的确，绿色革命被称之为高产量品种的创造和传播。近几年，这种改良随着分子领域的研究加速起来，高科技的转基因技术被认为是提高农业生产力的新机遇，这是传统种植方法无法达到的。生物技术目前是农业研究发展最快的领域（Norman Uphoff，2007）。

（6）需要大量的资本投入。传统农业生产是高风险的投资，资本投资者开始都不愿意投资农业，因为农业生产和利润与生物生长和自然环境变化密切相关，随着新农业技术的发展和应用，资本投资者发现对农业技术投资比对粮食生产进行投资具有更大的利润空间，从而开始投资农业。农业技术需要大量资金投入，农民要自己开发技术就要求更多的贷款，资本投资者和技术研究机构控制了农业技术，并导致了大型的资本雄厚的农场具有竞争优势，引发了小农场数目的减少（FitzSimmons，Margaret.，1986；Heffernan，William D.，Mary Hendrickson 和 Robert Gronski，1999）。近几十年来，随着劳动力的全球分配成为进一步提高农业生产力的驱动因素，导致了世界贸易的快速发展。经济刺激和市场力量正在改变农业的研究进程和资本投入，这促进了规模化生产和更大的资本密集度。同时由于农用化学品的大量使用使动植物变得更加脆弱，导致农业存在财务和债务风险，进一步加大资本投入变得更加必要（Norman Uphoff，2007）。

三、现代农业的作用和影响

现代农业是一把双刃剑，既有积极的意义，也带来了很多消极影响。现代农业技术的运用不仅对于农业，而且对于整个社会都带来重要的影响，毋庸置疑，现代农业大大提高了农业生产力，有效地满足了全球粮食需求。然而石化燃料的使用，单一作物种植系统，杂交种子，基因改良、人造杀虫剂、合成的复合 N－P－K 化肥、限制动物喂养技术、农业用水和世界贸易自由协议等也带来了食品安全、贫富差距等各种负面影响。

（1）现代农业大大提高了农业生产力，对减少世界贫困做出了重要贡献。市场竞争和缺乏限制使用农业化学品的法律鼓励了新农业技术的采用，提高了效率和产量（Magdoff，2000）。对发展中国家来说，小规模生产的农民面临很多问题和限制，由于害虫、疾病、杂草和干旱造成的产前和产后损失导致了产量低下和动荡，并伴随着收入和食物供应的风险和波动。农业的低生产力是低收入发展中国家贫穷、食物短缺和营养不良的重要原因，农业的低生产率意味着农民的低收入和单位食物的高成本，从而降低了人们的购买力。在发展中国家，农业是经济增长和减少贫困的关键因素。如今由于农业研究——绿色革命引发的农业生产率的提高使中国、印度尼西亚、韩国和印度等许多亚洲国家的经济快速增长，贫困减少。生产率的提高不仅对经济增长和减少贫困具有重要的意义，而且对满足日益增长的世界人口也具有重要的意义（Per Pinstrup-Andersen，Marc J. Cohen，2000）。世界人口在20 世纪后半期增长了一倍多，现代农业对于世界减少贫困起了重要的作用（Rajendra Prasad，2005）。

（2）食物安全引发人们关注。过度使用杀虫剂和氮肥引发的食品安全问题，以及水资源的匮乏等现代农业的副作用开始受到欧洲、美国甚至印度的关注。现代农业的负面影响迫使高收入国家（欧盟国家、美国、加拿大、澳大利亚等）需求没有使用化肥和杀虫剂的食物（Rajendra Prasad，2005）。20 世纪 80 ~90 年代，科学家开始运用基因工程技术改进粮食质量和产量，防治害虫和抵御杂草。与早期的种植技术相比，转基因技术的运用加大了消费者的食品安全问题。欧洲消费者早就开始关注转基因产品的安全问题，并要求标识转基因食品（Susan K. Harlander，2002）。美国的农业部现在正在致力于生物安全系统的建立，从而阻止有害的植物或动物病原体进入美国的农业和食品生产，以保证食品安全，目前国会、各州、联邦其他部门、学术界以及私人部门都协同致力于建立一个强有力的防御系统（USDA，2002）。

（3）加大了动植物的脆弱性，其抵抗力下降。商品化的动植物最大可能地与生态系统隔离，投入集约型的农业更多地依赖化肥和动植物保护的化学投入，动植物变得更加脆弱。同时，机械化促成了单作物种植，这使得作物对于经济和气候的冲击比多作物种植要脆弱得多。而且大量使用农用化学品使植物更吸引害虫，变得更加脆弱，难以抵御细菌、真菌和病毒，单作物种植更加剧了这个问题（Norman Uphoff，2007）。生物控制技术可以减少投入成本并改善农业对环境的直接影响，比如杀虫剂的残留和抵抗，但是这并没有减少单一栽培的脆弱性（Miguel A. Altieri，Peter M. Rosset 和 Clara I. Nicholls，1997）。现代农业中大规模的单一作物种植通过简单化农业生态系统和植物周边环境，为有害物的传播创造了条件，降低了农作物抵御自然天敌的能力，导致了有害物的增长和阻止了昆虫天敌发挥作用，因此只能通过杀虫剂来试图控制害虫。然而杀虫剂又使害虫产生抗药性，降低药效并更多地使用杀虫剂。过量使用硝酸盐肥料导致植物过快生长，质量降低，从而更易受到害虫的危害，也使之更多地使用杀虫剂，从而进入恶性循环（Magdoff，2000）。

（4）加大了对环境的破坏。现代农业中合成 N－P－K 肥料的使用与杀虫剂等进一步恶化了土壤质量，野生动植物减少，食物和地下水中杀虫剂和硝酸盐的含量增加。同时，农业灌溉不仅提高了含盐量，影响了植物对湿度的调节，而且还通过建立大坝影响了水生态环境，地下水的过度使用破坏了水资源，引发了海水对农业取水的侵蚀。转基因粮食则引发了未知的环境和健康风险，杂交种子减少了粮食基因的多样性，加大了农民投入（Magdoff，2000）。改善由于现代农业破坏的环境质量也是美国目前高度关注的问题，包括保存湿地，改善野生动物环境和保持河流、湖泊的水质等。他们认为农业对于资源工作负有特殊的责任，如今农民对环境的责任已经明显有了改善，然而还应该引起公共和私人的注意（USDA，2002）。

（5）加剧了不平等。农业是印度经济的支柱，印度的农业现代化对于印度的平等有三个方面的影响，它既有增强了平等的作用，也有降低平等的作用，还有混合的效应，在不同的地区有不同的体现。在 Satara 地区，农业的变化极化了农村人口，因为该地区建立在由殖民地利益为引导的土地开垦、劳动力和信贷上，农业现代化的过程仅仅使小部分人更加富裕。那些大的土地拥有者、放贷者、有较好土地和廉价劳动力的人获益较多，而贫困的农民则无法获益，这加剧了现存的社会不平等。这种局势在独立后（1947 年以后）进一步加剧了，因为在农业现代化中没有一个旨在消除历史不平等的平等机制。然而这个进程令所有的阶层的农民生活都有了改善，虽然这种改善与所拥有的资源密切相关。如果在发展的初期阶段没有特殊的措施，不平等将会进一步滋生不平等，希望通过农业现代化降低生活的不平等程度是不现实的（Mohanty BB. 1999）。世界上大量的农村生产者，特别是最贫困的家庭被投入驱动的现代技术所忽视，现代农业引起了这些地区的贫困和食物不安全（Norman Uphoff，2007）。

四、如何发展现代农业

舒尔茨（1964）在《改造传统农业》中提到，发展中国家的传统农业是不能对经济增长作出贡献的，只有现代化的农业才能对经济增长作出重大贡献。问题的关键是如何把传统农业改造为现代农业。如今，发展中国家都借鉴发达国家的经验走现代化农业的道路，从发达国家和已经进入现代化农业的发展中国家来看，发展现代农业主要应从以下方面着手。

（1）政府政策扶持和农业补贴对现代农业发展具有重要意义。美国对农业发展给予了大量的政策支持和农业补贴，在很大程度上，美国的农业政策是国家和世界范围内成功的典范。美国的政策资助包括对农业研究支持，以提高产量，减少劳动力需求，使农民更多地依赖生物技术和化学投入而不是传统的农业生产方式。国家的农业政策降低了食品价格和农民的数量。在政策的支持下，美国农业发展迅速，美国人已经不再担心是否有足够的粮食，美国剩余的农产品大量出口其他国家，对世界农产品价格产生了向下的压力。美国大量的农业补贴甚至使粮食生产的农场主们习惯于依赖政府补贴，而不会去考虑如果没有补贴如何达到好的经济状况（Bruce A. Babcock，2002）。另外，美国还通过农场政策的运用引导规模化生产。美国的农场政策使小农场变得更加不经济，市场竞争将小农场在粮食价格下降时挤出生产领域并引发扩大农场面积以弥补下降的单位利润，从而使大农场数量增加，同时大生产商有更强的政治谈判能力和更多的财富，从而具有获得信贷、灌溉、化肥、杀虫剂、技术支持和市场服务的优先权。同时，现金补贴也更倾向于大型生产商。为了促进“廉价食物”政策的实施，不惜牺牲其他目标如环境保护、工人工资等为代价确保高水平的产量（Rosset 和 Altieri，1997；NRC，1989）。通过农业政策促进农业现代化，需要长期的政策设计和制度改革，这种农业发展策略包括以下内容：第一，明确政府的农业可持续发展和食物自力更生的目标。第二，从短期贸易和市场管制的农业政策和公共支出转向促进竞争和提高生产力，保护环境，改进市场效率的长期政策。第三，关注那些依靠市场不能充分提供的农业支持服务，以及具有广阔市场和技术潜力的商品和项目，比如研究、灌溉等。第四，重构和精简农业管理部门，提高部门效率（Cristina C. David，1995）。

相反，如果国家农村政策不合理，则会阻碍农业现代化和农业发展。菲律宾的农业政策就加速了其农业竞争力的下降。20 世纪 80 年代后期，菲律宾公共支出主要应用于土地改革、环境保护、价格支持以及其他的支持服务，而不是用于促进长期生产力提高的投资比如农业研究和灌溉等。菲律宾的农业政策和制度限制了其农业的现代化，要想获得农业的快速发展，它需要对现有政府政策、项目以及农业市场和技术潜力进行广泛地评估，以设计出适当的、合理的能够促进农业快速、可持续发展的项目（Cristina C. David，1995）。

（2）加大对农业和农村发展的公共投资。发展中国家政府必须加大对农业和农村发展的公共投资，加大旨在促进小规模生产农民长期生产效率的研究和投入。发展中国家在现代生物技术面前最大的风险在于如果没有适应性改进，技术发展有可能会跨过贫穷的农民和消费者，这并非是因为技术与他们不相关，而是发展中国家需要针对小规模生产的农民和贫困的消费者进行研究。由于看不到未来利润所在，私人部门不可能对此进行研究，这需要公共部门发挥作用。现代农业生物技术能否与绿色革命一样使穷人受益，取决于知识产权的安排。同时，在发展中国家更要加强生物安全标准和地方监管能力，也要加强对基因改良粮食的评估，只有这样在面对现代生物技术的时候，发展中国家才不会与发达国家差距进一步加深（Per Pinstrup-Andersen 和 Marc J. Cohen，2002）。

（3）政府为农业提供融资便利。巴西的农业现代化过程自 20 世纪 70 年代开始，巴西政府通过发展项目的执行参与了该进程，并发挥了重要的作用。这些项目为农业地区的资本化提供了条件。二十多年来，巴西农业迅速增长，这除了其地理环境和规模化生产以外，政府对农民融资提供便利也起到了很好的促进作用。政府出台了商品借贷项目放松了农民的信贷限制，该项目使得生产者可以借贷其计划粮食产值的 70%（利用政府的最低价格来确定粮食的价格），名义利率为 8.75%，相当于不动产利率的 3%。但是借款总额是有限制的，大部分生产者的融资限定在 250～300 公顷，政府贷款项目主要针对传统的小规模农场（Holger Matthey，Jacinto F. Fabiosa 和 Frank H. Fuller，2004）。

（4）发挥税收调节的作用。巴西对农业土地所有物征收的资产税也影响了农场土地的发展和利用，该税支持为了生产而利用土地，用于农业生产的税率减少到 0.3%（最高的为上报价值的 10%），这相当于为农业生产提供了补贴（Holger Matthey，Jacinto F. Fabiosa 和 Frank H. Fuller，2004）。

（5）充分发挥公共部门在研发中的作用。农业生物技术的发展需要漫长的、仔细的政策设计、规划和实施，以改进小农的食物安全和减少可能产生的对社会经济的负面影响，比如生物多样性的损失，食物安全和小农的进一步边缘化等。公共部门应该在生物科技发展中继续发挥重要作用，因为该领域的研究对国家利益和农村地区生存至关重要。另外，发展和引进农业生物技术必须公共研究部门有能力对国家和地区食品安全需要作出反应，并且与小农利益和支持当地发展密切相关（Hannington Odame，Patricia Kameri-Mbote 和 David Wafula，2003）。

（6）政府和私人联合投资。巴西政府出台了一些政策和计划支持农业发展和现代化，但是很多缺乏公共投资，此时生产者组织和私人公司不断进入为生产商提供信息和服务以弥补缺口（Holger Matthey，Jacinto F. Fabiosa 和 Frank H. Fuller，2004）。

五、现代农业的未来

现代农业的消极影响，已经引起了人们的关注，尤其是在高收入国家，同时，经济环境、不可再生资源以及技术的变化，都将引发现代农业发生新的变化。即使是绿色革命的拥护者也承认现代农业并非是能满足我们21世纪需要的最好的路径。时代和条件都已经发生了变化，未来应对新的挑战和机遇，人类历史发展的方向已经发生了变化（Norman Uphoff，2007）。

（一）现代农业发展受到限制

（1）能源限制。低成本的石化燃料是现代农业的基础，现代农业的盈利性依赖于石化燃料以及化肥和农用化学品的生产，而现代农业的这个条件已经被提高的汽油价格所打破。在经济学中有一个普遍的问题，即当一定的投入达到最大化时，最小化利润就出现了，在农业投入中，该现象已经出现了。21世纪的能源成本已经不可能退回到比较低的水平，价格只可能以比以前更快速度增长（Norman Uphoff，2007）。

（2）环境限制。21世纪我们必须以下降的人均土地和水来满足全球的食物要求，而且环境质量和保持、气候改变都要求我们改变现代农业生产方式（Norman Uphoff，2007）。从巴西农业未来的发展来看，虽然有经济刺激、金融支持和多产性的资源，但是未来也受到农业改革运动、扩大印第安风貌和环境压力等因素的制约（Holger Matthey，Jacinto F. Fabiosa，和 Frank H. Fuller，2004）。

（二）现代农业的未来发展方向

如今关于农用化学品和机械化运用的关注常常被有机农业的支持者表达出来，然而这总是被现代农业的支持者以没有可以替代的方法而驳斥。他们认为，为了达到高水平的食物生产，现代方法是必须的和不可避免的，而现代农业的副作用是“较小的罪恶”。然而新的情况变化使得重新考虑取代现代农业成为可能。这主要是一些替代的多产方式成为可能。谷物强化系统（The System of Rice Intensification）认为通过改善粮食生长环境，在减少投入和依靠现存的基因潜力也可以增加产量；另外，农业生产的内涵正在发生根本和无情的变化。21 世纪的游戏规则已经不同于 20 世纪主导的游戏规则。生产要素之间的关系，以及对环境不利的趋势都正在农业领域发生变化（Norman Uphoff, 2007）。

农业技术发展的未来方向是什么？现代农业未来究竟是一种什么样的境况？很多学者进行了猜测和构想，概括起来主要有以下几种观点。

第一种观点认为，考虑到经济以外的其他目标，未来的农业可能要回归小规模生产。有人说巴西是现代农业的未来，为了验证这样一个观点，Holger Matthey 等对巴西农业进行了实地考察，他们认为，这个答案的回答取决于对未来世界贸易发展趋势的判断。巴西中西部农民近几年的生产效率大幅提高，他们大规模的、市场导向的、有远见的操作都很适合在促使不断提高效率和降低成本的商品市场上竞争，在全球持续自由贸易化和减少国内农民支持的环境下，巴西的模式是有前途的。但是，未来世界市场并不一定是不断自由化。对农业部门长期进行支持的国家发现减少对农民的支持非常困难，但是世界发展的趋势是减少对贸易扭曲性的政策，这使得相当多的政客和农业集团认为小农场为社会提供的好处要超过他们生产的产品本身。欧洲、日本以及美国的农业政策都开始减慢或阻止农场数量的下降，通过保留小型的、家庭拥有的农场，农村经济被加强，确保了部分环境指标。这样通过支持较高成本、多功能的生产，减缓了农场规模的增长并抑制对大规模、低成本模式的接受。从历史上来看，很多国家土地在少数人手中的集中引发了社会动荡，巴西的贫富差距非常严重，将来的某个时候，巴西会实行改革降低生产效率以达到其他的社会目标（Holger Matthey，Jacinto F. Fabiosa 和 Frank H. Fuller，2004）。Norman Uphoff（2007）也指出，未来的农业应该是小规模的、节约能源和能源效率高的、生物进程和潜力内生的、动植物抵抗力更强的、使用有机投入的、重视当地生产和食物消费的。因此未来农业发展的原则是高效率、节约劳动、依赖生物能源而非石化能源、与环境形成良性循环、不需要补贴、惠及穷人。SRI（The System of Rice Intensification）就是遵循这些原则很好的例子。

第二种观点认为，21 世纪的农业将回归到更加区域化。全球化并非意味着同质化和集约控制，科学进步将使农业更加差异化，保持地区之间的差异，如今对地方食品的高度评价是最好的证明。未来的农业需要更精细化，增加对区位的关注和减少劳动投入，这包括更多地关注多产植物而非土壤，和实行综合有害物管理（Integrated Pest Management，IPM）的生态农场。此外包括土壤，水资源分布和生物区的全球定位系统也将对地区农业决策提供重要的支持。现代技术特别是基因改良（Genetically Modified Organisms）仍将对农业产生重大影响（Louise O. Fresco，2002）。

第三种观点认为，未来的农业回归到有机农业。有机农业可以用生物的、生态的、生物动态的、有机的来形容，它是生物的和天然的农业（Rajendra Prasad，2005）。现在很多国家已经关注并发展有机农业。20 世纪 90 年代有机农场成为美国农业发展最快的部门，美国农业部对有机食品制定了严格的标准，并要求生产厂商明确标识。所谓有机食品即农民利用可再生资源和保持水土为下一代改善环境进行生产的食品。另外美国还开始注重开发可再生能源和生物能源（Agriculture Fact Book，chap 1，Current Topics：Selected issues in American Agriculture Today）。印度也已经开始重视有机农业，印度有机农业是市场需求导向的、高度分工的，如果能够合理规划和执行，完全可以成为印度外汇收入和农民收入提高的来源。然而对目前印度的粮食需求来看，印度还需要依靠现代农业投入，比如化肥和杀虫剂，但是限制和有效使用是重要的。对可持续的印度农业来说，提供综合营养的食物供给是关键（Rajendra Prasad，2005）。

第四种观点提出了后现代农业的概念。Norman Uphoff，（2007）为后现代农业进行了设想，他认为，后现代农业并非反科学，而是要有利于农民、消费者和环境，是建立在知识基础上的；后现代农业并非退步，而是“最现代的农业”，因为它建立在生物、生态、微生物领域的科学知识进步和土壤微生物学和微生物生态学基础之上。后现代农业在理论和实践上还刚刚显现，一些科学基础和农民实践现在已经在尝试。这个战略，就像绿色革命一样将需要 10 ~ 20 年的论证，它不会抹杀现代农业，而是在其基础上向更多产、更具盈利性和更有益的方向发展。

参考文献

1. 舒尔茨：《改造传统农业》，商务印书馆1999年版。

2. Bruce A. Babcock, 2002, Rural America and Modern Agriculture: What Kind of Future? *Iowa Ag Review*, *Spring*, Vol. 8 No. 2.

3. Cristina C. David, 1995, Philippine Agriculture: Its Path to Modernization, *the PIDS Discussion Paper Series* No. 95 – 29.

4. FitzSimmons, Margaret, 1986, The new industrial agriculture: The regional integration of specialty crop production. *Economic Geography* 62 (4): pp. 334 – 353.

5. Friedland, William H., 1980, Technology in agriculture: Labor and the rate of accumulation. In *The Rural Socilolgy of the Advanced Societies*, Chapter 7, Buttel, Fred, and Howard Newby, eds. Montclair, N. J., UK: Allanheld, Osmun.

6. Goldschmidt, Walter R, 1947, *As You Sow*: *Three Studies of the Social Consequences of Agribusiness*, New York: Harcout, Brace.

7. Hannington Odame, Patricia Kameri-Mbote and David Wafula, 2003, Governing modern agricultural biotechnology in Kenya: implications for food security, *IDS Working Paper* 199.

8. Heffernan, William D., Mary Hendrickson, and Robert Gronski, 1999, Consolidation in the Food and Agriculture System, National Farmers Union: www. nfu. org.

9. Holger Matthey, Jacinto F. Fabiosa, and Frank H. Fuller, 2004, Brazil: The Future of Modern Agriculture? *MATRIC Briefing Paper* 04-MBP 6.

10. John Ongangole, 2006, Agricultural Modernization the NAADS Experience in Asuret Sub-country, Soroti District. *Linking Local Learners*, P. 1.

11. Louise O. Fresco, 2002, *The future of agriculture*: *Challenges for environment*, *health and safety regulation of pesticides*, from a presentation to the OECD Working Group on Pesticides, Paris.

12. Miguel A. Altieri, Peter M. Rosset and Clara I. Nicholls, 1997, Biological control and agricultural modernization: Towards resolution of some contradictions, *Agriculture and Human Values*, 14: pp. 303 – 310.

13. Ministry of Agriculture Fisheries and Food, 2000, Towards Sustainable Agriculture, http: //www. maff. gov. uk.

14. Mohanty BB, 1999, Agricultural modernization and social inequality: Case study of Satara District, *Econ. Polit. Wkly.* 34 (26): A50 – A61.

15. Norman Uphoff, 2007, Envisioning 'Post-Modern Agriculture' A Thematic Research Paper, A Draft for Comments and Feedback, http: //www. wassan. org.

16. Per Pinstrup-Andersen and Marc J. Cohen, 2000, Modern Biotechnology for Food and Agriculture Risks and Opportunities for the Poor, Agricultural Biotechnology and the Poor, http://www.ifpri.org/.

17. Rajendra Prasad, 2005, Organic Farming vis-à-vis Modern Agriculture, *Current Science*, Vol. 89, No. 2, 25.

18. Rosset, P. M., Altieri, M. A., 1997, Agroecology versus Input Substitution: A fundamental Contradiction of Sustainable Agriculture, *Society & Natural Resources*, 10: pp. 283 – 295.

19. Sogbedji, J. M., H. M. van Es, C. L. Yang, L. D. Geohring, and F. R. Magdoff, 2000, Nitrate Leaching and N Budget as Affected by Maize N Fertilizer Rate and Soil Typer, J. Environ. Qual. 29: pp. 1813 – 1820.

20. Susan K. Harlander, 2002, The Evolution of Modern Agriculture and Its Future with Biotechnology, *Journal of American College of Nutrition*, Vol. 21, No. 3, 161S – 165S.

21. USDA, 2002, Current Topics: Selected issues in American Agriculture Today, In *Agriculture Fact Book*, chap 1. http://www.usda.gov/factbook/.

第九章　区域经济一体化研究的新进展

一、引言

在现代经济中，区域经济一体化（Regional Integration）是一个热门话题。在经济动态学的视角下，区域经济一体化可以被一分为二，它既可以作为经济研究的前提，又可以作为经济研究的结果。作为研究前提时，一体化是政府主导下的制度创新活动，不同的国家和地区通过缔结协议提高贸易和市场的融合程度，以期双方可以从中获益。作为研究结果时，一体化是经济活动的客观结果，在经典理论的完全竞争市场假设下，无国界的经济是有效率的，对市场的分割将导致壁垒的出现，经济主体客观上要求市场的摩擦和壁垒越小越好，所以为了降低摩擦和壁垒、提高经济效率，经济活动势必采取相应的经济策略，而这些策略往往有助于区域经济一体化的形成。在经济发展和区域经济一体化之间这种互相促进的因果关系说明，动态视角下二者的发生和演进是经济活动内在规律的体现。本章的理论文献综述大都是置于这个框架内进行的。

根据区域经济一体化的特点以及文献研究的关注热点，本章将作如下安排：第二部分分析区域经济一体化中的微观经济组织——跨国公司，跨国公司在产业链的区域分布中扮演了重要角色。因为地区间存在经济结构和政治制度方面的差异，所以跨国公司的投资战略以及跨国公司内部的组织结构问题受到广泛关注；第三部分将在市场层面上探讨区域经济一体化问题。区域经济一体化促进了地区市场的融合，而资源的流动性通过市场影响着区域经济一体化的进程，这种互动关系充分体现在产品市场、劳动力市场以及金融市场等方面；第四部分关注于区域经济一体化的经济效应；第五部分为小结，并提出一些可进行拓展的研究方向。

二、区域经济一体化中的跨国公司

如果把区域经济一体化视为一个经济过程（Economic Process），那么跨国公司就是推动区域经济一体化的基础性核心力量，因为经济发展和演进（Evolution）的微观主体是企业。在区域经济一体化的框架下，贸易和产业链是两种最重要的一体化模式，前者可以在不同的公司之间进行，而后者既可以在不同的公司之间进行，也可以在同一公司内部如跨国公司（Multinational Corporations，简称 MNCs）内部进行。波音飞机的生产就是一个例子，它的所有零部件是在世界不同地区由不同厂商生产的，而摩托罗拉遍布全球的研发中心和生产基地就是跨国公司的典型。当不同公司进行生产、人事和财务等方面的联合时，这种结合产生了跨国公司。

对跨国公司而言，有两个最重要的问题：第一，如何进行全球范围内的投资和生产决策，这涉及到投入产出效率和投资地点的外部约束两方面；第二，如何处理跨国公司内部各子公司之间的关系。就前者而言，跨国公司是国际投资的主体，在不同的经济和政治结构下，公司将面临不同的外部约束，比如关税壁垒、贸易补贴等，所以跨国公司的投资决策作为境外投资将势必与投资地的境内投资产生互动影响，至于是互补还是替代则需要实证研究的支持。就后者而言，由于地区差距的存在，跨国公司的各地子公司和办事处也面临着不同的经济环境，对子公司（办事处）而言，这将影响各子公司间的协调和合作，对雇员个人而言，这将影响到他们的个人职业生涯。各种复杂的作用必然需要在区域经济一体化的框架下进行，也终将通过区域经济一体化的效果反映出来。

（一）FDI 与本国投资的关系

跨国公司是国际投资的主体，那么外国直接投资（Foreign Direct Investment，简称 FDI）对东道国国内投资是否有替代作用呢？来自瑞典跨国公司的数据表明，在欧盟一体化的框架下，投资具有一定的区位效应。同时，外国投资会对本国投资产生替代，而这种效应在 R&D 密集型产业（又称熊彼特产业）方面尤为明显，然而在根植于传统比较优势的产业产品方面，投资模式则与之截然相反。这也说明，在研究FDI对本国投资的替代效应时，分行业的分析是非常重要的。在动态视角下，FDI和本国投资之间也可能会存在互补的关系，而这要依赖于区域产业集群下跨国公司的区位特征，一旦这种投资模式成立，它将长期作用于产品结构、经济增长和福利水平（Braunerhjelm和Oxelheim，2000）。

（二）跨国公司的子公司

区域经济一体化对跨国公司的子公司角色影响显著。例如在欧盟，区域经济一体化框架规定了地区间的相同制度和政策，它要求经济结构也是收敛的。通过对丹麦、芬兰和挪威的外资企业进行调研所获得的数据，Benito等人（2003）分析了子公司经营活动的范围和子公司的能力水平，以此验证环境因素对跨国公司子公司的影响。在北欧，挪威是非欧盟成员国，丹麦和芬兰均是欧盟成员国，但是这些国家在许多方面十分相似。虽然这样，研究数据仍表明区域经济一体化成员国可以更好地吸引和维持外资子公司，在这些成员国之间，跨国公司的活动和子公司发展都可以良好进行，相反，在挪威这样的非成员国，子公司活动的范围和能力水平都比较低。即使控制了其他潜在因素，这一结论仍然成立。

跨国公司的各个子公司（或称办事处）是区域经济一体化进程中联结地区产业的重要微观主体。各个子公司在诸如资源竞争和收益的分享等方面存在一定的竞争关系，但也确实在客户资源等方面互相合作。可见，各个子公司之间的业务关系十分微妙，它们之间通过某种特殊的利益模式联系在一起。Newburry（2001）的研究支持一个基本原理，即雇员的注意力（Attention Focus）确实会影响雇员的职业积极性（Perception），即雇员对他们事业关注的要点或侧重面将影响他们对职业的认同和期许。这在区域经济一体化下的跨国公司中尤为明显，一方面区域经济一体化为跨国公司的部分办事处（Office）提供了更多的职业机会，另一方面，却减少了其他一些办事处的职业机会。这一理念受到了一个办事处在跨国公司内的互相依存性（Interdependence）和/或本地嵌入性（Local Embeddedness）不同程度的强烈推动，特别是在服务业，互相依存性和本地嵌入性之间的矛盾更为突出，不同分公司、办事处的员工在职业上的认同和期许（包括发展空间、职业福利待遇等方面）存在很大的不同。为了提高分公司的管理绩效，应当区分对待雇员职业积极性的不同特点，特别要使公司的全球化战略与员工的职业认同和期许相匹配。在跨国公司各分公司互相竞争的同时，Phelps 和 Fuller（2000）却认为，区域经济一体化下的跨国公司内部竞争对区域发展具有促进作用。通过对劳动力空间分散性（Spatial Divisions of Labor）重新进行更宽泛的定义，研究发现以跨国公司内部竞争为依托的地区间竞争将是投资过程中的一个重要因素。来自制造业跨国公司的案例表明，在母公司控制下的分公司竞争可以得到有效的协调和发展，这使得内部竞争过程对区域经济发展产生一定积极意义，而非严格控制或开放型的公司内部竞争虽然可能影响到少数分支机构，但可能对区域经济产生不同的影响。所以，无论是自力更生的还是有本地力量的协助，母公司控制下的分支机构的主动性和积极性都可以在母公司的控制下，对区域经济发展产生巨大效益。

（三）跨国公司的发展

在发展过程中，跨国公司将面临着复杂的成本约束。在一个两国补贴博弈模型内，Albornoz 和 Corcos（2007）研究观测了补贴竞争的效应，发现对跨国公司而言，区域经济一体化意味着变化布局是有利可图的。博弈过程中贸易壁垒的降低将提高国家提供产品补贴的激励，当博弈存在唯一均衡时，这种性质将随贸易一体化的水平而改变。比如政府限定了一个最大化超过国家福利的补贴水平，从而导致跨国公司或多或少的布局改变。正如博弈论的一般理论一样，更多的时候，合作博弈可以获得更高的总体收益。因此，建立一种恰当的区域制度将有助于区域从一体化中获益，比如降低贸易壁垒或提高协作中的福利水平。此外，如果这个跨国公司是一个区域外部的公司，当一体化十分充分时，区域协调所产生的收益才能达到最高，而且这些区域外部的跨国公司将有助于持续提高收益水平。在渐进一体化进程中，建立区域制度的成本将最终被进一步的一体化所补偿。其中，企业所有权结构、区域成本差异、公司税率等因素是首要被考虑的，跨国公司在受到区域经济一体化影响的同时也将对区域经济一体化产生影响。

三、区域经济一体化中的市场

区域经济一体化本质上就是各种市场的一体化——既可以是产品市场

也可以是要素市场。区域经济一体化进程中，首要的一个特点就是资源的流动，只有资源在不同地区之间可以流动，区域经济一体化才具备了发展的可能。以产品贸易为例，区域经济一体化的协约产生了贸易创造和贸易转移效应，但二者都是通过人为的力量[①]实现了资源的定向转移，贸易产品的定向流动连接了不同地区的市场。再以要素流动为例，跨国投资是以双赢为前提的，投资者可以获得投资收益，而投资地可以获得资本，缓解资本短缺问题。可见，区域经济一体化促进了区域内部各地区市场[②]的融合，这是一种以区域经济一体化协议促进市场融合的模式，同时，要素流动又能促进市场的融合，从而推动各地区的经济一体化进程。

如下的研究基于这样一些基本前提：第一，相对于要素市场，产品市场一体化能力更强，因为基于比较优势和竞争优势的国际贸易加强了地区间的市场融合，而要素则受到自身的特定属性和经济壁垒的限制，其流动性低于产品。第二，不同要素具有不同的流动性能力，从高到低分别为：资本要素、劳动力要素、土地要素。由于土地的流动性为零，所以这方面不存在一体化问题。第三，区域经济一体化与要素流动之间的因果关系是互动的，不存在稳定不变的定向因果关系。第四，产品市场一体化与要素市场的一体化互相连接，二者不应被人为地分割。

（一）金融市场的一体化

近二十余年来跨国资本流动正成为一个重要现象。自 20 世纪 80 年代早期以来，发达国家的总资本流动占 GDP 的比率已经从低于 5% 剧增到约 20%。在新兴市场上，总资本流动同期已经增长了 4 倍，达到了 GDP 的 5%。全球化对经济周期跨国同步性的影响是什么呢？Kose 等人（2003）将通过系统分析贸易增长和金融一体化对国际经济周期同步变化的影响来解释这一问题，研究最大限度地证明了全球化导致了经济周期同步程度的增加，贸易和金融市场一体化提高了宏观经济波动的全球溢出效应。另一个问题就是，国家的边界是不是资本流动的壁垒呢？以国内区域间的资本流动为参照系（Benchmark），Iwamoto 和 van Wincoop（2000）建立了一个有关日本地方储蓄投资率的数据集。研究发现，无论是时间序列数据还

① 价格机制也可以被视作人为的力量，因为交易行为本身是由人的行为所产生的直接后果。
② 包括产品市场和要素市场。

是截面数据，储蓄投资率在 OECD 国家内部之间的相关性高于其在日本国内各区域之间的相关性。作为 GDP 组成部分的净资本流动在国内区域间比在国家间更不稳定，这在截面数据中得到了证实。通过控制了一些在不存在资本流动壁垒条件下有助于实现正相关关系的因素，研究进一步发现最初长期资本流动被国家边界所阻碍。

关于证券市场一体化，Rockinger 和 Urga（2001）引入了一个时变参数模型，在对 Bekaert 和 Harvey（1995）模型的扩展中，运用捷克、波兰、匈牙利和俄国股市 1994 年 4 月 7 日至 1997 年 7 月 10 日的日频（Daily Frequency）数据，检验一个新兴股票市场是否随着时间的演进变得更加高效，以及是否更好地与其他已经成形的股票市场间进行一体化协调，研究发现，关于效率问题，匈牙利在 1994 年之前达到了效率，俄国显示出正在向效率集中的迹象，至于波兰和捷克共和国，没有发现进展。关于市场一体化，有证据表明随着时间的推移德国对整个市场的重要性已经发生了变化。英国市场的波动与捷克和波兰的市场正相关，而与俄罗斯和匈牙利市场之间则不存在这种关系。美国市场的波动对俄罗斯以外的市场没有任何影响。在俄罗斯与美国和德国之间这种强负相关关系往往在有计划的时间跨度内消失。这显示出，市场存在着极不对称的 GARCH 相应，这里坏消息产生了巨大的波动。相反，在匈牙利好消息产成了巨大的波动。

关于货币联盟（Currency Unions），Rose 和 Engel（2002）分析了国际货币联盟的一体化模式（如 CFA 法郎地区），发现货币联盟的成员国之间能够比使用各自国家货币的国家之间更好地实现一体化。货币联盟成员国比使用单独货币国家有较大规模的贸易和较高稳定性的实际汇率水平，货币联盟成员国间经济周期的同步性也高于使用本国货币的国家之间的同步性。

（二）劳动力市场的一体化

国际上产品市场的一体化将通过各种渠道对劳动力市场产生影响，比如激烈的市场竞争和频繁的工作转换。区域经济一体化将产生富有弹性的劳动力市场，因为欧盟内部劳动力并不能自由流动，所以一体化对工资体系的作用间接通过产品市场来实现（Andersen，2000）。当前的环境已经远不同于要素价格均等化的理论判断。首先，工资率在欧盟国家内部之间联系紧密，但程度并不相同。工资水平方面有许多不同，但是导致工资差异的倾向正在变小。其次，工资趋同与市场力量的削弱和劳动力市场刚性并不等价。所以，实证证据表明，区域经济一体化的强化会导致一体化内部各个国家和地区有相似的工资水平和更强的工资互相影响。具体而言一体化改变了区域内部各国的劳动力市场结构，并导致了工资趋同性，而这个渐进的过程将持续若干年。

固然劳动力市场可以通过产品市场一体化的影响不断完善，但是劳动力市场的一体化在改善福利方面具有促进作用。Wildasin（2000）认为人力资本投资对专业化有贡献，但专业化导致了巨大的收入风险——越是高技能、熟练的个体越是这样——而劳动力市场的一体化有助于解决这个问题。研究发现的首要问题就是，通过在技术工人（Skilled Worker）间增加空间套利（Spatial Arbitrage）的机会，熟练劳动（Skilled Labor）的市场一体化降低了他们收入的可变性改善了人力资本利用效率。无论人力资本投资是个人行为还是公共行为，这都是确定的。当投资人力资本是个人决策时，熟练劳动的市场一体化将产生最优的资源配置效率——包括人力资本投资的效率水平，而非熟练劳动的报酬在一体化均衡中更高。当掌握技术是由公共投入完成时，技术工人增加的移动性有相当不同的效应。专门就人力资本的收益来看，这种模式是非常不公平的，因为它使熟练劳动获得了更高的净收入和福利。此外，人力资本投资的水平也是低效的，非熟练劳动的净收入以及总体社会福利也低于私人投资人力资本的情况。美国的经验表明，人力资本投资是由公共投资和个人投资共同完成的，而单纯的分散人力资本投资的公共部门将产生收入不公和效率低下，而劳动力市场的一体化提升了社会福利。

四、区域经济一体化的经济效应

正如前面所述，区域经济一体化既可以作为经济发展的前提来进行研究，也可以作为经济发展的结果来进行研究。如果视其为经济发展的前提，这里的区域经济一体化则一般是通过区域经济一体化协议的方式推进的，此时，研究区域经济一体化的经济效应（经济效果）就显得尤为重要。虽然区域经济一体化中最活跃的微观主体是企业，但是各国家和地区签订区域经济一体化协议的初始动机是促进宏观经济的发展，所以有必要实证分析区域经济一体化的宏观经济效应。

一般而言，经济增长是任何宏观经济政策的直接目标，无论是发达国家还是发展中国家都渴望通过区域经济一体化来推动本国经济增长目标的实现，所以大量的研究集中于经济增长效应。从贸易的最直接效果来看，区域经济一体化协议本身就导致了贸易创造和贸易转移现象的出现。对政府而言，它们是区域经济一体化积极的倡导者，而且从公共选择的视角来看，政府也有积极干预经济的激励。在各种宏观经济政策中，政府最直接干预区域经济一体化的办法就是财政政策，而税收竞争也是最有效的干预手段。从另一个角度看，一体化进程中，经济发展水平的变化也会影响到政府的财政收入。所以说，区域经济一体化从协议签订开始就不可避免地产生财政方面的效应。同时，一些研究已经开始关注于区域经济一体化协议所产生的技术扩散效应。

（一）经济增长效应

20 世纪 90 年代世界范围内经历了新一轮的区域经济一体化过程，一体化的程度前所未有。在规模经济和范围经济条件下，区域经济一体化协议对经济增长具有积极的促进作用。Berthelon（2004）引入了一个新方法去分析互动的区域经济一体化协议中成员国关系以及他们在世界 GDP 中所占的份额。其主要结论是，区域经济一体化协议对经济增长具有显著的正向作用。此外，北北合作对经济增长具有重要意义，但是南南合作对经济增长的作用比较模糊，至于作用的大小则要取决于协议中成员国的规模大小，而目前的研究并没有发现南北合作与经济增长之间有明显的关系。

在创新的视野下，熊彼特的长波理论对基础创新集群（Basic Innovations Cluster）存在性问题引起了一场激烈的争论。Silverberg 和 Verspagen（2003）采用泊松回归法（Poisson Regression）整合了以往的一些研究，构建了一个新的时间序列模型分析基础创新，并检验了基础创新集群假说。研究表明，集群假说是“最弱的（Weakest）”，因为数据显示出离差过大。与数据相一致的基础创新集群的形式仅仅是二度趋向（Second-degreee Trend）下分层的随机集群或随机聚类（Random Clustering）。基础创新集群并没有产生高度的基础创新活动，也不会周期性地出现集群。所以，即便经历了 20 世纪 90 年代的新经济这场高度的创新活动，这也不能说明创新率将在未来维持一个高水平状态。

来自欧盟扩大化进程的证据表明，根据人均纯 GDP 水平来看，一些国家（斯洛文尼亚、捷克、匈牙利和斯洛伐克）的人均 GDP 已经达到了欧盟 15 国的水平，这与希腊 1981 年加入欧盟时的情况相似，甚至还要高一些。但这也仅仅是基于历史数据的分析，并不能简单地拓展到其他潜在的成员国身上。这些潜在成员国的结构和制度仍显著有异于当前的成员国，而且当前成员国的收入水平可能被低估（Crespo-Cuaresma 等，2002）。

在内生增长的模型中，通过把罗默式（Romerian，参考 Romer，1990）的产品创新增长引入克鲁格曼（1991）的核—外围模型（Core-periphery Model），Baldwin 和 Forslid（1999）的模型认为在区域经济一体化的框架下，长期经济增长和产业区位是内生的。一体化的稳定性意味着，增长产生很强的向心力，但是知识外溢又产生了很强的离心力。降低贸易理念（Trading Ideas）成本的一体化政策被认为鼓励经济活动分散进行，与此同时，降低贸易产品成本的一体化政策则鼓励经济活动通过集聚的方式开展。集聚对两大区域的增长都是有益的，而促进增长（Pro-growth）的效应将通过集聚降低了外围静态福利的损失。

（二）贸易创造和贸易转移效应

贸易创造（Trade Creation）是指一国加入关税同盟后，某些起初在本国国内生产的产品被同盟内其他成员国更低成本的进口产品所替代，从而使同盟内部贸易规模扩大，一般来说会增进成员国福利的贸易效应。贸易转移（Trade Diversion）是指关税同盟建立后，本国的进口由非成员国低成本的产品转向成员国高成本的产品时，一般来说会发生资源配置效率降低和降低社会福利。

关于贸易创造效应的现实评价，从 1989 ~ 1994 年美国从加拿大进口的数据中可以看出，加美自由贸易协定所产生的关税自由化，在 420 亿美元进口增加额中贡献了的一半，关税降幅最大的产品创造了最大幅度的贸易增长（Clausing，2001）。这说明加美自由贸易协定已经产生了稳定的贸易创造效应，但是现实并没有表明贸易转移的出现。个体数据（Disaggregate Data）方法比整体数据（Aggregate Data）方法更能区分不同的效应。如果初始关税率显著变化，则可以比较高度自由化、低度自由化和非自由化等不同条件下的进口增长。所以说，关税自由化的程度将会影响本国同协议成员国与非成员国之间的贸易流向。这说明加美贸易联盟对福利改进是有激励作用的，而这并没有以牺牲其他国家的利益为前提，即贸易创造的所带来的福利效应并不是以贸易转移带来的效率损失为成本的。可见，加美自由贸易协定并没有阻碍全球范围内的自由贸易，相反，在共同获益的前提下，加美自由贸易协定可以在更广泛的范围内拓展合作伙伴。

关于贸易转移效应的动态特征，Kokko 等人（2006）首先在欧洲一体化的三个阶段中，选择一些区域贸易定位中获得了巨大增长的产业（行业），然后评估与显著比较优势的同步的变化。研究发现，在欧洲一体化的早些阶段，贸易转移现象显著——此时区域内贸易在弱比较优势的产业（行业）有所增加，而在后来的阶段贸易转移则很少出现。究其原因，主要是区域经济一体化与外部贸易壁垒的降低相一致，改善了外部准入的情况。同时，一体化刺激了经济增长和进口需求，这对外部生产者有益。研究也认为，贸易转移的静态概念不适合分析现代的一体化现象，现代一体化的目标是通过提升规模经济和竞争来提升区域生产者的比较优势。一旦成功了，它将削减外部生产者的市场份额，但它并不产生贸易转移，因为高效率的外部生产者将不会被低效率的内部生产者所替代。

关于贸易创造和贸易转移框架下的外贸策略，在主流国际贸易经济学的框架下，Kowalczyk（2000）运用来自关税理论的贸易方式（Term-of-Trade）和贸易量（Volume-of-Trade）分类法对 Viner（1950）的贸易转移和贸易创造效应建立了一个很好的新方法去分析特惠贸易协定（Preferential Trading Arrangement）。研究表明，贸易区扩张的形式只是多国关税改革的一个实践。就选择合作者而言，Lipsey 和 Riezman（1979）关于大 Preunion 和小 Preunion 贸易流向之间并不矛盾，这里的政策含义就是，在某些条件下，小国的最优策略是去寻求成为多个自由贸易区的成员。

（三）财政效应

在区域经济中，财政税收是一个影响区域经济一体化的重要因素，同时又受区域经济一体化发展水平的影响，前者主要通过关税来发生作用，而后者则是通过关税所产生的税收效应（Revenue Impact）而发挥作用。

关于税收竞争问题，这一范畴是指针对地区范围内具有流动性资源，诸如资本、技术、劳动力及商品等而展开的广泛的、多种形式的税收方面的竞争，从而达到限制或促进资源流动的目的。在经济地理模型中，厂级（Plant-level）的规模经济和贸易成本刺激了生产的空间聚集转向制造业为核（Manufacturing Core）、农业为外围（Agricultural Periphery）的模式，这导致了区域收入差异。Ludema 和 Wooton（1998）分析了各国政府间的税收竞争是如何影响制造业区位分布的。劳动力的自由移动是不充分的，而政府可以对资源的再分配进行征税。区域经济一体化作为增加的劳动力移动性或较低的成本而被模型化。一体化的任意一种形式都可能降低税收竞争的激烈程度，并导致更高水平的均衡税率。此外，当聚集力量十分强大时，经济一体化一定会增加税收水平。与此相似的是，Kessler 等人（2002）认为如果资本和劳动力中的任何一个可以跨国自由流动，则国家之间就会积极开展税收竞争。但他们也认为，资本市场或劳动力市场的部分一体化对国家间的再分配是有害的。随着一体化的深化，财政竞争的程度将有所减轻，特别是，两国具有高度相似的政治经济条件。这样，针对资本移动的税收竞争将随着劳动力市场不断的一体化而弱化，在极限意义上，当二者完全自由流动时，税收竞争将会消失。这一切最终导致更高的均衡再分配以及各国大多数人口的富裕。

从欠发达国家的财政税收角度看，自 1970 年开始，尼日尔的财政收入面临着巨大的波动。税收/GDP 的比率已经从 1980 年的 14% 降低到 2002 年的 10.6%。Zafar（2005）认为导致这一现象的主要原因是：贸易自由化的反财政效应。尼日尔的经验表明，如果没有相应的宏观经济政策、税收和关税管理改善、有效的激励国内税收、最显著的增值税、贸易改革将产生负的财政效果。

（四）技术扩散效应

到目前为止，很少实证研究去关注基于成员国和非成员国技术扩散的区域经济一体化协定（Regional Integration Agreements，简称 RIAs）的动态效应。Schiff 和 Wang（2003）以研发密集型产业为主要研究对象，评估了北美自由贸易协定（North America Free Trade Agreement，简称 NAFTA）对墨西哥全要素生产率的影响，实证分析的结果表明，墨西哥与 NAFTA 成员国的贸易极大且显著地影响了墨西哥的全要素生产率，而与其他 OECD 国家之间则不存在这种显著的关系。通过模拟 NAFTA 的影响，研究发现已经导致了墨西哥制造业部门全要素成产率的持久性上涨，这种上涨可以维持 5.5% ~7.5% 的增速，同时导致了在一定程度上与加拿大和美国经济一样的收敛性。

五、结论

在此，我们总结了近期学者们在区域经济一体化方面的贡献。跨国公司主导下的区域经济合作与交流极大地促进了经济和贸易的发展，无论是投资的替代性还是跨国公司内部组织结构等方面的问题，学者们都给予了高度的关注。以股票市场、货币市场为代表的金融市场一体化问题成为了研究热点，这一方面是因为资本是重要的生产要素之一，另一方面也是因为在区域经济一体化的框架下，货币联盟和资本跨地区流动已经成为当前一个重要的经济现象。至于劳动力市场一体化以及其与产品市场一体化的关系，学者们已经注意到了其流动的局限性，所以这对拓展传统的新古典经济理论具有重要意义。毋庸置疑，区域经济一体化的首要功能就是促进区域内部的产出和贸易增长，所以区域经济一体化中的增长效应和贸易效应受到广泛关注，而政府主导下的一体化进程中财政效应也是一个重要问题，当前也开始有研究关注于区域经济一体化过程中的技术扩散效应。

我们认为，在未来的研究中，区域经济一体化的经济效应问题仍将受到关注，特别是经济增长效应和贸易效应。在一体化的进程中我们不可避免地面临着除经济一体化以外的其他方面的融合和冲突问题，所以在未来的研究中，经济学与政治学、社会学、人类学等方面的交叉学科研究与建设是具有长远意义的工作。以往的研究过于集中于不同国家之间的一体化融合，但是在中国这样地区经济分割比较明显的发展中国家，研究其国内各区域的经济一体化也是很有意义的。

参考文献

1. Albornoz, Facundo., Gregory Corcos, 2007, Regional Integration, Subsidy Competition and the Relocation Choice of MNCs, *The B. E. Journal of Economic Analysis & Policy*, Vol. 7, Iss. 1 (Contributions), Art. 1

2. Andersen, Torben M., Niels Haldrup, Jan Rose Sorensen, Samuel Bentolila, Jan van Ours, 2000, Labour Market Implications of EU Product Market Integration, *Economic Policy*, Vol. 15, No. 30. (Apr.)

3. Austria, Myrna S., 2001, Liberalization and Regional Integration: The Philippines' Strategy to Global Competitiveness, *Philippine Institute for Development Studies DISCUSSION PAPER SERIES* No. 2001-09.

4. Baldwin, Richard E. Rikard Forslid, 2000, The Core-Periphery Model and Endogenous Growth: Stabilizing and Destabilizing Integration, *Economica*, New Series, Vol. 67, No. 267. (Aug.)

5. Benito, G. R. G., B. Grϕgaard, R. Narula, 2003, Environmental Influences on MNE Subsidiary Roles: Economic Integration and the Nordic Countries, *Journal of International Business Studies*, Vol. 34, No. 5. (Sep.)

6. Berthelon, Matías., 2004, Growth Effects of Regional Integration Agreements, Banco Central de Chile Documentos de Trabajo Central Bank of Chile Working Papers No. 278.

7. Boldrin, Michele., Fabio Canova, Jörn-Steffen Pischke, Diego Puga, 2001, Inequality and Convergence in Europe's Regions: Reconsidering European Regional Policies, *Economic Policy*, Vol. 16, No. 32. (Apr.)

8. Bordignon, Massimo., Paolo Manasse, Guido Tabellini, 2001, Optimal Regional Redistribution under Asymmetric Information, *The American Economic Review*, Vol. 91, No. 3. (Jun.)

9. Braunerhjelm, Pontus Brodde., 2000, Does Foreign Direct Investment Replace Home Country Investment? The Effect of European Integration on the Location of Swedish Investment, *Journal of Common Market Studies*, Vol. 38, issue 2.

10. Chipty, Tasneem., 2001, Vertical Integration, Market Foreclosure, and Consumer Welfare in the Cable Television Industry, *The American Economic Review*, Vol. 91, No. 3. (Jun.)

11. Clausing, Kimberly A., 2001, Trade Creation and Trade Diversion in the Canada-United States Free Trade Agreement, *The Canadian Journal of Economics / Revue Canadienne d'Economique*, Vol. 34, No. 3. (Aug.)

12. Crespo-Cuaresma, Jesus, Maria Antoinette Dimitz and Doris Ritzberger-Grunwald, 2002, Growth Effects of European Integration: Implications for EU Enlargement, *Focus on Transition* 1.

13. Ferry, Martin., 2003, The EU and Recent Regional Reform in Poland, *Europe-Asia Studies*, Vol. 55, No. 7. (Nov.)

14. Goldstein, Andrea., Njuguna S. Ndung'u, 2001, Regional Integration Experience In The Eastern African Region, *OECD DEVELOPMENT CENTRE Working Paper* No. 171.

15. hUallachain, Breandan O., David Wasserman, 1999, Vertical Integration in a Lean Supply Chain: Brazilian Automobile Component Parts, *Economic Geography*, Vol. 75, No. 1. (Jan.)

16. Inotai, Andras., 1991, Regional Integration among Developing Countries, Revisited, Country Economics Department, The World Bank, April WPS 643.

17. Kessler, Anke S., Christoph Lülfesmann, Gordon M. Myers, 2002, Redistribu-

tion, Fiscal Competition, and the Politics of Economic Integration, *The Review of Economic Studies*, Vol. 69, No. 4. (Oct.)

18. Kim, Sukkoo., 1999, Decomposing U. S. Regional Incomes: A Reply, *The Journal of Economic History*, Vol. 59, No. 3. (Sep.)

19. Kokko, Ari., Thomas Mathä, Patrik Gustavsson Tingvall, 2006, Regional Integration and Trade Diversion In Europe, *Working Paper 231.*

20. Kose, M. Ayhan, Eswar S. Prasad, Marco E. Terrones, 2003, How Does Globalization Affect the Synchronization of Business Cycles?, *The American Economic Review*, Vol. 93, No. 2, Papers and Proceedings of the One Hundred Fifteenth Annual Meeting of the American Economic Association, Washington, DC, January 3 – 5.

21. Kowalczyk, Carsten., 2000, Welfare and Integration, *International Economic Review*, Vol. 41, No. 2. (May)

22. Kratke, Stefan., 1999, Regional integration or fragmentation? The German – Polish border region in a new Europe, *Regional Studies*; Oct.

23. Krugmanp, 1991, Increasing returns and economic geography. Journal of Political Economy, 99, pp. 483 – 499.

24. Kuchiki, Akifumi., 2006, An Asian Triangle of Growth and Cluster-to-Cluster Linkages, *INSTITUTE OF DEVELOPING ECONOMIES DISCUSSION PAPER* No. 71.

25. La Croix, Sumner J., 1999, Economic Integration and Convergence: A Second Decomposition Method, *The Journal of Economic History*, Vol. 59, No. 3. (Sep.)

26. Laursen, Finn., 1999, Civil Society and European Integration, *Annals of the American Academy of Political and Social Science*, Vol. 565, Civil Society and Democratization. (Sep.)

27. Li, Lillian M., 2000, Integration and Disintegration in North China's Grain Markets, 1738 – 1911, *The Journal of Economic History*, Vol. 60, No. 3. (Sep.)

28. Ludema, Rodney D., Ian Wooton, 2000, Economic Geography And The Fiscal Effects Of Regional Integration, *Journal of International Economics*, Vol. 52, issue 2.

29. Masaomi Kitagawa, 2005, A Comprehensive Analysis of Economic Community in East Asia: Japan's Leadership in the Regional Development on both Economic and Financial Sides, *Omniversal Development Institute Working Paper* No. 2/05.

30. Muller, Alan., Rob van Tulder, Macro Intentions, Micro Realities: A two-level strategic approach to the Single European Market, No. ERS; ERS-2001-70_ORG, *Research Paper from Erasmus Research Institute of Management (ERIM)*, RSM Erasmus University.

31. Newburry, William., 2001, MNC Interdependence and Local Embeddedness Influences on Perceptions of Career Benefits from Global Integration, *Journal of International Business Studies*, Vol. 32, No. 3. (3rd Qtr.)

32. Nina, Osvaldo, Lykke E. Andersen, 2004, Regional Integration and Poverty: A Case-Study of Bolivia, *Institute for Advanced Development Studies Development Research Working Paper Series* No. 06/2004.

33. Park, Soon-Chan, 2002, How Far Has Regional Integration Deepened? Evidence from Trade in Services, *KIEP Working Paper* 02 – 17.

34. Pendleton, Linwood H., E. Lance Howe, 2002, Market Integration, Development, and Smallholder Forest Clearance, *Land Economics*, Vol. 78, No. 1. (Feb.)

35. Phelps, N. A. C. Fuller, 2000, Multinationals, Intracorporate Competition, and Regional Development, *Economic Geography*, Vol. 76, No. 3. (Jul.)

36. Rockinger, Michael, Giovanni Urga, 2001, A Time-Varying Parameter Model to Test for Predictability and Integration in the Stock Markets of Transition Economies, *Journal of Business & Economic Statistics*, Vol. 19, No. 1. (Jan.)

37. Romer, P., 1990, Endogenous Technological Change. *Journal of Political Economy*, 98, pp. 71 – 102.

38. Rose, Andrew K., Charles Engel, 2002, Currency Unions and International Integration, *Journal of Money*, *Credit and Banking*, Vol. 34, No. 4. (Nov.)

39. Schiff, Maurice., Yanling Wang, 2003, Regional Integration and Technology Diffusion: The Case of the North America Free Trade Agreement, *The World Bank Development Research Group Trade POLICY RESEARCH WORKING PAPER* 3132.

40. Schiff, Maurice, 2002, Regional integration and development in small states, *The World Bank Development Research Group Trade POLICY RESEARCH WORKING PAPER 2797.*

41. Sdasyuk, Galina V., 2000, Russia: Problems of Regional Integration in Transitional Economy, *Social Scientist*, Vol. 28, No. 7/8. (Jul. – Aug.)

42. Seligson, Mitchell A., 1999, Popular Support for Regional Economic Integration in Latin America, *Journal of Latin American Studies*, Vol. 31, No. 1. (Feb.)

43. Silverberg, Gerald., Bart Verspagen, 2003, Breaking the waves: a poisson regression approach to schumpeterian clustering of basic innovations, *Cambridge Journal of Economics*, Vol. 27, issue 5, pp. 671 – 693.

44. Soamniely Andriamananjara, 1999, On the size and number of regional integration arrangements—a political economy model, *The World Bank Development Research Group Trade POLICY RESEARCH WORKING PAPER* 2117.

45. Stubos, George., Ioannis Tsikripis, 2005, Regional Integration Challenges In South East Europe: Banking Sector Trends, *BANK OF GREECE Working Paper* No. 24 June.

46. Syropoulos, C., 1999, Customs unions and comparative advantage, *Oxford economic papers* 51.

47. Wall, Howard J. , 2002, Has Japan Been Left Out in the Cold by Regional Integration?, *Monetary and Economic Studies/* April.

48. Wildasin, David E. , 2000, Labor-Market Integration, Investment in Risky Human Capital, and Fiscal Competition, *The American Economic Review*, Vol. 90, No. 1. (Mar.)

49. Yasushi Iwamoto, Eric van Wincoop, 2000, Do Borders Matter? Evidence from Japanese Regional Net Capital Flows, *International Economic Review*, Vol. 41, No. 1. (Feb.)

第十章　技术创新理论研究的新进展

技术创新在促进经济增长、提升综合国力、增强企业竞争力和实现可持续发展中，发挥着至关重要的作用。随着现代经济学理论研究的发展以及对技术创新的本质认识的加深，近年来经济学者已把经济分析方法应用到技术创新的研究上来。本章试对此做出综述。

一、技术创新的国家创新体系

（一）从“线性范式”到“网络范式”

对于技术创新组织形式的研究经历了一个从“线性范式”到“网络范式”的转变。在20世纪70年代以前，主要是受熊彼特的创新理论的影响，形成了创新研究的“线性范式”：认为技术创新的过程一般遵循发明—开发—设计—中试—生产—销售等简单的线性过程，对创新的研究基本停留在单个企业内部的技术过程本身的分析，缺乏系统性。线性范式意味着上游的研发活动很少或没有机会与下游的顾客或客户之间进行交流或相互学习，从而产生信息不对称的问题。后来越来越多的理论分析和实证研究发现，来自外部的信息交换及协调对于创新具有重要影响和作用，它可以有效克服单个企业在从事复杂技术创新时的能力局限，降低创新活动中的技术和市场不确定性。这样，创新研究的视野开始从单个企业内部转向企业与外部环境的联系和互动，并导致技术创新研究“网络范式”的兴起。阿歇姆（Asheim，1998）对创新的线性范式与网络范式的特征进行了比较，见表10－1。

表 10 – 1 两创新范式特征的比较

	线性创新范式	网络创新范式
重要部门	大企业和研发部门	小企业和大企业、研发部门、客商、供应商、技术性大学、公共机构
创新过程中的重要投入	研发过程	研发过程、市场信息、技术竞争、非正式实践知识
地理后果	大多数创新活动（研发）发生在中心区域	创新活动在地理空间上扩散
典型的工业部门	福特时代的制造业	柔性工业部门

资料来源：Asheim T. 1998.

（二）“网络范式”与国家创新体系

“网络范式”最初应用在国家层面，形成“国家创新体系”理论，主要代表人物有弗里曼（Freeman，1987）、伦德瓦尔（Lundvall，1992）、理查德·纳尔逊（Richard R. Nelson，1993）、爱德奎斯（Edquist，1997）、巴特尔、巴维特（Patel，Pavitt，1994）等。

其实，早在 1841 年，德国古典经济学家弗里德里希·李斯特（Friedrich List，1841）在他的专著《政治经济学的国家体系》一书中就从国家的角度对政治经济发展问题进行了深入研究。在这一背景下，以弗里曼和理查德·纳尔逊为代表的一些新熊彼特主义技术创新经济学家开始复辟李斯特的传统，重新重视技术创新的国家专有因素以及具体的社会制度与文化背景，从而将李斯特传统思想与熊彼特传统思想有机地结合在一起。

弗里曼于 1987 年在其专著《技术和经济运行：来自日本的经验》中首次使用国家创新系统这个概念。弗里曼指出：国家创新体系的本质是“由公共部门和私营部门中各种机构组成的网络，这些机构的活动和相互影响促进了新技术的开发、引进、改进和扩散”。弗里曼提出的“国家创新体系”的概念已被 OECD 组织正式接受，并在 OECD 组织 1996 年的报告中提出了与弗里曼的定义大致相似的定义：“国家创新体系是政府、企业、大学、研究院所、中介机构等为了一系列共同的社会目标和经济目标、通过建设性的相互作用而构成的机构网络，其主要活动是开发、引进、利用、改造与扩散新技术，创新是这个体系变化和发展的根本动力。”尽管目前世界上还没有一个公认的惟一被接受的关于国家创新体系固定的定义，但就其最实质性而论，我们说，国家创新体系是一个网络，是在一个国家范围内由相关机构和人员组成的复杂的相互作用的社会网络，是知识流动的复杂网络。研究表明，在把各项投入转化为产出的技术开发过程中，各种人员和机构之间的相互联系、相互沟通或相互作用和影响非常重要。这种相互联系、作用和影响表现为各种知识快速流动。当把国家创新体系看做是一个“体系”，一个“网络”时，就会认识到知识及其流动在经济中的重要地位和作用。为了防止“市场失灵”，需要政府采取政策措施，对创造知识或知识产权活动进行补贴。当把国家创新体系看做是一个整体分析框架时，就可以理解到系统的整体方法被应用于创新过程中的重要性。

目前，从研究层面上看，可以将国家创新理论划分为宏观学派和微观学派两大类。国家创新系统理论的宏观学派主要有弗里曼的技术创新政策体系理论、理查德·纳尔逊的国家创新系统理论、佩特尔（Petar）和帕维蒂（Paweidi）的国家创新系统理论，这一学派侧重于从国家的宏观制度来比较各国在创新系统中的差别，并通过这种差别来分析不同国家的创新特点。同时宏观学派重视技术创新在经济发展中的重要作用，进行了许多重要的实证性分析和研究，并对这些分析研究给出了一定的解释，如创新活动的技术方向不确定性、技术累积性等。国家创新系统理论的微观学派以伦德瓦尔的国家创新系统理论、波特（Porter，1990）等人的国家创新系统研究、经济合作与发展组织的国家创新系统研究等为代表。从系统的组成要素层面来探讨企业、大学及科研机构等创新主体之间的相互关系。

弗里曼的技术创新政策体系，主要内容是在把技术创新看做是经济增长的主要动力的同时，更强调技术创新对劳工就业的影响，强调科学技术政策对技术创新的刺激作用，据此相应提出了国家科学技术政策应该达到的三个目标：一是扶持、资助和鼓励基础技术的发明和创新；二是推动和促进基础技术创新的传播和应用；三是改善对国外先进技术的进口，并促进其在国内的广泛应用。弗里曼的技术创新政策体系，为国家创新系统的提出打下了坚实的基础。将技术创新归结为一种国家行为，即由公共和私有机构组成的网络系统，并强调系统中各个行为主体的制度安排及相互作用。该网络中各个行为主体的活动及其相互作用旨在经济地创造、引入、改进和扩散知识和技术，使一国的技术创新取得更好绩效。它是政府、企业、大学、研究院所、中介机构之间为寻求一系列共同的社会经济目标而建设性地相互作用，并将创新作为变革和发展关键的动力系统。虽然他也认为技术创新和由技术创新所导致的新兴产业是推动经济增长的主要动力，但不同意门斯的萧条触发创新的观点。

伦德瓦尔认为，国家创新系统包含的各个要素，从广义上讲包括所有影响学习、研究、创新的经济结构和经济制度；从狭义上讲应该包括大学、研发部门等与研究、发展密切相关的机构设置和制度安排。他对国家创新系统组成要素的划分方法基本上成为了后续国家创新系统研究的主要分析框架。国家创新系统方法力图把影响技术创新的所有因素都考虑进去，包括影响创新的经济因素，以及制度、组织、社会和政治因素等。

二、技术创新的区域创新体系

随着经济全球化的发展，经济意义上的“国家状态”日益让位于“区域状态”，区域逐渐成为真正意义上的经济利益主体，关键的商业联系都集中于区域范围内（Ohmae，1993；Cooke et. al，1998）。进一步的研究发现创新网络的效用大小似乎与创新主体的空间分布有很大的关系，地方化的创新网络似乎比跨国技术联盟更能维持得久。原因是地理位置的邻近带来了可以维持并强化技术创新所需的支撑因素，如文化认同和相互信任等（Baptista，Swann，1998）。特别是美国硅谷和欧洲产业集群的成功案例为上述观点提供了强有力的后盾和支持。在区域发展理论和国家创新理论的基础上形成了区域创新系统理论。

加州伯克利大学的萨克森宁（Saxenian，1994）采用历史的分析方法对美国西部的硅谷和东部的波士顿128公路地区这两个最著名的高技术中心进行了比较，她描述了两类工业系统：一类即与资本密集产业相联系的独立企业系统；另一类是围绕企业横向网络组织起来的网络系统，该系统中生产者在深化其专业化能力的同时与其他专业生产者合作并进行了很细化的分工合作，提高了效率。硅谷和波士顿同样都在美国，但前者属于网络系统，而后者则属于独立企业系统，因此在相同的制度条件之下发展，最终的经济绩效和影响力截然不同。究其深层次原因，萨克森宁认为，硅谷存在一个以地区网络为基础的工业系统，正是这个工业系统促进了复杂的相关技术专业生产者之间的集体学习和灵活调整。该地区密集的社会网络和开放的劳动力市场鼓励人们进行创业和试验。各公司之间激烈竞争，同时又通过非正式的沟通和合作相互学习和变化中的市场和技术有关的东西；联系松散的团队结构鼓励企业各部门之间以及与外部供应商和客户之间的横向交流。企业内的职能边界在网络系统中是可以渗透的。与之相反，128 公路地区由少数相对综合的公司占据绝对优势，其工业系统是基于将广泛的生产活动内部化的独立企业，公司等级制确保权力的集中，从而信息往往纵向流动。对于区域创新系统的认识并不表明作为创新活动环境的国家层次在技术发展中不起作用。然而，在民族国家内，至少有三个特征在区域间是不同的：即金融、基础设施和文化。基础设施还包括一个地区的技术基础设施以及知识基础设施。

以英国威尔士大学城市与区域规划系的 Cooke 教授为代表的一批人较早地提出区域创新系统（Regional Innovation System，RIS）的概念。伴随着区域化和区域主义的兴起，Cooke 等人通过对欧洲各国区域创新的实践研究，并在仔细总结区域经济发展趋势的一些重要的共同特征，如聚集经济（Agglomeration Economies）、机构学习（Institutional Learning）、联合管理（Associative Governance）、邻近资本（Proximity Capital）、互动创新（Interactive Innovation）等基础上，从系统演化、区域创新机构和组织等角度对区域创新系统进行了较为深入的分析和探讨。Cooke 认为在区域社会经济文化环境和区域外部环境的影响下，区域创新系统主要由两大部分组成，即知识应用及开发子系统和知识产生及扩散子系统，在这两个子系统之间，存在着知识、资源、人力资本的不断流动和相互作用。在这个过程中，区域创新的多层次管理（Multi-level Governance）和区域创新网络政策则非常重要。Roy 通过对加拿大技术三角的研究，提出了一个区域管理模型。Roy 认为各自独立运行的各区域社会经济主体的相互联系和共同进步，有利于区域管理和创新的结合，并有利于区域企业集团竞争力和适应能力的提高。为此，Roy 提出由以下极为重要的三点组成的一个极具适应力的区域创新系统：（1）竞争优势，由极具市场的产业集群优势决定；（2）智力优势，决定于有利于区域不同个人、企业及其网络、研究及教育机构间隐含知识和技术知识传播的知识基础设施；（3）合作优势，区域中公民论坛和社区形象的认同，有利于培育不同个人和组织间的协同作用，提升整个社会资本。

综合分析已有的关于创新系统以及区域创新系统的定义，可以认为区域创新系统的概念至少应包括以下基本内涵：（1）具有一定的地域空间范围和开放的边界；（2）以生产企业、研究与开发机构、高等院校、地方政府机构和服务机构为创新的主要单元；（3）不同创新单位之间通过关联，构成创新系统的组织结构和空间结构；（4）创新单元通过自身组织及其与环境的相互作用而实现创新功能，并对区域、社会、经济、生态产生影响；（5）通过与环境的作用和系统自组织作用，维持创新的运行和实现创新的持续发展。

目前，学术界对区域创新系统的研究主要集中于区域创新环境、区域创新系统组织结构、区域创新系统空间组织、区域创新系统功能及区域创新过程研究等方面。具体来说，区域创新环境研究主要包括：（1）对不同层次区域创新环境的研究，主要倾向于与区域内企业或企业集群创新相关联的区域直接社会环境的研究；（2）对区域创新环境的动态过程研究，主要分析创新环境的过程演化规律、发展道路或轨迹；（3）对创新环境与区域内企业与地方环境的相互作用问题，主要研究跨国公司如何在实现全球经营战略的同时实现与地方经济的结合，对于地方中小企业则侧重于如何优化其实现创新的区域环境；（4）对区域整体创新环境优化的研究，主要从地区政府的角度，分析如何优化其所辖范围内的地域生产系统的整体环境，以提高区域经济技术的整体竞争力。而区域创新系统组织结构研究的主要内容包括：（1）区域创新主要组成单元；（2）区域创新系统组织关联形式；（3）组织机构间作用内容；（4）组织结构整体变动研究，包括其整体创新过程和适应性变化。区域创新系统空间结构研究主要涉及以下几个方面：（1）对区域创新空间网络的研究；（2）区域创新集群的研究；（3）传统产业区创新研究；（4）对创新区域差异和空间扩散的研究。区域创新系统功能研究主要包括：（1）区域创新潜在能力分析；（2）区域创新实力的分析；（3）区域创新对区域发展影响研究，侧重区域创新对区域经济增长、区域竞争能力以及区域整体竞争力的贡献。区域创新过程研究主要包括以下几个方面：（1）区域创新运行机制，目前取得共识的主要观点为学习机制，特别是组织学习机制和集体学习机制；（2）区域创新模式研究，合作创新模式特别引起重视；（3）区域创新演化过程研究。

阿歇姆等（Asheim，2002）认为两种类型的主体以及他们之间的互动构成了区域创新系统。第一类主体就是制度基础结构，如研究机构和高等教育机构、技术扩散代理机构、职业培训机构、行业协会、金融机构等，这些机构对区域创新起着重要的支撑作用。第二类主体就是区域内主导产业集群中的企业，同时包括其支撑产业。同时他还界定了集群内部构建创新系统的必要条件：第一是集群内部产业间更多的创新合作；第二是强有力的制度基础结构，并且创新合作中包括更多的知识提供者。

阿歇姆还把区域创新系统区分为三种类型（见表10－2）：第一类就是区域网络式创新系统，特征就是更加本地化的学习过程，并且更具计划性，区域制度基础结构强化，更强大的研发机构，职业培训组织以及创新过程中涉及到的其他组织。第二类是本地根植性的区域创新网络，特征就是当地企业的创新行为主要是由于地理邻近，社会和文化相似而激活的本地学习过程。第三类是区域性国家创新系统，与前两者有所不同，首先，部分的产业和基础结构整合进了国家创新系统和国际创新系统，创新行为多数发生在与外部主体进行的合作中，代表了一种“外生性”发展模型；其次，他们的合作多是建立在线性模型基础上的激进式的创新合作。

表10－2　　　　区域创新系统的分类

区域创新系统主要类型	知识源的位置	知识的流动	合作的重要诱因
地方根植性区域创新网络	本地性的，但相关知识源较少	互动性	地理，社会和文化的邻近
区域网络式创新系统	本地性的，知识源强化	互动性	有计划性的、系统性网络
区域性国家创新系统	知识源主要在地区外部	更加线性	具有同样教育和共同经历的个人

资料来源：Asheim，2002，P. 84.

三、产业集群技术创新

事实上，当创新系统研究发展到区域创新阶段，已经开始与产业经济学中产业集群的研究结合起来了。从概念界定上看，区域创新系统和集群创新系统都建立在产业集群的基础上，换句话说，产业集群同样成为部分研究文献对区域创新系统界定的基础。如罗斯菲尔德（Rosefield，1997）认为，区域创新系统可以首先通过区域集群定义来界定，也就是地理上相对集中的相互独立的企业群；阿歇姆（Asheim，2002）认为区域创新系统是由支撑机构环绕的区域集群。从这两个概念以及学者对它们的界定可以看出，区域创新系统和集群创新系统主要存在两点区别：一是前者的产业可能是比较分散，不是集中于某一产业，而后者主要集中于某一产业；二是从地域范围来看，前者的范围可能弹性更大。很多学者对产业集群创新进行了深入的理论和实证研究。

（一）产业集群技术创新理论

1. 沉默知识论

所谓沉默知识论就是用不同类型的知识传递的特征来解释产业集群形成的一种理论，它的基本逻辑是：知识可分为编码化知识和隐性知识（Tacit Knowledge），随着交通通讯技术的发展编码化知识可在远距离间快速传递和扩散，属于远程的知识，而隐性知识只能通过面对面的交流获得，属于近距离的知识；创新过程往往需要大量隐性知识，而这类知识必须通过面对面的人际交流才能被有效地获取，因此为了提高创新效率，需要创新主体在地理上与相关知识源邻近，从而进行频繁互动来获得各自所需的隐性知识（Feldman，1994；Lundvall，1992；Von Hippel，1994）。杰夫（Jaffe，1989）的研究表明，隐性知识溢出主要在地理上相互靠近的地区内发生，而不是跨区域的自由流动。帕士和尤萨（Paci 和 Usai，2000）的研究表明，创新比生产具有更高的集聚程度。Carrincazeaux 等人（2001）发现企业技术源在空间上接近程度随着学习难度的增加而提升，那些涉及新兴技术和复合技术的创新活动尤其具备地理集聚的内在动力。Baptista 和 Swann（1998）的研究也指出，技术的可编码化程度越低相关创新主体的地理集聚就越迫切。总之，这些研究表明隐性知识很好地解释了高新技术产业集群形成的原因。

2. 创新环境论

顾名思义，创新环境论主要强调区域“创新环境”对企业集聚发生的作用。Adylot（1985）的研究认为欧洲和北美一些新产业区的竞争优势，得益于区域内的创新环境。后来 Camagini（1991）的研究发现企业之间形成的“创新网络”的作用十分巨大，认为在面临着日益不确定的市场和技术环境的情况下，区域内网络的联接是企业发展与创新过程中最重要的战略行为，也是区域内各个行为主体发展的必要条件。这种区域的网络不仅仅包括同一产业或相关链条上的企业之间正式的产业和经济网络，而且还包括企业在创新与发展过程中，与当地大学、研究机构、行会等中介服务组织以及地方政府等公共组织机构之间合作基础上而结成的研究和开发合作网、社会关系网、企业家间的个人关系网络等。Bramanti 和 Maggioni（1997）的研究也发现区域内“创新网络”的发展促进了区域内创新环境的改善；而创新环境的改善又会进一步有利于“创新网络”的发育和创新功能的提高，进而推动创新。于是逐步形成了“创新环境”与“创新网络”的互动观。Capello（1999）的研究则进一步指出“集体学习”是区域创新网络和区域创新环境间的互动机制。Keeble 等人（1999）的研究表明它的实现途径包括新企业区内衍生、当地企业间的结网和互动以及人才在当地企业间流动等过程。区域内企业的“集体学习”通常受到共同文化的、心理的及政治的背景激励，有时会因为具有某些地方共同心理而增强。具有文化根基的行动、参与和合作准则以及已被接受的个体与企业间的隐性行动准则有利于建立信任机制，从而成为提高区域集体学习能力的先决条件。可见，“创新环境”对企业集聚起十分巨大的作用。

（二）集群创新体系的构成要素

帕德莫和吉博森（Padmore 和 Gibson，1998）提出了以产业集群为基础的区域创新系统构成三类要素六因素。三类要素分别是市场、企业和环境。市场要素是指整个集群的需求要素，包括两个因素：外部市场和内部市场。企业要素是指整个系统的结构要素，它决定了集群生产效率，包括两个因素：供应商及相关产业和企业结构、战略与竞争。环境要素是指整个创新系统的供应要素，即生产过程的投入要素，包括两个因素：资源和基础结构设施。Padmore 和 Gibson 的三要素六因素分析对揭示集群创新系统有很大的借鉴意义。但是他们的分类存在以下明显缺陷：一是打断了各个要素的联结，如把市场要素和企业要素的分离，破坏了集群内部企业成员之间在价值链等方面的联结；二是不利于对各要素影响集群创新系统的作用强度分析，因为缺乏主次感，容易给政策设计时考虑要素之间的关系带来混乱。

不少学者认为，集群创新系统的构成要素中，首先，最关键的要素是产业集群中的相关企业集合以及由它们所组成的集群网络结构。相关企业以网络内部企业为主体，它们主要通过相关的信息流和内部联结模式进行互动，此外，也包括外部相关企业集群。其次，是集群技术基础设施，包括硬件基础设施和软件基础设施，其中软件基础设施作为知识生产和提供者的研究开发机构、实验室和大学，作为人力资源开发的培训机构，和提供相关服务的金融机构、产业协会、技术服务机构等。再次，是集群环境因素，包括社会、文化、政府、外部资源和制度规制等。这些因素往往是集群自身不可控制的，属于集群的外围因素。根据这些要素在产业集群中的定位和作用方式不同，我们把集群创新系统的构成分为核心层次要素、辅助层次要素和外围层次要素三大类。核心层次要素包括供应商、竞争企业、用户和相关企业四因素，并由这四个因素构成了集群及其创新网络的核心主体，它们之间通过产业价值链、竞争合作或其他内部联结模式实现互动。辅助层次要素，即基础设施要素，包括三个因素：硬件技术基础设施（即 Padmore 等所谓的物质结构）、集群代理机构（Bianchi，1991）和公共服务机构。辅助层次要素服务于集群创新系统的持续创新产出，离开核心层要素，辅助要素就失去存在的意义。辅助层次要素为集群自身可控制要素。外围层次要素包括政府、正式和非正式制度规制、外部市场关系三因素。这些因素构成了集群所处的外部环境，它们同样作用于集群创新活动，但没有集群，这些要素同样存在，因此，这些要素为集群不可控要素。

（三）产业集群技术创新的实证研究

从现有文献看，以下观点已得到实证研究的验证：（1）产业集群有利于促进产业集群内部企业的创新能力的提高和创新成果的扩散（Capello，1999）。（2）企业网络的重要性——企业网络不仅使产业集群在技术、市场多变的情况下得以生存，更重要的是通过企业之间的集体学习促进了产业集群内企业的技术创新（Sternberg，1999）。（3）制度网络的重要性，集群的出现并不是政府有意识的产业政策的结果，但地方机构随着集群的发展而日益重要起来。非企业的机构和组织在提高区域创新能力方面的作用，甚至比企业间的相互作用的强度和结网更为重要（Cooke，1997）。由于产业集群内企业规模、能力和资源等因素的限制，产业集群内各种非企业的机构和组织构成的制度网络对推进集群创新至关重要，因为地方机构具有地方社会根植性，它们往往能从本地的实际情况出发并更具有发展本地经济的责任感。（Schmitz 和 Musyck，1994）。（4）非正式制度的重要性，社会网络、信任、社会规范等非正式制度构成了影响产业集群创新的环境，它们奠定了相互交流、集体学习和共同解决问题的基础（Maskell，2001）。在特定的非正式制度环境下，新生企业得以衍生、交易费用得以降低、沉默知识得以传递、集体行动得以达成。

四、技术创新对经济增长的作用

以索洛（Solow，1956）为代表的新古典增长学派注意到，在现实的经济增长中，人均收入的增长率快于劳动和资本这些要素投入的增长率，这中间有一个“残差”难以解释。后来经济学家把这种“残差”看做是全要素生产率（TFP）或多要素生产率（MFP）的提高，并认为它主要是技术创新带来的。后来，经济学家开始试图把技术内生化，形成了所谓的新经济增长理论。由于这些理论的最重要特征就是试图使增长率内生化，所以又被称为内生增长理论。

新增长理论首次突破了新古典模型的完全竞争和规模收益不变的假定，论证了垄断竞争条件下（不完全竞争）带有外部经济效果的一般均衡的存在性。这一工作进展无论对于发达国家还是发展中国家的政府政策的制定，都具有十分重要的影响作用。

从产生规模效应的内生增长模型看，我们可以将其分为两类：一类是以罗默（Romer，1986，1987，1990，1991）为代表的内生增长理论，一类是以格罗斯曼和赫尔普曼（Grossman 和 Helpman，1991）、阿洪和哈威特（Aghion 和 Howitt，1992，1997）等新熊彼特主义为代表的模型。

（一）罗默内生增长理论

罗默的模型以 Dixit-Stiglitz（1977）函数（简称 D－S 函数）为假定前提，这种函数具有加性可分的特征，其实质是各种产品之间不具有任何替代性，换言之，任何个人的产品创新活动不会对他人造成负的影响。在此条件下，Romer 的增长模型给出三个基本前提或假定：第一，技术进步是经济增长的核心，而所谓技术就是将投入转换成产出的方式；第二，大部分技术进步是出于市场激励而致的有意识行为的结果，亦即技术进步是内生的，创意或知识品改进了生产技术，使给定投入产生更多或更好的产品；第三，创新能使知识成为商品。

罗默指出：许多一般私人商品是使用竞争性的和占有排他性的，而知识品则具有极不相同的性质：首先，知识品使用上的非竞争性，知识品一旦创造出，任何具有相关知识的人都可以使用它。其次，知识品具有占有上的非排他性，至少部分地具有这种特点。由于知识品这两方面的特殊性，就产生了两个重要的结果：第一，知识品可以无界期地累积增长；第二，知识可以产生溢出效应。结果，一个创新的经济具有长期的收益递增。

罗默的模型中，除了列入资本和劳动这两个生产要素以外，还有两个要素：人力资本和技术水平。模型中所列入的劳动是指非熟练劳动，而人力资本则指熟练劳动，人力资本用正式教育和在职培训等受教育时间长度来表示，这样，就把知识或教育水平在经济增长中的作用考虑进去了。模型中所列入的设备、新原材料等，它们表示技术创新的成果。这意味着，知识的进步体现在两方面：一方面体现在劳动者身上的熟练程度，它在模型中用人力资本来表示；另一方面体现在新设备等物品的技术上。

新增长理论和相关的实证研究总结了一套维持长期增长的政策，如支持教育、刺激对物质资本的投资，保护知识产权、支持 R&D，实行有利于新思想形成并在世界范围内传递的国际贸易政策，以及避免政府对市场的扭曲等。尽管新增长理论强调政府政策的作用，但不同于凯恩斯主义的主张，罗默认为，政策不应把注意力集中在经济周期的治理上，忙于进行“微调”和寻求操纵“软着陆”的方法是不对的，而应着力促进发展新技术的各种政策。

对于发展中国家政府制定经济政策而言，新增长理论尤其具有重要的指导意义，至少表现在如下两个方面：

第一，发展中国家必须重视发展教育和科技投入。罗默的内生增长模型表明：知识进步是累积性的，人力资本存量是一国长期重视教育、发展教育和培养人才的结果，技术水平的提高也是累积性的。这要求，一国若要取得经济增长的成就，就必须重视知识的进步与知识的累积。发达国家在经济增长方面之所以比不发达国家具有优势，正因为那里的人力资本存量和技术水平的存量大大超过不发达国家。因此，对于发展中国家而言，国家在教育和科技投人方面具有十分重大的责任和巨大的努力空间。

第二，发展中国家必须注重不断的制度创新，形成一个良好的激励机制。罗默模型表明：技术进步需要有激励机制，知识的累积也需要有激励机制，从而刺激的改变可以保护较高的持续增长。只有在所有权得到明确界定并取得支持时，市场才能充分发挥其分配机制的作用。这一点对于知识品市场的适用程度更甚于其他商品市场。专利权、版权和商标都是确保知识产权的重要手段。如果没有知识产权保护，就没有人愿意从事创新和发明，因为任何人都可以随意模仿其创新，创新发明人无法从创新发明中获得收益。这样，发明新的东西就没有了动力。反之，如果创新者拥有所有权，即使出现高通货膨胀也不会侵蚀靠创新获得的收益。当然，新思想的运用和传播，也可以促进知识的扩散创新。由此，又引出了一个“最佳”专利权问题，即设计一种在保护创新和扩散创新之间保持一种平衡的最佳时限的专利制度。显然，在激励和保护创新方面，发展中国家的政府发挥积极作用的空间也很大。

（二）新熊彼特主义内生增长理论

与罗默模型不同，新熊彼特主义者考虑了一种能够抵消规模效应的因素——“偷生意效应”。它是熊彼特“创造性毁灭”过程中取走原有产品垄断利益的效应，或者说，对原来的知识创造者是一种负效应。但是，在格罗斯曼和赫尔普曼、阿洪和哈威特的模型中，由于一方面排除了多个公司生产同一类产品的可能性，另一方面又假定这种“偷生意效应”不够强，因此，模型分析的结论中仍然存在正的规模效应。

阿尔文·扬格（Young，1998）、阿洪和哈威特（Aghion 和 Howitt，1998）、贝里特（Peretto，1998）等为代表的增长模型，集中于对“偷生意效应”的分析，提出了一种消除规模效应的新方法。以 Young 的模型为例：在他的模型中，他人可以从两个不同方向——垂直方向和水平方向——的创新活动而“偷去”创新者的创新利润流，即不仅通过产品的质量创新而且通过产品模仿来分割创新的垄断利益，这样，“偷生意效应”就大大加强。Young 得出了一个与以往内生增长理论相反的结论：经济规模愈大，参与分割创新收益的人就愈多，“偷生意效应”就越强；而且，如果“偷生意效应”主要通过生产模仿产品来分割原有垄断利益时，将出现负的规模效应。由于 Young 的模型中经济规模对长期增长可能具有正、负或无规模效应，而且他的模型是从特定的角度进行分析的，因此，Young 的理论具有明确的政策含义：政策资助应该向创新难度大的人员或项目倾斜。因为，如果政府的政策只是简单地对所有研究部门实行“遍地开花”式的资助，那么，很可能只是激励产品的模仿，从而只影响收入水平，而不能影响长期经济增长率；相反，如果政策立足于激励产品的质量创新，并根据 R&D 的研究深度实行重点资助或配额资助，那么，就可以提高长期经济增长率。

GH 小国模型（Grossman 和 Helpman，1991a）研究了开放小国下的贸易与内生技术创新及增长的关系，小国的创新活动仅在非贸易品部门发生，贸易与内生创新之间的关系是不明确的，关键是看贸易是否使资源从制造业部门转移到 R&D 部门。GH 大国模型（Grossman 和 Helpman，1991a）研究了开放大国下的贸易与内生技术创新及增长的关系。该模型考察了贸易影响长期创新率与增长率的渠道，认为，贸易促进了知识的国际溢出，激发了创新者之间的竞争，减少了研发活动中的重复劳动，提高了 R&D 部门的总生产率。RR 模型（Rivera-Batiz 和 Romer，1991）模型同时考虑了知识和商品是否自由流动，及其对内生技术创新的影响。在知识不存在国际溢出、商品自由贸易时，贸易不会影响研发部门的劳动雇佣量，从而不会对经济增长产生影响；在知识存在国际溢出、商品贸易受到限制时，即使 R&D 部门的劳动雇佣量没有变化，各国的增长率也会提高。Taylor（1993）对贸易模式与内生技术创新的专业化分工模型进行了扩展，一般化了 GH 创新模型，强调生产和创新上的比较优势的顺序是决定贸易模式的长期因素。

内生技术进步包括内生技术创新与技术模仿。知识技术能创造出新的产品或提高产品的质量阶梯，利润驱使创新者保护知识产权，而其他厂商则设法模仿新的技术。开放条件下发展中国家的模仿行为和发达国家的创新行为一道作用于国际间的贸易格局和专业化模式，形成了产品所特有的生命周期现象。现有关于贸易与技术转移的文献主要关注于创新与模仿的关系、产品周期以及政策对创新率和模仿率的影响。

将内生技术创新与转移纳入内生经济增长理论是由 Grossman 和 Helpman（1991a，1991b，1991c，1991d）完成的。Grossman 和 Helpman（1991a，1991c）模型全面研究了世界经济中南北国家间的长期创新率、模仿率和增长率如何受国际贸易、经济规模以及政策的影响。其主要结论是：（1）伴随着国际贸易的技术转移影响着南方国家的技术进步，创新与模仿之间存在着正向反馈关系。（2）当南方国家具有较大成本优势时，北方国家经济规模扩张对长期创新率没有影响，但会使南方国家模仿率下降；当南方国家具有微小成本优势时，北方国家经济规模扩张会使创新率上升、模仿率下降；但无论谁在成本上具有优势，南方经济规模扩张会使长期创新率和模仿率都上升。(3) 当南方国家具有较大成本优势时，北方国家的补贴政策使模仿率下降，但创新率不变；当南方国家具有微小的成本优势时，北方国家的补贴政策使创新率与模仿率都上升；对于南方国家的鼓励本国知识积累的政策，在其具有较大成本优势时，政策使创新率和模仿率同时上升；在其具有微小成本优势时，政策对长期创新率和模仿率都没有影响。

基于内生技术进步的南北贸易理论对国际知识产权保护的干预政策也有讨论，但结论并不一致。Helpman（1993）扩展了 Krugman（1979）的外生创新模型和 Grossman 和 Helpman 的内生创新模型，用于分析国际知识产权保护的福利效应时发现，国际知识产权保护不利于南方国家模仿也不利于北方国家创新，而且其福利效应也不明确。与 Helpman（1993）模型不同，Taylor（1994）模型认为如果国际知识产权保护不得力，则会对世界范围内的 R&D 活动与经济增长产生不利影响。Yang 和 Maskus（2001）建立了产品周期的动态一般均衡模型，发现南方国家加强对国际知识产权保护会提高北方国家的创新水平和技术转移。

关于内生技术进步条件下的最优干预的研究自 20 世纪 80 年代将贸易政策与产业政策引入不完全竞争市场以来就在不断地讨论。Bulow 等（1985）提出了多市场寡头的概念，并指出了寡头市场结构对干预政策（特别是贸易政策和产业政策）设计的含义。Brender 与 Spencer（1985）模型、Eaton 与 Grossman（1986）模型研究了市场分割和寡头竞争情形下干预政策的作用机制。Murkusen 和 Venables（1988）分析了不同产业结构和市场结构组合对于最优干预的影响。Cheng 和 Tao（1999）模型也讨论了作用于创新与模仿的公共政策，但他们的分析也是局限于产业层面，未能扩展到国家层面。Li（2001）模型基于内生技术创新研究了最优干预政策，在 CES 消费偏好的假设下发展了 GH 模型，并将技术创新分为激进式创新（Radical Innovation）与非激进式创新（Non-radical Innovation）。

国际贸易渠道的国际 R&D 溢出理论建立在以下两个很重要的内生增长模型上："品种增长"模型（Romer，1990；Grossman 和 Helpman，1991b）和"质量阶梯"模型（Aghion 和 Howitt，1992；Grossman 和 Helpman，1991a）。Grossman 和 Helpman（1991b）在上述以研发为基础的内生增长模型基础上构建了产品的生命周期模型。该模型的基本思想是新产品在北方（技术领先国）首先被生产（质量阶梯模型），并出口到南方，但是由于南方（技术落后国）具有相对较低的工资，南方企业一旦能够模仿，被模仿的北方企业将从事进一步的研发活动。

Coe和Helpman（1995）使用国际R&D溢出回归分析框架，首次验证了国际贸易R&D溢出的存在。他们以22个发达国家1971～1990年的数据为样本，发现国内和国外R&D存量都是生产率增长的源泉，并且贸易开放度越大的国家从国际R&D溢出中的受益越大。Coe、Helpman和Hoffmaister（1997）以22个工业化国家和77个发展中国家1971～1990年的数据为样本进行研究，结果发现，从22个发达国家向77个发展中国家的R&D溢出是显著的，其R&D溢出弹性为0.06。这两篇实证研究为后继文献提供了基本的分析框架。此后的大量文献都是建立在这个基本分析框架之上并对此进行了不断的扩展和丰富。

第一类扩展是在回归方程中设置更多的控制变量。例如Engelbrecht（1997）在Coe和Helpman技术溢出模型中增加了一个人力资本变量（平均受教育年限），并发现国际R&D溢出依然是显著的。再如Hejazi和Safarian（1999）在Coe和Helpman模型基础上增加了一个表示通过FDI渠道溢出的外国R&D存量变量，结果发现通过FDI渠道的溢出系数比通过国际贸易的溢出系数更大。

第二类扩展是探讨、完善计算外国R&D存量的方法。例如，Lumenga-Neso et al和Schiff（2001）在计算外国R&D存量时考虑了“非直接”贸易的R&D溢出问题，他们发现当一个国家i尽管只从另一个国家j进口商品，但如果国家j从其他国家有过进口时，国家i也能够从其他国家获得技术溢出。

第三类扩展是将研究样本扩展到行业和企业数据。例如，Keller（2002）对8个OECD国家中的13个行业层面的样本数据进行了分析，结果发现自身的R&D和外国的R&D对行业的全要素生产率都存在显著的影响。再如Schiff、Wang和Olarreaga（2002）把行业按照R&D的密集程度分为高、低两类，结果发现高R&D密集的行业主要受益于北—南之间的R&D溢出，而低R&D密集的行业主要受益于南—南之间的技术溢出。而Changshu Park（2003）采用1976～1996年期间9个韩国行业的数据，选取14个主要的OECD国家的R&D作为外国R&D，结果发现外国R&D对行业技术进步的影响竟然要大于国内行业R&D的影响。对企业层面的样本研究都得到一个基本的结论：出口企业比非出口企业具有更高的生产率水平。但是究竟是企业本身因为具有更高的生产率水平而选择出口，还是出口促进了企业的生产率水平呢？采用因果关系检验的实证结果却不是很明确（Clerides，Lach 和 Tybout，1998；Yamada，1998；Van Biesebroeck，2003 等）。

参考文献

1. Alfred Kleinknecht, Ernest Mandel and Immanuel Wallerstein, New Findings in Long-Wave Research, New York: St. Martin's Press, 1992.

2. Andersson, M. and Karlsson, C., 2005, "Regional Innovation Systems in Small and Medium-Sized Regions. A Critical Review and Assessment" in Johansson, Karlsson and Stough (2004) (Eds.)

3. Andrew Tylecote, 1992, The Long Wave in the World Economy: the Present Crisis in Historical Perspective, London and New York: Routledge.

4. Arrow K., 1962, Economic implications of learning by doing. Review of Economic Studies, (6): pp. 155 – 173.

5. Asheim, Aisaksen, 2002, Regional innovation systems: the integration of local 'sticky' and global 'ubiquitous' knowledge. Journal of Technology Transfer, 27: pp. 77 – 86.

6. Asheim, B. T. and Coenen, L., 2005, Knowledge Bases and Regional Innovation Systems: Comparing Nordic Clusters. Research Policy, 34 (8), pp. 1173 – 1190.

7. Asheim, B. T. and Gertler, M. S., 2005, The Geography of Innovation: Regional Innovation Systems. In Fagerberg, J., Mowery, D. and Nelson, R. (eds.), The Oxford Handbook of Innovation, Oxford, Oxford University Press, pp. 291 – 317.

8. Asheim, B. T. and Coenen, L., 2006, Contextualising Regional Innovation Systems in a Globalising Learning Economy: On Knowledge Bases and Institutional Frameworks. The Journal of Technology Transfer, 31 (1), (forthcoming).

9. Bengt Akeke Lundvall, Mark Tomlinson, 2000, On the convergence and divergence of national systems of innovation. Department of Business Studies, Aalborg University and University of Manchester.

10. Changsuh Park, 2003, "Essays on Technology Spillovers, Trade, and Productivity", dissertation of PHD of University of Colorado.

11. Charles Edquist and Leif Hommen, 1999, Systems of innovation: theory and policy for the demand side. Technology in Society, 21, pp. 63 – 79.

12. Charles Jones, 1995, R&D-Based model of Economic Growth [J]. Journal of Political Economy, 103 (4): pp. 759 – 184.

13. Carlsson, B., 2004, Innovation Systems: a Survey of the Literature from a Schumpeterian Perspective. In Pycka, A. (ed.) (forthcoming) The Companion to Neo-Schumpete-

rian Economics, Cheltenham, Edward Elgar. Chesborough, H., 2003, Open Innovation, Boston, Harvard Business School Press.

14. Chang Y – C. and Chen M – H., 2005, Comparing Approaches to Systems of Innovation: The Knowledge Perspective, Technology in Society 26, pp. 17 – 37.

15. Christopher Freeman and Francisco Louca, 2001, As Time Goes By: From the Industrial Revolutions to the Information Revolution, New York: Oxford University Press.

16. Christopher Freeman, 1996, Long Wave Theory, Cheltenham, UK and Brookfield, USA: Edward Elgar.

17. Cooke, P., Leydesdorff L., 2006, "Regional development in the knowledge-based economy: the construction of advantages". Journal of Technology Transfer 31 (1), pp. 5 – 15.

18. Cooke, P., 2002a, Knowledge economies : clusters, learning and cooperative advantage. London and New York : Routledge.

19. Cooke, P., 2002b, Regional innovation systems : general findings and some new evidence from biotechnology clusters. Journal of Technology transfer, (27) : pp. 133 – 145.

20. Cooke, P., M. G. Uranga, G. Etxebarria. 1998, Regional systems of innovation: an evolutionary perspective. Environment and Planning A, 30: pp. 1563 – 1584.

21. Dinopoulos, E. and Segerstrom, P., 2003, "A Theory of North-South Trade and Globalization", Stockholm School of Economics Working Paper, Center for Economic Policy Research Discussion Paper No. 4140.

22. Dinopoulos, E. and Sener, F., 2006, New Directions in Schumpeterian Growth Theory. In: Horst Hanusch and Andreas Pyka (eds.), Elgar Companion to Neo-Schumpeterian Economics.

23. Dinopoulos, Elias and Syropoulos, Costas, 2006, "Rent Protection as a Barrier to Innovation and Growth", University of Florida, Economic Theory.

24. Doloreux, D. and Parto, S., 2005, Regional Innovation Systems: Current Discourse and Challenges for Future Research, Technology in Society, 27 (2), pp. 133 – 154.

25. Edward Constant, 2000, The evolution of war and technology. Cambridge University Press.

26. Edwin Mansfield, John Eapoport, Anthony Romeo, Samuel Wagner and George Beardsley, "Social and Private Rates of Return from Industrial Innovations", Quarterly Journal of Economics, May 1977.

27. Engardio P. and B. Einhorn, 2005, Outsourcing Innovation, Business Week, March 21.

28. Francisco Louca, Jan Reijnders, 1999, The Foundations of Long Wave Theory, Vol Ⅰ, Cheltenham, UK and Northampton, MA, USA: Edward Elgar.

29. Fritsch, S. and Stephan, A., 2005, Regionalization of innovation—policy Intro-

duction to the Special Issue. Research Policy 34 (8), pp. 1123 – 1127.

30. Gene M. Grossman, Elhanan Helpman, 2007, Fair Wages and Foreign Sourcing. Paper to be presented at the CEPR conference on Globalization and the Organization of Firms and Markets in Munich Germany, February 10 – 11. Gerard Fairtlough, The organization of innovative enterprises. Cambridge University Press, 2000.

31. G. M. Grossman, 1994, Endogenous Innovation in Growth Theory. Journal of Economic Perspective, Winter.

32. Gregersen, B. and Johnson, B., 2001, "Learning Economies, innovation systems and European integration." Regional Studies, Vol. 31, pp. 479 – 490.

33. Gregory, 1998, The economics of R&D Policy. London: Greenwood Publishing Group, Inc, 1998.

34. Helpman, E., 1993, "Innovation, Imitation and Intellectual Property Rights", Econometrica, 61 (6): pp. 1247 – 1280.

35. Helpman E., 2006, Trade, FDI, and the Organization of Firms, NBER Working Paper w12091.

36. Holly J. Raider, 1998, Market Structure and Innovation [J]. Social Science Research, 27: pp. 1 – 21.

37. IMF: International Financial Statistics Yearbook 2002.

38. Jan Reijnders, 1990, Long Waves in Economic Development, England: Edward Elgar.

39. Johansson, B., C. Karlsson and R. Stough, 2005, (Eds.), The Emerging Digital Economy: Entrepreneurship, Clusters and Policy, Berlin; Springer-Verlag (Forthcoming)

40. John Ziman, 2000, Technological Innovation as an Evolutionary Process. Cambridge University Press.

41. John Ziman, 2000, Selectionism and complexity. Cambridge University Press.

42. Jones, C., 2006, "Growth and Ideas" in Handbook of Economic Theory, eds. Philippe Aghion and Steven N. Durlauf. Amsterdam, North-Holland: pp. 1064 – 1111.

43. Keith Smith, 1996, Systems Approaches to Innovation : Some Policy Issues, STEP Group.

44. Lagedijka, J. Cornford, 2002, Regional institutions and knowledge-tracking new forms of regional development policy. Geoforum, 31 : pp. 209 – 218.

45. Leydesdorff, L., 2005, The evaluation of research and the evolution of science indicators. Current Science, 89 (9), pp. 1510 – 1517.

46. Lucas, Robert E. JR, 1988, On the mechanism of economic development [J]. Journal of Monetary Economics, 22: pp. 3 – 22.

47. M. Porter, 2000, "Location, Competition and Economic Development: Local Clus-

ters in a Global Economy", Economic Development Quarterly, Vol. 14, No. 1.

48. Malerba F., 2002, Sectoral Systems of Innovation and Production, Research Policy 31, pp. 247 – 264.

49. Moulaert, F. and Sekia, F., 2003, Territorial Innovation Models: A Critical Survey, Regional Studies, Vol. 37. 3, pp. 289 – 302.

50. National Science Board, Science and Engineering 2002, U. S. and International Research and Development: Funds and Alliances, http: //www. nsf. gov/sbe/srs/seind02/append/c4.

51. OECD. National Innovation Systems. 1997.

52. Radosevic, 2002, "Regional Innovation Systems in Central and Eastern Europe: Determinants, Organizers and Alignments". Journal of Technology Transfer. 27: pp. 87 – 96.

53. Robert J. Hodrick and Edward C. Prescott, 1997, Postwar U. S. Business Cycles: An Empirical Investigation, Journal of Money, Credit, and Banking, Vol. 29, No. 1.

54. Robert Kenmore, 2001, "Human Networks, Social Capital and Innovation", Working Paper, Cap Gemini Ernst & Young Center for Business Innovation.

55. Romer, Paul. M., 1986, Increasing return and long-run growth. Journal of Political Economy. 94: pp. 1002 – 1037.

56. Romer, Paul. M., 1990, Endogenous technological change. Journal of Political Economy, Vol. 98.

57. Romer, Paul. M., 1992, Tow strategies for Economic Development: Using ideas and producing ideas. Proceeding of World Bank Annual Conference on Development Economics: pp. 63 – 91.

58. Romer, Paul. M., 1994, The Origins of Endogenous Growth [J]. Journal of Economic Perspective, Winter.

59. Schumpeter, J. A., 1934, The Theory of Economic Development, Cambridge, Mass: Harvard University Press.

60. Sernberg R., 2002, The regional impact of innovation networks. SCHATZL L. and J R DIEZ, eds. Technological Change and Regional Development in Europe. Physica-Verlag.

61. Steven W. Popper and Caroline S. Wagner, 2001, New Foundations for Growth: The U. S. Innovation System Today and Tomorrow. RAND Science & Technology Policy Institute, MR – 1338. 0/1 – OSTP.

62. S. Gopalakrishnan, F. Damanpour, 1997, A Review of Innovation Research in Economics, Sociology and Technology Management. Omega International Journal of Management Science, Vol. 25, No. 1, pp. 15 – 28.

63. S. J. Kline and N. Rosenberg, 1986, "An Overview of Innovation", The Position Sum Stratrgy. Harnessing Technology for Economic Growth (Washington, D. C. National

Academy Press）.

64. Solow, A Contribution to the Theory of Economic Growth [J]. Quarterly Journal of Economics, 1956,（70）: pp. 65 – 94.

65. Todtling f, A Kanfmann, 2002, SMEs in regional innovation systems and the role of innovation support-the case of upper austria. Journal of Technology transfer, 27 : pp. 15 – 26.

66. Zheng, Jinghai and Hu, Angang, 2004, "An Empirical Analysis of Provincial Productivity in China (1979 – 2001)", Göteborg.

67. ［美］约瑟夫·熊彼特著:《经济发展理论》，商务印书馆1990年版。

68. ［美］熊彼特:《资本主义、社会主义和民主主义》，中译本，商务印书馆1979年版。

69. ［美］道格拉斯·C·诺思:《经济史中的结构与变迁》，上海三联书店、上海人民出版社1994年版。

70. ［美］格罗斯曼、赫尔普曼著，何帆、牛勇平、唐迪译:《全球经济中的创新与增长》，中国人民大学出版社2003年版。

71. 尹翔硕:《技术进步与新经济》，人民出版社2002年版。

72. 胡志坚:《国家创新系统理论分析与国际比较》，社会科学文献出版社2000年版。

73. 魏江:《产业集群——创新系统与技术学习》，科学出版社2003年版。

74. 章云泉:《长江三角洲城市群空间结构与协调发展》，首届长三角科技论坛城市建设分论坛，2004年。

75. 万斌、杨建华:《2005年中国长三角区域发展报告》，社会科学文献出版社2005年版。

第十一章　开放经济中技术赶超机制研究的新进展

一、引言

经济增长理论的研究对象是经济增长过程中各个经济变量的轨迹，其中，收敛性、最优增长路径、促进增长的因素等相关主题一直是增长理论关注的重点，而且大都得到了较好的理论解释，并在一定程度上得到事实的印证。然而，作为经济发展过程中经济增长动力的技术进步所出现的技术超越（Overtaking）却未受到足够的重视，① 从而使得经济发展过程中出现的跨越性或赶超性（Leapfrogging）现象没有得到充分的阐释。而世界经济史的研究却证明，经济发展在很大程度上存在赶超性特征，18 世纪末英国的崛起取代了荷兰的经济技术统治地位以及 19 世纪末 20 世纪初英国的领先地位被美国和德国所取代都是这一方面很好的例证。新古典增长理论认为，在趋向于相同稳态增长路径的过程中，初始经济落后国家的增长速度要高于发达国家，不过这种增长收敛性只表明落后国家可以追上却无法超过发达国家。新增长理论认为，在开放经济中具有比较优势的部门将会内生出更多的技术进步，从而使所在国不断强化这种技术优势，进而导致国际经济呈现发散性增长，对赶超性问题的回答是一个否定性更强的结论。

技术赶超问题所面临的这种理论困境在 20 世纪 90 年代开始的经济全球化进程中不断为人们所认识，因为不论是发达国家还是落后国家，

① 本文所研究的赶超仅指狭义上国家间的技术超越（Overtaking）而不是广义上的技术追赶（Catching-up），后者还包括收敛性问题。

所有国家都在思考全球化所带来的机遇与风险。在此背景下，经济学家们开始加强对开放经济中的技术赶超机制的研究，并且取得了不少成果。目前对赶超性问题的研究大致可以分成两个类型。其中之一可称为技术创新型赶超，即强调技术创新的作用，认为技术创新是实现技术赶超的决定性因素。对此类赶超性问题的开创性研究来源于 Brezis 等（1993）那篇名为《国际竞争中的赶超：一个关于国家技术领导权更替的理论》的文章。Brezis 等人通过建立动态李嘉图贸易模型，对新增长理论提出了质疑，认为落后国家有可能赶超发达国家。其作用机理是，对于先进国家而言，由于在对旧技术上的成功运用中掌握了丰富的经验，从而使得变换技术所需要增量成本大于增量收益。因此，当新技术出现的时候，先进国家中的企业并不会采用。而落后国家则正好相反，由于新技术能够促进生产技术水平较大程度的提升，从而使得增加的收益大于增加的成本，所以，这些国家会采用新技术，并最终实现技术领导权的更替。Brezis 等（1993）模型也凭借着其对赶超问题的创造性贡献而成为当代所有赶超问题的研究基石。在此基础上，Ohyama 和 Jones（1995）讨论了企业跨期技术决策，认为先进国家中的厂商在旧技术上的跨期比较优势使其不会采用新技术，相反，落后国家厂商则由于其在新技术上的跨期比较优势而采用新技术从而实现技术赶超。Desmet（2002）在 Heckscher-Ohlin 贸易框架下引入了技术外部性与资本流动，认为只有当不存在技术外溢或者技术外溢效应较弱时，落后国家才可能实现技术赶超；而当存在较强的技术外溢时，先进国家企业可能也会采用新技术从而继续保持技术领先地位。

另一类技术赶超模型强调国内禀赋相对差异在经济发展过程中的作用，因而被称为国家禀赋型赶超。这类模型认为国内禀赋的差异决定了技术赶超的可能性。对此类赶超性问题的研究得益于 20 世纪 80 年代以来不完全竞争模型在不对称条件国家贸易分析中的广泛应用，以及 20 世纪 90 年代以来内生增长理论所取得的新进展。Motto 等（1997）通过运用双寡头模型分析了国际贸易中的技术赶超问题，认为国内禀赋包括市场规模、需求层次等因素决定了一国企业在开放经济中的技术地位，指出即使不存在技术创新，经济落后国家仍有可能实现对先进国家的技术赶超。而 Barro 和 Sala-i-Martin（1997）则在内生增长理论框架下讨论了技术领导权的转换（Switchover）问题，他们认为，落后国家可以通过加强基础设施、税制和产权制度等方面的建设，建立起国家的内在竞争优势（Intrinsic Superiority)，这种内在优势能够使其超越先进国家，进而实现技术领导权的转换。

本章将对上述的两种类型赶超即技术创新型赶超和国家禀赋型赶超，做出详细的综述，并探讨其政策含义。

二、技术创新型赶超

技术创新型赶超强调技术创新对一国经济增长路径的影响，进而研究在技术变迁背景下国际经济技术格局的演变过程，即先进国家与落后国家相对技术水平的变化。一般而言，技术创新可以分为两类：第一类为渐进式技术创新，这种变迁通常是在一个已有的技术框架内对现行技术的逐步改进，主要通过日常的干中学来推动；第二类为跨越式技术创新，主要是指那些突破了已有技术框架的新技术，如第一次工业革命中发明的蒸汽机，此类技术创新就是诱发本节所指国家实现赶超的主要原因。

技术创新型赶超的基本分析思路是在技术创新背景下研究微观企业的技术决策问题，即在出现新技术的情况下，先进国家与落后国家的厂商如何在已有技术与新技术之间进行选择以最大化其收益的问题。一般而言，此类技术赶超得以发生的充分必要条件是，当落后国家采用新技术而先进国家又保持使用旧技术不变，这是所有技术创新型赶超的核心分析思路。

（一）基本赶超模型

作为技术创新型赶超的开山之作，Brezis 等（1993）构建了一个两国家两产品动态李嘉图贸易模型：世界上有英国和美国两个国家，分别代表技术先进国家和落后国家；两类产品，分别为粮食和工业品，劳动是惟一的生产要素。设 L_M 和 L_M^* 分别表示英国和美国投入到工业部门的劳动量，$Q_M(t)$ 和 $Q_M^*(t)$ 分别表示英国和美国 t 时刻的工业品产量，有：

$$Q_M(T)=A(E(T))L_M, E(T)=\int_{-\infty}^{T}Q_M(t)dt \quad (1)$$

$$Q_M^*(T)=A(E^*(T))L_M^*, E^*(T)=\int_{-\infty}^{T}Q_M^*(t)dt \quad (2)$$

其中，E(T) 表示 T 时刻通过干中学所积累的生产经验，而技术 A 满足 $A'>1$，$A''<0$，表示各国都具有正的干中学效应，但是这种学习效应的边际收益是递减的。需要指出的是，技术的生产效率不仅取决于其内在属性，而且也取决于其在生产过程中所积累的经验。厂商选择生产技术不仅考虑其内在属性，而且也会考虑其在该技术上所积累起来的生产经验，生产技术的这种性质正是实现技术赶超的决定性因素。

假定初始经济满足条件 $A_1/A_1^*>\mu/(1-\mu)$①，根据李嘉图贸易理论，经济将处于贸易均衡中：英国专业化生产工业品，美国专业化生产粮食，此时英国为先进国，美国为落后国。在 T_1 时刻，技术创新使工业生产技术潜在地由 A_1 提高到了 A_2，并且满足条件 $A_1(E^*(T_1))<A_2(0)<A_1(E(T_1))$ 且 $A_1(E(T_1))/A_2(0)<\mu/(1-\mu)$。对英国生产者而言，他们不会采用技术变革带来的新技术，那样会导致生产率的直接下降，所以英国仍会停留在技术路径 A_1 上；相反对美国的生产者而言，他们会采用新技术，那样会直接提高其生产率，所以美国就跳跃到了更高的技术路径 A_2 上。技术路径的提升将使美国技术积累速度大大加快并最终赶上英国，而国际分工格局也随之发生变化，美国开始生产部分工业品。当 $A_2^*/A_1>\mu/(1-\mu)$ 时，美国完成了对英国的彻底超越，同时专门生产工业品和粮食的国家也分别变成了美国和英国，这种格局将一直持续到下一个技术创新的发生为止。

（二）跨期决策与技术外溢下的赶超模型

Brezis 等（1993）模型很好地解释了历史上的工业革命所导致的世界经济领导权的更替，而且也很好地解释了 20 世纪 50 年代的氧化炉炼钢技术导致的美国钢铁行业在 20 世纪 60 年代被日本所超越其产业地位的变迁（Borrus，1983；Chen，1996）。但该模型的构建仍存在两个缺陷②：一个是假定厂商缺乏远见（Myopia），厂商在进行技术选择时只考虑到技术的当前效益，而并不考虑远期效益；另一个缺陷是假定不存在技术外溢，已有技术上所具有的经验在新技术的应用上毫无价值。这两个假定显然是不合理的：前者不符合理性人假设，后者更是无法解释一些经济现象，如丹

① $\mu(>0.5)$ 表示一国工业品消费量占总消费量的比例。

② Brezis 等（1993）在其文中已意识到这两个假定可能会影响到他们的分析结果（p. 1218）。

麦在发酵技术与啤酒酿造技术上的经验使其在生物工程学上也取得了成功，而日本在光学技术上的优势保证了其由相机生产向摄影复印机和传真机生产的成功过渡（Porter，1990）。

Ohyama 和 Jones（1995）最先对跨期抉择问题进行了研究。他们认为厂商的技术决策就是对新旧技术效益的跨期综合比较，厂商的收益不仅取决于技术的当前收益而且也取决于其远期收益的现值。在此基础上他们建立了一个两期技术收益模型：

$$V_\theta = \theta_1 + \delta\theta_2 ; V_\theta^* = \theta_1^* + \delta^* \theta_2^* \qquad (3)$$

其中，θ_1 和 θ_2 分别表示先进企业运用技术 θ 在第一期和第二期所取得的收益；δ 表示收益的折现因子；V_θ 表示先进企业所取得的收益现值总和（带＊的表示落后企业的相关变量）。令 β 表示出现的新技术，厂商是否会采用该技术取决于新旧技术之间的收益（V_θ 与 V_β）比较。可以验证技术赶超的必要条件为[①]：

$$(\theta_1 - \beta_1)/(\beta_2 - \theta_2) > (\theta_1^* - \beta_1^*)/(\beta_2^* - \theta_2^*) \qquad (4)$$

该条件表明先进企业在旧技术上具有比较优势，而落后企业则在新技术上具有比较优势，这种比较优势上的差异使落后企业采用新技术而先进企业继续使用旧技术，从而最终导致了技术赶超的发生。该模型通过借鉴国际贸易中的比较优势思想成功地证明了即使存在厂商的跨期决策，技术赶超仍有可能发生。

Brezis 等（1993）模型的另一个缺陷就是没有考虑外部性在技术赶超中的作用，因而无法解释一些现实经济现象。Desmet（2000）指出技术外溢机制在技术竞争中具有非常重要的作用。Desmet（2002）在 Heckscher-Ohlin 贸易框架中讨论了技术赶超中的技术外溢机制，关键之处就是将技术外溢水平引入到工业品生产的经验积累函数中：

$$E(T) = \int_{-\infty}^{T} Q_M(t)\,dt + S(t), E^*(T) = \int_{-\infty}^{T} Q_M^*(t)\,dt + S^*(t) \qquad (5)$$

其中，$S(t)$ 和 $S^*(t)$ 分别表示先进国与落后国所获得的技术外溢水平。通过比较式（5）与式（1）和式（2）中的经验积累函数我们不难发现，技术外溢就是两者之间最本质区别，而且后者包含于前者中。可以证明当存在较强的技术外溢水平，也就是在旧技术上积累的生产经验对新技术具有较大应用价值时，先进国家可能也会采用新技术，从而仍然保持技

① 参见 Ohyama and Jones，1995，P. 227。

术领先地位；当不存在技术外溢或者外溢水平较低时，其情况就是相当于Brezis等（1993）模型，此时技术赶超就有可能发生。所以不难发现，通过引入技术外溢，Desmet（2002）拓宽了Brezis等（1993）的应用范围，本小节开始所举事例也很自然地得到了解释。另外，该模型还进一步讨论了资本流动与技术变迁之间的关系，认为资本并不一定从富国流向穷国或者从穷国流向富国，资本是流向技术变迁最快的地区。模型证明了在技术赶超过程中资本是朝着采用新技术后的落后国家流动的，这一结果与Brezis和Tsiddon（1998）的结果相符，他们的研究发现资本流入可以作为落后国家赶超先进国家过程的指示器（Indicator）。

三、国家禀赋型赶超

国家禀赋型赶超强调国家禀赋在国际技术竞争中的重要作用。通常而言，一国禀赋大致可分为自然禀赋和社会禀赋两类。前者主要是指一国的地理位置、自然资源、市场需求特征等自然条件，后者主要是指基础设施、税率、产权制度等社会条件。虽然研究表明，一国禀赋对其经济的发展具有非常重要的意义（Krugman，1980；Wright，1990；Porter，1990），但是明确研究其在技术赶超机制中的作用的还不是很多。目前，对此类赶超性问题的研究主要得益于20世纪80年代以来不完全竞争模型在不对称条件国家贸易分析中的广泛应用，以及20世纪90年代以来内生增长理论所取得的新进展。本节主要围绕自然禀赋与社会禀赋来讨论其在技术赶超中的作用。

（一）技术赶超中的自然禀赋

20世纪90年代以来开始的经济全球化进程使研究国际贸易对不对称经济的影响成为国际贸易理论的一大主题。与此同时，不完全竞争模型在国际贸易理论中开始得到广泛运用，运用不完全竞争模型已成为一种分析国际贸易问题的新视角（Krugman，1980；Motto，1992）。在此背景下，Motto等（1997）运用双寡头模型分析了国际贸易中的技术赶超问题，认为国内禀赋如需求层次、市场规模等要素决定了一国的国际竞争力，进而决定了在没有技术创新的条件下落后国赶超先进国的可能性。

Motto 等（1997）假定世界上有两个国家 A 和 B，各国具有不同的市场需求特征①；每国各有一家生产企业，它们决定自己产品的价格和质量，两家企业都具有相同的技术水平②。厂商的价格和质量策略目标就是最大化其利润。该模型分两步讨论技术赶超问题：首先，在封闭经济条件下，每个厂商都是所在国的垄断生产者，它根据所在国的市场状况选择最优的产品价格和质量。分析表明，在此条件下，厂商的产品质量取决于所在国的需求层次参数，一国对产品的需求层次越高，厂商的最优价格和质量就高，反之则相反。其次，再考察开放经济情形，此时，两个企业在国际市场上的竞争构成了双寡头博弈模型。厂商由于面对国内国外两个市场和外国企业的竞争，它将会调整其原先的产品价格和质量策略。通过分析表明，该博弈问题存在两个纳什均衡解：一个为统治权继续均衡（Persistence of Leadership），即原先生产高质量产品的企业在经济开放后仍生产高质量的产品，从而继续处于技术领先地位；另一个为领导权更替均衡（Change of Leadership），即原先生产高质量产品的企业在经济开放后生产的产品质量被原先的落后企业所超过，也即发生了技术赶超。

上述分析表明，在不存在任何技术创新的情况下，落后国家仍可能凭借着其国内禀赋实现技术赶超。Wright（1990）和 Crafts（1998）研究表明，自然资源在 19 世纪末美国赶超英国的过程中发挥了很关键的作用。Porter（1990）认为一国的需求状况在很大程度上决定了该国企业的国际竞争力，如斯堪的纳维亚半岛所处的地理环境，使其企业在造纸、搭桥、筑坝和建港口方面具有很强的竞争力；而由于需要面对国内复杂多变的地形，意大利企业通常在道路和基础设施建设上具有较强的比较优势。

（二）技术赶超中的社会禀赋

社会禀赋即基础设施、税制和产权制度等社会条件在一国发展过程中扮演着至关重要的地位，美国的经济优势很大程度上是得益于其国内完善的市场体系，20 世纪新兴工业化国家的经济奇迹大都离不开本国投资与研发环境的改善。研究开放经济中的技术赶超机制显然离不开对社会禀赋

---

① 市场需求特征可以指需求层次也可以指需求规模（Motto 等，1997，P. 810），下文以前者为例进行说明。

② 注意相同的技术水平可以生产出不同质量的产品，它取决于厂商的利润最大化策略。另外，与第二节中的技术含义不同，本模型中技术赶超的技术是指企业生产出的产品的质量。

的仔细考察。

一直以来新增长理论始终无法解释技术赶超问题，如何将赶超纳入到其理论框架下是该理论需要加以考虑的。Barro 和 Sala-i-Martin（1997）就对此问题进行了探讨。此模型也假定世界上有两个国家，生产函数采用 Dixit 和 Stiglitz（1977）形式：

$$Y_i = A_i(L_i)^{1-\alpha}\sum_{j=1}^{N_i}(X_{ij})^{\alpha} \qquad i=1,2 \tag{6}$$

其中，N_i 表示中间品数量，在本模型中用来刻画企业的技术水平；而 A_i 为生产系数，其在国家间的不同主要源于各国在基础设施、税制以及产权制度等方面的差异。同时生产者可以通过研发或模仿两种方式获取新的中间投入品，方式的选择取决于研发成本与模仿成本的比较。假定 $N_2(0) < N_1(0)$，开始时国家 2 在技术水平上要落后于国家 1。可以验证在满足条件①：

$$(A_2/A_1)^{1/(1-\alpha)}(L_2/L_1)(\eta_1/\eta_2) > 1 \tag{7}$$

时，落后国家 2 在一段时间的模仿后，将达到与先进国家 1 同样的技术水平，在此之后，它会开始选择创新，而先进国家则会转而模仿，最后经济达到稳态，只不过此时原先的落后国家 2 的技术水平要高于原先的先进国家 1，故完成了技术赶超②。在不等式（7）中，L_i 和 η_i 分别表示 i 国的劳动投入量和固定的创新成本。该不等式表明国家 2 内在地要优于国家 1，此赶超模型实际上是说具有内在优势或者良好社会禀赋的国家必将最终实现这种优势。

该模型论证了社会禀赋对经济发展的重要意义：落后国家政府只要能够致力于完善基础设施、优化税制、规范立法和加强知识产权保护等方面的工作，它就能够通过引进消化国外先进技术，提升自主研发能力，实现经济技术的快速发展。以韩国为例，直到 1961 年，韩国仍遭受着穷国面临的几乎所有问题，如自然资源匮乏，技术落后等。可在其后短短的 30 年，韩国政府通过健全法律体系、加强中介机构和基础设施尤其是技术类基础设施的建设、推动模仿创新等措施，实现了经济的跨越式发展，一举成为世界经济强国。

---

① 参见 Barro and Sala-i-Martin，1997，P. 18。

② 注意此赶超模型虽然也有技术创新的因素，但本质上却与技术创新型赶超不同，因为前者中任何一项新技术都会通过自主创新或模仿的方式被所有国家所采用，其赶超发生的根本原因是国家禀赋的差异。

四、结语

技术赶超作为经济发展的特定现象，是经济增长过程中的一个具有极强现实意义的问题，无论是对先进国家还是落后国家都显得异常重要。对落后国家的政府而言，要使本国经济实现跨越式发展，可从以下几方面加以考虑：首先，鼓励新技术的引进和运用。政府可以通过税收优惠等措施鼓励本国企业引进和使用新技术，提高社会对高科技产品的需求，加强对高科技企业的扶持力度；其次，开发人力资源。大力发展教育事业，完善人力资源管理制度，吸引海外高级专业人才。最后，健全法律体系。政府应该致力于本国法律法规的制定和完善，通过建立完善的专利制度，保护创新者的利益，降低创新的社会成本。

目前对技术赶超问题的研究从总体上讲仍显得比较零散，还没有形成系统化研究的态势，把赶超问题纳入进一个比较完整的理论框架将是以后研究的一个重要方向。与此同时，人们对赶超因素的认识也有待进一步的深化，如技术创新与国内禀赋的决定机制等都是非常具有研究价值的。然而，技术赶超问题所承载的重要经济意义，必将使其成为经济研究的一个激动人心的领域！

参考文献

1. Barro, R. J and X. Sala-i-Martin, 1997, "Technological Diffusion, Convergence, and Growth", *Journal of Economic Growth*, 2: pp. 1 – 27.

2. Borrus, M., 1983, "The Politics of Competitive Erosion in the U. S. Steel Industry", in *American Industry in International Competition*, edited by J. Zysman and L. Tyon. Ithaca: Cornell University Press.

3. Brezis, E. S., Krugman, P. R. and Tsiddon D., 1993, "Leapfrogging in International Competition: A Theory of Cycles in National Technological Leadership", *American Economic Review*, 83, pp. 1211 – 1219.

4. Brezis, E. S. and Tsiddon, D., 1998, "Economic Growth, Leadership and Capital flows: the Leapfrogging effect", *The Journal of International Trade and Economic Development*, Vol. 7, No. 3, pp. 261 – 277.

5. Chen Zhiqi., 1996, "New Technology, Subsidies, and Competitive Advantage", *Southern Economic Journal*, Vol. 63, No. 1, pp. 124 – 139.

6. Crafts, Nicholas F. R. , 1998, "Forging Ahead and Falling behind: The Rise and Relative Decline of the First Industrial Nation", *The Journal of Economic Perspectives*, Vol. 12, No. 2, pp. 193 – 210.

7. Desmet, K. , 2000, "A Perfect Foresight Model of Regional Development and Skill Specialization", *Regional Science and Urban Economics*, Vol. 30, No. 2, pp. 221 – 242.

8. Desmet, K. , 2002, "A Simple Dynamic Model of Uneven Development and Overtaking", *Economic Journal*, 112, pp. 894 – 918.

9. Dixit, A. K. , and J. E. Stiglitz, 1997, "Monopolistic Competition and Optimum Product Diversity", *American Economic Review*, 67, pp. 297 – 308.

10. Krugman, P. R. , 1980, "Scale Economies, Product Differentiation and the Pattern of Trade", *American Economic Review*, 70, pp. 950 – 959.

11. Motto, M. , 1992, "Sunk Costs and Trade Liberalisation", *Economic Journal*, 102, pp. 578 – 587.

12. Motto, M. and J. F Thisse and A. Cabrales, 1997, "On the Persistence of Leadership or Leapfrogging in International Trade", *International Economic Review*, Vol. 38, No. 4, pp. 809 – 823.

13. Ohyama, M. and Jones, R. W. , 1995, "Technology Choice, Overtaking, and Comparative Advantage", *Review of International Economics*, 3 (2), pp. 224 – 234.

14. Porter, M. E. , 1990, *The Comparative Advantage of Nations*, London: MacMillan.

15. Wright, G. , 1990, "The Origins of American Industrial Success, 1879 – 1940", *American Economic Review*, 80, pp. 651 – 68.

第十二章　现代产业组织理论研究的新进展

一、引言

国内学者普遍认为，产业组织理论萌芽于 Marshall 甚至更早，20 世纪 30 年代，以 Mason，Bain 和 Sherer 为代表的哈佛学派形成了“结构—行为—绩效”（SCP）的理论框架，以 Stigler，Demsetz，Brozen，Posner 和 Peltzman 等为主要代表的芝加哥学派对哈佛学派的分析范式持不同意见，两个学派的理论共同构成了传统产业组织理论，此后的理论统称为新产业组织理论。

不过，对新产业组织理论的内涵是众说纷纭，董艳华和荣朝和（2003）将 Baumol，Panzar 和 Willing 提出的可竞争理论作为芝加哥学派的发展，将博弈论引进之后的研究视为新产业组织理论，将新制度经济学与新奥地利学派称为其他流派。吴福象（2004）按照是否延续 SCP 范式，将以 Cowling，Waterson 和 Baumol 为代表的理论视为主流学派，该派理论强调对 SCP 范式的发展，其他理论为非主流产业组织理论，其中，Coase，North，Williamson，Alchian 又被视为后 SCP 范式组织理论，并认为以 Mises 和 Hayek 为代表的“新奥地利学派”也是产业组织理论的一个分支。牛晓帆和袁崇坚（2004）认为新产业组织理论就是以 Williamson 为代表的理论，核心是交易费用理论和博弈论。

划分方法的不同反映了对现代产业组织理论与其他分支理解的差异。Sen（1996）指出：“产业组织学的定义可以较宽，包括企业理论、规制、反垄断政策、合同理论以及组织理论的某些内容。”我认为，产业内分析的核心是厂商策略互动对均衡存在性、稳定性和唯一性的影响，因此，在不考虑企业相互作用的前提下，分析同一产业的企业关系不能作为产业组织理论的一部分。按照这种划分标准，哈佛学派与芝加哥学派的研究都只是描述性的，而非严格的理论，只能称之为现代产业组织理论的启蒙。严格的现代产业组织理论应该是从博弈论引入之后才形成的，并经历了两次理论上的横向拓展。

哈佛学派的SCP分析范式认为，企业并不是同质的，不同的企业之间存在着规模和产品上的差别，规模的差别导致了集中，并直接形成进入壁垒，产品的差别则间接形成了进入壁垒，这种市场结构决定了市场行为，进而决定市场绩效。哈佛学派假定企业的异质性由外生决定，因此，为了获得合意的绩效，就必须通过公共政策来对不合意的变量进行调整。芝加哥学派不赞同市场结构外生决定的观点，认为高利润率源于企业的高效率与创新，而不是因为垄断。只要存在竞争的可能，就不需要政府干涉，而且，政府干预还是造成产业壁垒的重要的非市场因素。SCP分析范式侧重经验研究，没有形成完备的理论，而是通过对横截面数据进行回归分析来实现理论证伪，但这种方法并不能证明变量之间具有因果关系，得到的结论也不具有稳定的普遍意义。SCP分析范式虽然突破了新古典经济学企业同质的假定，但是并没有研究企业之间的互动，这种单向、静态的分析框架难以解释产业中的进入障碍、掠夺、卡特尔稳定性、企业销售策略等问题，而这些内容才是产业组织理论研究的核心。

博弈论的引进正式建立了产业组织理论的框架，它不同于新古典分析范式之处在于，在新古典经济学的分析中，理性的经济当事人在外生价格的引导下追求预算约束下的效用最大化，在达到市场均衡的过程中，当事人之间不存在相互影响。博弈论将价格内生化，以个体行为之间的交互影响来配置资源，这种相互影响通过策略体现出来，进而通过比较不同策略下各方的支付来确定纳什均衡的出现及均衡的存在性。博弈论沿用了理性的假定，这里的理性包括参与人理性与一致信念，也就是理性共识，另一个基本假设是博弈的规则是共同知识，不过这并不同于新古典经济学的完全信息假定，它能考虑包含动态互动与不完美信息的情况。

不过，博弈模型在构造和求解过程中，所讨论的核心是厂商之间的策略行为，而不考虑消费者对厂商的影响。一些研究涉及规模经济，通常只考虑大规模生产带来的边际成本下降情形及其后果，而没有考虑由消费者正反馈带来的网络外部性对厂商策略的影响。实际上，在具有网络外部性的产业中，消费者的效用函数之间具有相互依赖性，他们是否能够意识到这种外部性会影响企业的策略选择与支付。网络经济学注意到了这种正反馈，它在博弈论的基础上引入了网络外部性和报酬递增，成为博弈论的学习理论的一部分。

博弈论的另一个问题在于对参与人特征的假定上，新古典经济学的经济人假定简洁扼要，给模型构造带来了方便。不过，这并不是对现实生活的真实反映，偏离了经济当事人有限理性的实际情况。因此，博弈论对理性假设的沿用妨碍了它对一些经济现象的讨论。虽然在讨论一些不完美信息博弈中会涉及参与者的随机行为（如 Varian，1980），但并没有给出这种随机行为的理论基础。行为经济学利用来自心理学和其他方面的证据推翻了新古典经济学对经济当事人理性、意志力和自利的假定，并进一步将这些限制明确模型化，它在产业组织中的应用则预示着现代产业组织理论新的发展方向。

二、现代产业组织理论的形成：博弈论的引入

在博弈论的理论体系形成之前，Cournot 和 Stackelberg 也曾从个体行为角度对寡头竞争进行了分析，不过他们没有证明均衡的存在，因此不能称之为严格的博弈理论。直到 Nash 提出了纳什均衡，并证明了存在性定理，这才标志着博弈论作为理论体系的正式形成。不过，纳什均衡可能出现多重性，而且有些纳什均衡包含不可置信战略。Schelling 用聚点克服了多重性纳什均衡的情况，Selten 将纳什均衡引入到动态分析，考虑参与人的序贯理性，提出子博弈精炼纳什均衡，解决了不可置信战略问题，同时也为讨论寡头竞争中承诺的作用提供了有用的框架。Spence 用此博弈模型讨论进入壁垒的问题，提出在位企业在潜在进入者进入之前进行不可逆的投资，特别是该项投资可以扩大产能时，进入者的威胁是可信的。如果这种投资降低了在位者的边际成本，限价的情况就可能出现，它是进入壁垒投资的伴生品，而不是 Bain 所认为的阻止竞争对手进入的策略。Dixit 对这个模型作了进一步的改进，估计了这种投资量对威胁可置信程度的价值。Brander 和 Spence 增加了 Selten 两阶段博弈的参与者数量，讨论国际贸易中政府承诺的作用，解释了古诺模型与伯川德模型的各种预测。完全信息动态博弈模型还被广泛应用于讨论垄断竞争的进入威慑、斯坦克尔伯格竞争中的先动优势与信息悖论、对无形资产的投资。Maskin 和 Tirole 广

泛应用马尔科夫完美均衡，研究寡头中的动态问题。Ericson 和 Pakes（1995）用离散的动态随机博弈描述寡头间的动态互动，在每一期，在位企业决定是否继续留在产业内、投资多少？潜在进入者决定是否进入？这些决策做出之后，企业在产品市场上竞争，结果形成马尔科夫完美均衡，也称随机占优均衡。Fershtman 和 Pakes（2000）沿用 Ericson 和 Pakes（1995）的框架考虑动态均衡产生合谋的可能，认为互动的历史会影响企业的策略选择，并受到投资的影响，从而企业能够部分地控制收益与消费者剩余的状态演进。投资决策的激励由合谋可能的特征决定，而支持合谋的能力将决定于投资导向的状态。Doraszelski 和 Markovich（2005）也采用 Ericson 和 Pakes（1995）的马尔科夫完美均衡框架来追踪产业演进，说明广告为什么以及如何影响消费者选择。他们认为，对于说服性广告来说，市场规模与广告成本是决定产业结构与动态的关键，而对于注意力广告来说，企业策略对称与持续与否取决于产品市场竞争的激烈程度。

在以上博弈模型中，参与者都知道其他参与者的支付函数，当博弈的参与者至少有一个不知道其他参与者的支付函数时，博弈为不完全信息博弈，也称为贝叶斯博弈，Harsanyi 引入了虚拟的参与人，通过海萨尼转换，将不完全信息博弈转换为完全但不完美信息的情况，这种转换方法成为了处理不完全信息博弈的标准方法。Spence 用不完全信息动态博弈设计了就业市场信用传递模型，较早地给出了精炼贝叶斯均衡等概念。Varian 将混同均衡应用于零售定价模型，关注混合策略均衡的随机行为，并用它直接揭示现实市场中观察到的价格随机现象，认为销售与对来自均衡混合策略的低价的认识相关，企业提供的销售随机有偏，不同企业在不同时点销售。Milgrom 和 Roberts 应用序贯均衡研究不对称信息下的限价，认为当垄断在位者拥有关于其产品成本的私人信息时，它的定价会低于垄断价格，这样潜在进入者通过观察在位者的定价来推测其成本时就会低估了在位者的成本和利润。Roberts 研究掠夺定价的福利影响。Shapiro 研究传统古诺竞争如何受有成本的私人信息影响。不完全信息博弈模型还被应用于委托代理理论的逆向选择与道德风险研究，并得到了多种扩展。Tirole 研究监督人和代理人之间的合谋，集体激励相容约束，Hotmstrom 和 Milgrom 研究代理人在不同工作之间分配努力的冲突，Martimont 研究存在多个委托人共同代理问题及销售渠道设计，Laffont 和 Martimont 研究存在非对称信息下两个寡头之间的合谋行为以及政府的规制策略和组织设计。Skrzypacz（2005）考虑有噪音回报的投资，他关注事后无效的程度为零时有限谈判过程的案例，相反，Hermalin 和 Katz（2006）则检验谈判过程可能产生事后无效的情况，研究当投资方必须从第二方进行一项必要投入时所产生的敲竹杠问题，认为改善卖者信息有利于买者而不利于卖者，完美信息产生完全敲竹杠问题，破坏了卖者的投资激励，在对称信息与卖者无知两者之间进行选择时，买卖双方都偏好于卖者无知的情况。

不完美信息动态博弈中有一类特殊的情况，参与人进行多期博弈，但是每一期的情形都是对上一时期的重复，应用这种重复博弈模型能够更有效地讨论联盟问题，并更好地揭示联盟行为的形式与范围和市场环境根本特征之间的关系。Green 和 Porter 应用重复博弈模型，认为需求的负面冲击和对手产量的增加都会造成低价格，因为企业无法区分这两个原因，从而导致联盟无法维持。不过，低价格不能总不受惩罚，否则企业将偏离联盟，但这意味着联盟必须偶而进行价格战。Abreu，Pearce 和 Stacchetti 提出了更一般的模型，认为最优对称均衡的行为将依然被价格战打破，联盟的维持得益于对惩罚的坚持。Rotemberg 和 Saloner 提出了寡头联盟不稳定模型，讨论繁荣时期的价格战。Farrell 和 Shapiro 用此方法提供了一个分析横向合并的一般框架。Fudenberg，Levine 和 Maskin（1994）提出联盟不完美监督模型。

当动态博弈的期限延伸至无限次，参与者的声誉成为了选择策略的重要影响因素时，Friedman 认为，相同个体进行无限次重复博弈，如果参与者具有足够的耐心，则互利的结果可以作为子博弈完美纳什均衡结果出现。Kreps 和 Wilson、Milgrom 和 Roberts 通过引入非对称信息对无名氏定理进行了扩展，他们的声誉理论成为了信息控制策略的基础理论。Fudenberg 和 Tirole 对消耗战的研究也支持政府的介入。Kreps 和 Wilson，Milgrom 和 Roberts 之后的很多文献都假定一特定策略的长期参与者是“承诺型”的概率为正。Ely 和 Valimaki（2002）证明，一特定承诺型伤害了长期参与者。当博弈只进行一次并且不存在承诺型，惟一的序贯均衡对长期参与者有利，不论参与者的贴现率如何，当无承诺型时，重复博弈仍保持均衡。然而，当引进一个特定的“坏”的承诺型，惟一的纳什均衡对有耐心的参与者不利。不过，他们没有说明什么情况下的声誉就是不好的。Ely，Fudenberg 和 Levine（2005）将 Ely 和 Valimaki（2002）的思想拓展至一个更一般的博弈，以更好地理解“好”与“坏”声誉之间的区别。

动态博弈在最近的产业组织文献中得到更多的应用，可参见 Doraszelski 和 Pakes（2006）对不完全竞争产业中的动态互动的分析框架的综述。

Armstrong，Ellison 和 Hendricks（2006）也回顾价格歧视文献的新近发展，并探讨了价格歧视对利润和消费者剩余的影响，认为在动态模型中，垄断者承诺未来定价的能力提高了利润水平，因为这种能力扩大了企业提供的定价范围。

博弈论的引入使产业组织正式进入了理论研究阶段，它的模型通常从描述博弈的扩展式开始：参与者何时行动、在各时点的行动与信息、自然选择随机事件的可能性、支付函数，这种研究方法使逻辑更加严谨连贯，Shapiro 认为，博弈论的均衡结果取决于企业的策略、行动的时间、这种均衡行为对博弈扩展形式的敏感性，这能够详尽地反映市场的各个方面。但 Schmalensee（1988）在回顾博弈论在产业组织中的应用时指出，均衡结果对假设的细微变化都很敏感，这使得均衡非常脆弱。此外，他还提到一个重要的问题，即博弈论假设使具有有限理性的人能够解决实际生活中面临的复杂的多阶段博弈问题，这种假设似乎把理性原则推得过远了。因为排除了有限理性的假设，所以博弈论中的支付只考虑生产性的成本与收益，而忽略了交易费用的问题，从而所考虑的企业互动都是短期行为，除非是无限期的重复博弈才会出现合作结果。在这方面，行为经济学对博弈论做出了方向性的拓展。网络经济学则从另一个角度发展了博弈论的应用，它从消费者的正反馈角度出发，关注网络效应对产业组织中企业策略的影响。

三、现代产业组织理论的网络经济学拓展

对正反馈的最初的关注来自于对电讯产业的研究（Rohlfs，1974），类似于这种产业的产品具有一个重要的特征，即随着使用同一产品的其他消费者数目增加，个体消费者从中获得的效用增加（Katz 和 Shapiro，1985），或者说，当采取统一行动的人数目增加时，该行动的价值会随之增加（Liebowtitz 和 Margolis，1995），或者说一单位商品的价值随预期售出量的增加而提高（Economides，1996），这种效应通常被称为网络外部性或者网络效应。Liebowtitz 和 Margolis（1995）认为二者有区别，只有不能被内部化的网络效应才能被称为网络外部性。Farrell 和 Klemperer（2004）对网络效应进一步细化，认为它包括总效应和边际效应，总效应是一个参与人的选择能使其他人受益，边际效应是他的选择增加了其他人

选择的激励，这两者在逻辑上是独立的。网络外部性产生的根本原因在于网络自身的系统性和网络内部组成成分之间的互补性，双向网络具有直接外部性，单向网络则具有间接外部性（Economides，1996）。[①]

网络产品具有互补性、兼容性、转换成本和锁定、规模经济的特征（Shy，2001），因此，消费者之间的效用函数不再是新古典经济学假设的相互独立，而是相互依赖的，在进行产品选择的时候就要考虑过去的或者将来的其他消费者的选择，以避免被剥削或者被锁定在劣产品中，或者因为自身的选择被搁浅而需要支付额外的转换成本。如果消费者之间可以进行切实可行的协调，那么选择失败网络的风险将会降低，并能使消费者从一个规模较大且持久的网络中分享到更多的网络利益。如果交易成本太高或者偏好的异质性太强，众多消费者在实现协调的过程中所遇到的困难可能妨碍他们所做出决定的一致性和最优性，加上新旧用户之间不对称的转换成本，可能会出现多重均衡和低效率。这种技术竞争的过程，Farrell 和 Saloner 用超额惯量来刻画，Katz 和 Shapiro 注意到了超额动量，Farrell 和 Shapiro 用转换成本来描述，Arthur 则用路径依赖来说明。Farrell 和 Klemperer（2004）认为，当产品不兼容时，转换成本与网络效应将客户锁定，这阻碍了客户根据效率的变化改变供应商，从而给予了厂商事后的市场力量。转换成本会弱化竞争，而网络效应则会促进赢者通吃，渗透定价是重要的争夺安装基础的策略。Dubé，Hitsch 和 Rossi（2006）则认为，转换成本不会减弱市场竞争，他们在差别产品与非完美锁定的动态价格竞争的简单模型中引入转换成本，发现当转换成本有限时，稳定的均衡价格可能会下降。这是因为转换成本对均衡价格有两个相反的作用，一是企业有激励投资于市场份额，这使价格下降；二是期望“收获”其转换成本高昂的基础客户，这使价格上涨。

一旦某一产品的消费者数目达到一定的数量就会产生正反馈，该产品将成为该市场惟一的赢家。胜出的产品不一定需要具有成本或者质量方面的优势，最重要的是具有最大的网络规模。因此，厂商的策略行为之一就是利用直接网络外部性与间接网络外部性来引导消费者的预期。扩大安装基础是利用直接网络外部性的基本形式，可利用的策略包括预先通知、各种价格菜单、通过各种合同和产业标准设置进行竞争企业之间的协调，与

---

① Katz 和 Shapiro（1985）认为消费者消费数量引发的是直接效应，类似于软硬件互补产品互相之间存在间接效应，除此之外，还有耐用品问题，质量与购买后服务的提供取决于服务网络的经历和规模，这反过来又依赖于已售出的产品数量。

互补企业之间的协调则可达到利用间接网络外部性的目的。Farrell 和 Klemperer（2004）在回顾研究转换成本与网络效应对产业竞争影响的文献时对渗透定价、价格承诺、价格歧视、条件合同这些策略已经进行了充分讨论，因此，下面在探讨企业策略时将不再提及。在涉及企业间协调时，Stango（2004）对标准战的理论和案例进行了回顾与综述，下面将在此基础上对未提及的文献进行补充，经典文献请参照以上两篇综述。

协调的主要内容是提高竞争企业各自产品的兼容程度，从而彼此利用竞争对手的安装基础，使竞争由技术或者产品间的竞争变成了技术内竞争，由网络规模竞争转向成本与绩效竞争。企业对兼容的偏好程度受到竞争企业间的相对地位、进入市场的顺序、声誉、产品生命周期、兼容的成本等因素影响，厂商需要在比较兼容与否带来的不同收益之后进行决策。

如果新进入厂商选择在技术上与在位厂商相互兼容，虽然一方面可以利用在位者建立的用户安装基础迅速地进行市场渗透，并且当转移成本不是纯经验效应产物的时候还可以减少老用户的转移成本；但是另一方面兼容性导致了进入厂商高额的技术专利费用以及谈判成本的支付，并且由于网络外部性的影响，竞争的在位厂商获得更大的网络效用而增强了市场竞争的优势。一般来说，有良好声誉的企业或者拥有网络规模比较大的企业偏好于不兼容，而声誉较弱或者网络规模较小的企业则会偏好于兼容。Economides（1991）发现相互兼容比不兼容带来的价格和利润都更高。双头垄断模型认为，企业获得的兼容收益大于社会的收益，不过企业数量大于 3 的话结果就不确定了。防降价模型分析的结论是：如果消费者偏好是异质的，垄断厂商的选择在某些情况下与社会偏好冲突，冲突的程度与消费者异质的程度有关。垄断竞争厂商则作为总体在兼容情况下实现利润最大化，社会也从网络规模中获益。但与不兼容的情况相比，市场份额较大的厂商利润下降，小厂商则反之，而消费者在不兼容时境况会更好，也就是说，垄断竞争情况下，小厂商是兼容时的最大受益者（Shy，2001）。Shapiro（2001）研究产品兼容与界面标准的建立过程及其对市场竞争的影响，强调知识产权。他认为兼容与标准的收益在于扩大了网络效应，使买者不被搁浅，成本则是限制了多样化和创新，此外，兼容与标准改变了竞争的范围与时间，从而成本与收益的大小并不确定。制定标准肯定有利的情况是：（1）必须将两家或者更多家企业的相关关键知识产权结合在一起才能生产成功的产品。（2）消费者仅购买大量软件支持的产品。（3）网络效应足够大但标准不太限制多样性。制定标准肯定不利的情况是：如果参与者必须彼此忠诚，可能形成共谋，信号之一为协议中包含知识产权。合作制定标准的意义不是分担特定投资相关的风险或者共同运作，而是利用互补的知识产权强化新技术的正反馈。[①]

如果竞争企业之间对兼容的偏好不一致，他们会通过标准战来确立自身的产品地位。Shapiro 和 Varian（1999）提出了标准战中的七种关键资产：控制安装基础、知识产权、创新能力、先动优势、制造能力、强化互补、品牌与声誉，据此提出三种策略：建立联盟、利用先动优势、管理消费者预期。Shapiro（1999）分析了信息经济中的企业竞争政策，包括横向合并、纵向与互补合并、标准与合作等。如果竞争企业对兼容的偏好一致，可以通过一致同意、传统、权威、聚点等途径来实现兼容，这时消费者的偏好特征会影响社会福利结果。不过，如果选择者不知道其他人的选择[②]，或者多种产品不同导致了单方行动，但这种差异仍不足以促成对单一产品的协调（Farrell 和 Klemperer，2004），或者参与协商的各方希望争取更多的自身利益，或者缓慢的商议过程带来的直接成本与时间的耗费太多，即使选择者都偏好于协调，仍可能出现都选择不兼容的情况。此时，加强信息沟通与减少延迟的措施可能会对结果有所帮助。如果是选择者困惑导致选择太慢，指示性的标准可能有效。为了减少延迟，并限制专利所有者事后的市场力量，很多标准组织限制了标准中知识产权的剥削。Shapiro（2001）认为专利可能带有敲竹杠的危险，交叉授权与专利池有助于缓解危险，但必须付出交易成本。反托拉斯法及执行也可能成为交易成本之一。不过，只给互补者而不给替代者授权就需要反托拉斯法了。Shapiro（2002）研究了企业在创新过程中的合作，包括联合经营、参与合作标准制定，这种合作有助于更广泛地传播创新，扩展或者细化已有的技术。Shapiro（2003）认为对专利诉讼和授权协议的治理比专利期限的长短更重要，讨论了专利协议的反托拉斯限制，推荐了不伤害消费者这个协议原则，认为这个原则平衡了专利人权利与消费者利益，并且充分尊重专利人。Chiao，Lerner 和 Tirole（2005）关注技术发起人让步的程度对协商进程的影响，他们通过经验研究表明，标准设置组织倾向于发起人的程度与

① Shapiro（2003）认为，专利并非给予所有人排他的权利，而是给予他通过法院来努力排他的权力。Lemley 和 Shapiro（2005）认为，专利具有不确定性，体现在已获得专利的发明的商业价值不确定，对能确保的法律权利的有效性与范围不确定，他们强调因为存在大量的专利申请而只有少数最终具有商业价值，花费资源来提高已发布专利的确定性可能并没有经济意义，比较有效的专利形式是关注最终有商业意义的专利申请。

② 这类似于共同知识但不完全信息的博弈，混合策略的方法对协调过于乐观。

技术发起人让步的程度呈负相关，而倾向于发起人的标准设置组织又与标准的技术程度正相关。

与互补企业结成联盟或者合并利用了间接网络外部性。这时候结成联盟不是为了减少产量，而恰恰相反，是为了使产品得到更广泛的应用。Economides 和 Salop（1992）将古诺双寡头模型一般化至多种可兼容品牌的情况，分析了互补品之间的竞争与一体化问题，讨论在不同的竞争和一体化程度情况下的均衡价格，关注纵向一体化带来的福利收益与横向一体化带来的福利损失，认为一体化对价格的影响并不确定，它取决于自身与交叉需求导数的相对大小。互补企业之间的协调需要考虑新增利益的内部化问题。Baxter（1983）较早地研究了支付系统中上下游企业的利益分配问题，他将互连费作为内部化的手段。Schmalensee（2002）研究市场双边的需求均为线性时的福利大化互连费。Atkinson 和 Barnekov（2000）的模型中，两个终端都从信息交换中获益，各中转者应从它自己的用户身上收回所有不随互连本身增加的成本。相反，Hermalin 和 Katz（2001）用零售价来反映互连收费，从而得出的结论很不同。他们认为，电子信息的发送者与接受者都从信息转换中承担成本，获得收益，在双边收益与固定网络结构的简单模型中，他们发现社会最优连接费用独立于信息“方向”，这些最优零售价值取决于两网络交换信息的边际成本的总和，而不是网络各自的成本。Hermalin 和 Katz（2006）进一步强调电讯信号的发送者与接受者都获益，从而产生了外部性。他们探讨中转者之间补偿能否将这些外部效应内部化。当进入费相关时，进入费能产生一个有效的不同网络发送与接收价格比率，但不能引致正确的总量。后者需要有可供跨中转者内部化的机制，比如重复博弈或者是彼此而定的价格政策。他们首先分析社会最优的终端使用者价格，并通过引进连接费与终端使用者决策拓展了以前的文献。因为价格在内部化交换信息双方的外部影响上能起作用，其中一方承担所有交换信息的边际成本是无效的。之后分析进入费与均衡终端用户价格间的关系。当发送者与接收者在同一网络中，网络操作员可能发现，采用能将外部性内部化的价格是有利的。

网络经济学在博弈论方法的基础上，把对消费者的假定引入了进来并推到了很重要的地位，它是博弈论的学习理论。网络经济学文献重点关注兼容与标准竞争和联盟方面的内容，预期、协调、兼容性成为网络产业技术竞争的主要内容。文献普遍认为，对于社会总体而言，兼容会带来规模经济、学习效应、技术溢出。它给消费者带来多样化选择的同时，也消除了被搁浅的担心，如果产品互不兼容产生了市场分割，那么就会损失网络效应。

四、产业组织理论的新发展：行为经济学

（一）行为经济学对产业组织理论基础的拓展

新制度经济学考虑了有限理性，这与现实的情形更加靠近，但是它只是考虑厂商的有限理性，而没有讨论消费者，也没有考虑消费者的策略行为对厂商成本收益的影响。而且，新制度经济学在理论模型化方面进展却很少，几乎没有用参数和函数形式描述参与人的决策行为。网络经济学讨论了消费者的有限理性，也将这种有限理性对企业决策行为的影响模型化，但是被模型化的内容只涉及消费者有限的异质性。行为经济学对有限理性的讨论更加彻底，它利用来自心理学和其他方面的证据推翻了新古典经济学对经济当事人理性、意志力和自利的假定，认为人的计算能力有限，偏好也不稳定，而且并不总是追求自身效用最大化，而是存在互惠性偏好，并进一步将这些限制明确模型化。Rabin（1998）、Starmer（2000）和 Camerer（2004）先后总结了行为经济学研究的特点、范围与应用，下面在此基础上将涉及到产业组织理论的行为经济学理论与新古典经济学做简要的比较，并对最近的研究进行简要的回顾，经典文献参见以上三篇论文。

新古典经济学假定经济当事人偏好外生决定，具有稳定性、完备性和可传递性，消费者的选择可以通过效用表现出来，而选择时的支付意愿独立于消费者面对产品时的价格。这是一个极有力的简化，但它排除了效用所依赖的许多变量。Smallwood 和 Conlisk（1979）反对这一点，他们认为，消费者购物时采用的是拇指规则。① 这是因为认知是有成本的，考虑到这些成本，经济当事人会选择次优行为。他们会通过一个参照点来衡量“损失”或者“收益”（Kahnema 和 Tversky，1979），而参照点的确立又

① 拇指规则描绘了简单的行为规则，直接假定企业或者消费者以某种简单的方式行事，而不是将行为作为最大化利润问题的解决途径。

与当事人的认知与感觉相关，从而选择是认知的结果（Kahneman，2003）。将没实现的结果（失望）或者先前的选择（后悔）与结果进行心理比较，意味着赌局的效用并不是期望效用。Ariely，Köszegi，Mazar 和 Shampan'er（2004）用 Becker-DeGroot-Marschak 程序对偏好的稳定性进行检验，结果发现，对简单商品（杯子和巧克力）的评价对价格分布的形状很敏感：当价格分布右偏时，价格比左偏时高出几倍。这种敏感不是因为参与者从价格分布中形成了关于产品质量的偏好。基于这些发现，他们认为，人们的偏好是不稳定的，不同的"启发方式[①]"会"诱导"出人们不同的偏好。在考虑决策本身时，往往都有一个"主要"考虑方面[②]。一件事情的各个不同方面的权重并不一样，并且在不同的诱导过程中即使是最主要的方面也会发生变化，任何事物的内在组成的权重是由其内在组成和外在表现程度的兼容性决定的，这被称为兼容性原理。不过，当决策过程变得相对复杂时，显著性假设和兼容性原理可能就不那么明显了，进而他们对决策的帮助作用也会减弱。一个人做决策的时候，往往会受到这一决策之前某个决策的"关联"影响，从而使最终的偏好选择产生偏差甚至逆转。

面对未来的风险选择时，新古典经济学用预期效用来解释，而 Kahneman 和 Tversky 根据参照依赖、损失厌恶[③]和敏感性递减[④]提出了前景理论，认为在不确定性下进行选择时，人们会通过一个包含这三个性质的价值函数来进行价值评估。前景理论假设参照点不独立，心理敏感逐渐缩小，这推导出了围绕参照点的风险偏好"变化"（比如，因为遭损失数量的享乐感觉在边际上下降，所以损失的效用函数是凸的。）除了前景理论，Tor（2003）认为基于有限理性的过度自信、过度乐观这些消费者特征也可以解释企业的非理性预期行为，他用此解释了市场进入中三个不能用理性假设进行很好解释的现象：进入的净现值大多为负；进入者对未来利润的预期不敏感；启动进入者的绩效平均较差。与很多其他的非预期效用理论相比，前景理论更有心理学基础，它弱化了独立性公理，并经得起检验，是行为经济学中的企业决策理论之一。

---

① 不同于贝叶斯统计判断，Tversky 和 Kahneman（1992）用直觉判断与标准之间的偏差来解释概率判断的启发式原则，其方法受感觉理论启发。

② 这也称为显著性假定。

③ 经济当事人的偏好具有风险厌恶的基本特征，等量的损失要比等量的获得，对人们的感觉产生更大的影响。

④ 也称对概率非线性敏感，指的是获得与损失的边际价值随其不断增大而递减。

在进行跨期选择时，传统贴现模型假定贴现率在时间上恒定，时间偏好为正，边际效用递减，各期效用独立，消费独立，即时效用不随时间变化，贴现函数独立于消费。Laibson（1997）的双曲线贴现理论认为，在不同时期中的贴现率并不是常数，而可能是递减的。消费者在选择时会出现时间偏好不一致性。收益的贴现率高于损失的贴现率，小额效用流的贴现率高于大额效用流；对延期的事件贴现率更大；在选择结果序列时，人们更偏好递增序列而非递减序列；效用和消费的独立性不成立，跨期选择是不同时期选择的相互影响。这为揭示储蓄不足、过度消费、拖延损失等行为提供了很好的理论基础。

此外，行为经济学还提出互惠性偏好、模糊选择、心理账户等概念，并用最后通牒博弈、独裁者博弈、信任博弈、礼品交换博弈、第三者惩罚博弈等实验进行解释。对当事人假设的上述不同导致了行为经济学对均衡的讨论不同于新古典经济学，在产业组织中，行为经济学利用实验证据建立类似效用的框架，检验当消费者受到行为偏离时，产业组织环境将发生什么，关注可能被企业剥削的消费者非理性。

（二）行为经济学在产业组织理论中的应用

Ellison（2006）对行为经济学的基本观点和在产业组织中的应用进行了比较完整的综述，下面在此基础上进行简要的回顾和一些最新文献的补充。

1. 拇指规则的运用

Schmalensee（1978）认为买者对企业传递的广告水平信号的最优使用将取决于所有卖者的决策。Smallwood 和 Conlisk（1979）较早探讨了消费者行为与产品选择效率之间的关系，认为在有多个品牌可供选择的市场中，如果消费者完全随机地选择，那么不论开始如何，最终高质量的产品会比较流行，但所有产品都占有一定的市场份额，如果消费者在选择前询问过朋友使用的品牌，并且这种询问是随机的，那么在次品最初的市场份额足够大的情况下，次品将支配市场。如果消费者复制他人的随机选择而不使用关于他们满意程度的任何信息，那么最好的产品将长期占优，有限理性产生了长期的社会最优结果。Sobel（1984）刻画了一些无限不耐心的消费者，不管等待将带来多少潜在收益，他们都立刻购买。Fudenberg

和 Krep（1988）为预期参与人获得博弈均衡提供了拇指方法。Rubinstein（1993）以及 Piccion 和 Rubinstein（2003）用正式方法模型化认知能力，并用此框架分析销售。Rubinstein（1993）的模型中，认知的复杂性由需要执行策略的“感知器”的命令获得，一些经济当事人只能执行很简单的策略（如果价格超过极限就购买），而他人能执行包括两个或者更多非单调策略。垄断者希望在一些情况下向高认知能力的经济当事人收取低价，这可通过随机选择价格从而使低认知能力客户购买无收益的方法来实现。Piccion 和 Rubinstein（2003）介绍了另一种不同的认知能力：他们假定经济当事人的区别在于他们能够回忆的关于价格的历史长度。同样，企业希望向高认知能力者收取低价格，方法是：在常规定价与只有高能力当事人才能认知的价格之间转换。Sobel（2000）应用拇指规则来探讨各种因素如何影响标准的高低。Sobel（2001）对该模型进行扩展，加入了判断者。[①] Ellison（2002）进一步关注不同维度的权重。Spiegler（2006）用拇指规则模型讨论产品设计，认为当产品有很多面，有限理性消费者随机选择一方面进行评价，并据此购买这方面得分最高的产品，如果产品所有方面都被设计得一样好，则消费者将能够准确评价。然而，Spiegler 认为这是不可能的，实际上，企业随机使产品某些方面比别的方面更好，他将这种多面变量视为故意混淆。在对技术选择的探讨上，拇指规则得到较多的应用，Ellison（2006）对此有所列举。

2. 行为偏差方法

行为偏差方法将参照依赖、损失厌恶、双曲线贴现、自我控制、从众行为等偏离理性与自利的消费者行为进行模型化。追求利润最大化的企业如何为非标准特征的消费者行为设计合同？竞争是否会改变企业行为？这是行为产业组织理论近期的热点。

（1）参照依赖与损失厌恶。偏好是依赖于参照点的，即人们将经济结果与相关“参照点”进行比较，而不是仅根据绝对值来评价。其中最明显的例子是损失厌恶：与参照点相比的损失比同等收获更让人敏感。完全信息时消费者的最好结果是永远以最低价格购买，消费者实际所得由市场价与消费者的购买决策决定。Schlag（2004）研究消费者追求最小化最

---

① 每个判断者有不同的 v，如果候选人在最近成功这种为前 τ，则接受他。模型结果取决于投票规则与绩效的空间维度。当只需少部分判断者同意，标准会降低，当要求接近一致同意，标准会上升。

大后悔时理性寡头的竞争行为。同质的消费者使用三个简单原则：简单剥离原则、严格触发原则和审查取样原则，每一期都有单位需求，并且只访问一家企业，只观察到该企业的价格。结果存在两种均衡，一种是消费者永远在同一企业购买，另一种均衡是消费者在均衡路径上向两企业购买。

证据表明，参照依赖与损失厌恶会影响消费者在市场上的行为，企业似乎也认识到了这一点。Kahneman，Knetsch 和 Thaler（1986）提出销售可能有不同的非理性原因。他们调查发现，很多人认为，当需求增加，企业价格上涨是“不公平的”。他们推测企业因此不会降低价格。如果企业需求下降时也降低常规价格，那么当需求增加时价格上涨将被视为不公平。研究这个主题的关键挑战在于详细描述参照点是如何确定以及如何改变的。Köszegi 和 Rabin（2004）认为，参照点是实际选择的预期。如果消费者无法购买其预期购买的产品或者支付高于预期支付，他们感觉到了损失。Heidhues 和 Köszegi（2005）分析了面临损失厌恶的消费者时，追求利润最大化的垄断者的策略定价行为。他们采用 Köszegi 和 Rabin（2004）的框架，认为决策者的参照点由其近期将得结果的预期决定，并假定参照点内生决定，消费者的购买意愿受决策前观察的冲击影响，这个假定使离散决策变成了连续的需求曲线。为了保持这一点，他们加入了一个条件，即对于任何价格分布，个人均衡都是单一的。他们发现，如果需求与成本都随机，并且随时间变化，企业有承诺价格分布的能力，从而有能力管理消费，那么，即使成本冲击连续分布，价格也将保持粘性，企业可能制定不变价格（或者从离散集合中选择价格）。损失厌恶的消费者从付出大于预期得到的负效用大于付出对称地小于预期得到的效用，这给不变价格提供了激励。利润反周期，因为当消费者希望购买时有较高的价值，当企业缺乏承诺能力时可以有多重价格均衡。Rotemberg（2005）用更复杂的公平模型来考察企业的销售期内和期间的价格粘性。在模型中，消费者具有与利他主义相反的偏好，如果它们对企业利他的估计超过极限，他们将惩罚企业。模型还取决于企业以利润函数为目标函数，取决于消费者的后悔。他认为类似假定能够解释企业在应对需求冲击与通胀时为什么进行调整价格。

（2）双曲线贴现。Della Vigna 和 Melmendier（2004，2005）用健康俱乐部的数据研究消费者选择合同菜单的行为，发现消费者行为很难与标准的偏好信念一致，他们将此解释为对未来效率或者未来自我控制的过度自信。他们假定存在两类消费者，天真的消费者和老练的消费者，天真的双曲线消费者没有意识到他们有承诺问题，老练的双曲线消费者完全意识到他们的时间不一致。两类消费者都具有准双曲线贴现偏好，并且时间分布不连续。健康俱乐部采用两部定价法向他们销售具有延迟收益或者延迟成本的产品，如果消费者接受，他们每次访问俱乐部所承担的负效用为d，成本p，延迟收益b。理性模型认为，信息对称的情况下，俱乐部可以通过固定收费获取消费者剩余。而实际上俱乐部使每次价格不等于边际成本是有原因的：老练的理性消费者将承诺经常光顾，俱乐部降低每次价格至低于成本有助于他们这样做；天真的理性消费者将高估他们光顾的次数，降低每次价格并增加固定收费扩大了消费者预期从合同中获得的声誉与实际获得剩余之间的差距，以此方法扭曲合同能使合同对这些消费者更有吸引力。两种效应同方向，从而不论双曲线消费者的类型如何，结论都一样：每次价格低于边际成本。

有些产品的使用需要互补组件的联合，比如打印机与墨盒，前者被称为基础品，后者被称为附加品。Gabaix 和 Laibson（2006）用天真消费者的比例来解释为什么企业在广告中通常不宣传附加品的价格。他们发展了最早由 Ellison（2005）[①] 提出来的想法，认为如果消费者能从企业不宣传附加品价格的行为中推断附加品的价格高，那么企业就不会隐藏信息。当存在一些天真的消费者时，企业会隐藏附加品的价格，而用价格低廉的基础品来诱使消费者购买。这种隐藏会导致低效率，企业有激励通过教育其竞争对手的客户来消除这种低效率。不过，如果附加品是高度可替代的，将出现“天偏曲线”，企业不能通过披露附加品信息来纠正消费者而获利。他们将这种消费者非理性正式化，发现竞争将不会引发对附加品价格的披露。这个结论完全不同于理性假设下的情况，如果消费者全都是理性的，隐藏信息实际上会伤害企业，因为理性消费者将对隐藏信息的企业作出更坏的预期。

（3）自我控制偏好。Gul 和 Pesendorfer（2001）得出了消费者在有冲动并且自我控制需要付出心理成本时的一组偏好，每个消费者都有两个效用函数，一个体现他希望坚持的偏好，另一个体现他的冲动。消费者的实际行为由这两个函数共同决定，折中过程支配了自我控制。自我控制的心理成本是内生决定的：它是最大化冲动效用与实际选择的冲动效用之间的

---

① Ellison（2005）的理性价格歧视模型中，附加品价格使企业较能控制高需求消费者，外生搜索成本是消费者观察附加品价格有成本，高附加品价格有助于价格歧视从而提高利润。然而，当信息交流无成本时，高价格将无法维持。

差。消费者正确地预见了自我控制的后果，如果消费者预期自我控制过程将太痛苦或者根本不用自我控制，他将放弃消费机会。所以企业可能打算提供多种菜单让消费者自己选择。与标准偏好消费者不同，有 Gul-Pesendorfer 偏好的消费者可能不喜欢一个较大的选择组，如果它包含了冲动与不合意的选择的话。这是因为消费者可能屈服于冲动，即使他们抗拒它，在此过程也发生了心理成本。Esteban 和 Miyagawa（2006）就用 Gul-Pesendorfer 偏好与企业通过提供菜单来竞争的博弈来研究企业对待此类消费者的策略，认为即使市场高度竞争，均衡通常也是无效的。帕累托改进菜单在均衡中没有提供，因为对消费者的承诺效用来说它并不合意，如果提供，消费者将远离菜单。Esteban 和 Miyagawa（2005）将客户分为高低两种类型，每个客户有三个可能状态：不冲动状态、冲动状态和自我控制状态。他们认为，如果冲动提高了消费者对产品质量的边际评价，企业将能完美地进行歧视定价，向目标不同的消费者提供多重菜单。Esteban，Miyagawa 和 Shum（2006）继续探讨自我控制偏好问题，他们认为企业在两种菜单中权衡，一种为小菜单，它使消费者更容易自我控制，一种是大菜单，它能更好地进行歧视定价。最优菜单类似于标准非线性定价问题中有价格上限的菜单，其中价格上限由参与者约束内生决定。上限激励企业提供相对平的、紧凑的价格菜单，服务于更多需求较小的消费者，如果消费者有冲动，企业收入下降。

（4）消费者信号。在标准的从众行为模型中，对垄断供给方的讨论包括：如果价格可变，垄断者将会如何定价？垄断者如何影响卖者的学习过程？垄断力量改善还是恶化了从众行为？第一个分析从众行为下垄断定价问题的是 Bikhchandani，Hirshleiferh 和 Welch（1992），他们的模型假定买者有二元信号，但卖者不能根据购买历史而调整价格。此时对卖者来说，采取低价以触发从众行为是最优的。Banerjee（1992）和 Bikhchandani 等（1992）认为，当价格固定，如果买者拥有有限信息的私人信号，结果为从众行为。最终，来自先前决策的公开信息淹没买者的私人信息。于是，从第一期买者的私人信息中产生了信息瀑。从这点看，买者模仿先前买者的行为，从而丢失了他们的私人信息。Bose，Orosel，Ottaviani 和 Vesterlund（2006）嵌入了社会学习模型，假定市场价格由垄断者动态调整，当期价格不仅反映产品质量，也影响了社会学习过程，并因此影响未来买者关于质量的信念。商品的共同价值信号是二元的，每一卖者收到关于该价值的一个二元私人信号，从而垄断者最优策略可描述为公开先验信念集合的一部分。垄断者选择向两种买者以混同价格出售，或者只向有较优信号的买者以分离价格出售。结论是，在长期，垄断者一般设置固定价格，所有序贯买者要么购买（有购买信息瀑时）要么不买（有退出信息瀑时），所以，所有买者最终采用同样的决策，之后无信息公开。均衡取决于三个主要参数的相互作用：信号的准确性、卖者贴现率和产品单位成本，精确程度取决于贴现率、而独立于成本。

Fudenberg 和 Villas-Boas（2005）回顾了企业基于消费者行为进行价格歧视的文献，研究的内容包括了垄断企业提供非耐用品、双寡头企业竞争、多企业生产同一产品的多种版本的多种情况，消费者的类型用在市场中的时间和购买商品的时间来刻画。他认为，如果企业能够根据客户过去的消费信息向有不同消费历史的客户提供补偿的价格或者产品，那么企业可能面临的一个问题是，虽然拥有更多的信息有助于企业从当前价格中获得更多的剩余，消费者可能预期到这种可能性，从而改变了最初的消费。因此，如果企业能够承诺忽视消费者过去的决策，企业的状况更将改善。另外，更多的信息可能会引发企业间更激烈的竞争，当所有的企业都采取这种基于行为的价格歧视时，整个产业的利润下降。这种定价政策的福利结果并不确定，取决于市场结构的很多方面。

参考文献

1. Ariely, D., B. Köszegi, N. Mazar and K. Shampan'er, 2004, "Price-sensitive preferences", Available at http://elsa. berkeley. edu/~botond/PriceSensitivePreferences. pdf.

2. Armstrong M., 2006, "Recent Developments in the Economics of Price Discrimination", Available at http://else. econ. ucl. ac. uk/papers/uploaded/175. pdf.

3. Armstrong M., Ellison G. and Hendricks K., 2006, "Price Discrimination and Irrational Consumers", Available at http://cemmap. ifs. org. uk/papers/vol2_ chap6. pdf.

4. Atkinson, Jay M. and Christopher C. Barnekov, 2000, "A Competitively Neutral Approach to Network Interconnection", OPP Working Paper Series #34, Federal Communications Commission.

5. Banerjee, A., 1992, "A Simple Model of Herd Behaviour", Quarterly Journal of Economics, 107, pp. 797-817.

6. Baxter, William F., 1983, "Bank Interchange of Transactional Paper: Legal and Economic Perspectives", Journal of Lawand Economics 26, October, pp. 541-88.

7. Bikhchandani S. Hirshleifer D, Welch I, 1992, "A Theory of Fads, Fashion, Cus-

tom, and Cultural Change as Informational Cascades", Journal of Political Economy, 100: pp. 992 – 1026.

8. Bose, S., Orosel, G., Ottaviani M., and Vesterlund L., 2006, "Monopoly pricing in the binary herding model", Available at http://ideas.repec.org/p/pit/wpaper/265.html.

9. Camerer, Colin F. and George Loewenstein, 2004, "Behavioral Economics: Past, Present, Future", in Colin F. Camerer, George Loewenstein, and Matthew Rabin, 2004, Advances in Behavioral Economics, Russell Sage Foundation, Princeton and Oxford: Princeton University Press.

10. Chiao, B., Lernerand, J., and Tirole, J., 2005, "The Rules of Standard Setting Organizations: An Empirical Analysis", NBER Working Papers 11156, National Bureau of Economic Research, Inc. Available at http://ideas.repec.org/e/ple60.html.

11. Della Vigna, Stefano and Ulrike Malmendier, 2004, "Contract Design and Self-Control: Theory and Evidence", Quarterly Journal of Economics, 119, pp. 353 – 402.

12. Della Vigna, Stefano and Ulrike Malmendier, 2005, "Paying Not to Go to the Gym", American Economic Review, forthcoming.

13. Doraszelski, U. and Markovich, S., 2005, "Advertising Dynamics and Competitive Advantage", Available at http://www.economics.harvard.edu/faculty/doraszelski/papers/advertising.pdf.

14. Doraszelski, U. and Pakes, A., 2006, "A Framework for Applied Dynamic Analysis in IO", Available at http://www.nber.org/papers/w8024.pdf.

15. Economides, N., 1991, "Compatibility and the Creation of Shared Networks", in Margaret Guerin-Calvert and Steven Wildman, (eds.), *Electronic Services Networks: A Business and Public Policy Challenge.* New York: Praeger Publishing Inc., 1991.

16. Economides, N., 1996, "The Economics of Networks", International Journal of Industrial Organization, 14 (6): pp. 673 – 699.

17. Economides, N., and Salop, Steven, C., 1992, "Competition and Integration among Complements, and Network Market Structure", Journal of Industrial Economics, Vol. XI, No. 1, pp. 105 – 123.

18. Ellison R. and Pakes, A., 1995, "Markov-Perfect Industry Dynamics: A Framework for Empirical Work", Review of Economic Studies, 62, pp. 53 – 82.

19. Ellison, G., 1993, "Learning, Local Interaction and Coordination", Econometrica, 61, pp. 1047 – 1071.

20. Ellison, G., 2002, "Evolving Standards for Academic Publishing: A q-r Theory", Journal of Political Economy, 110, pp. 994 – 1034.

21. Ellison, G., 2005, "A Model of Add-on Pricing", Quarterly Journal of Econom-

ics, 120, pp. 585 -637.

22. Ellison, G. , 2006, "Bounded Rationality in Industrial Organization1", Available at http: //www. hss. caltech. edu/~camerer/NYU/05-Ellison. pdf.

23. Ely, J. and J. Valimaki, 2002 "Bad Reputation", NAJ Economics, 4: 2, Available at http: //www. najecon. org/v4. htm.

24. Ely, J. , Fudenberg, D. , Levine K. David, 2005, "When is Reputation Bad?" Available at http: //levine. sscnet. ucla. edu/papers/badrep. pdf.

25. Esteban S. and Miyagawa, E. , 2005, "Optimal Menu of Menus with Self-Control Preferences", Available at http: //www. econ. psu. edu/~sesteban/stores. pdf.

26. Esteban S. , Miyagawa, E. and Shum, M. , 2006, "Nonlinear Pricing with Self-Control Preferences", Journal of Economic Theory, forthcoming.

27. Esteban, S. and Miyagawa, E. , 2005, "Optimal Menu of Menus with Self-Control Preferences", mimeo.

28. Esteban, S. and Miyagawa, E. , 2006, "Temptation, self-control, and competitive nonlinear pricing", Economics Letters, Elsevier, Vol. 90 (3), pp. 348 - 355, March.

29. Farrell, J. and Klemperer, P. , 2004, " Coordination and lock-in: Competition with Switching Costs and Network Effects", Available at http: //www. paulklemperer. org.

30. Fehr, E. and K. M. Schmidt, 1999, "A Theory of Fairness, Competition, and Cooperation", Quarterly Journal of Economics 114 (3): pp. 817 -868.

31. Fershtman, C. and Pakes, A. , 2000, "A dynamic oligopoly with collusion and price wars", Rand Journal of Economics 31: pp. 294 -326.

32. Fudenberg D. , and Villas-Boas J. Miguel, 2006, "Behavior-Based Price Discrimination and Customer Recognition", Available at http: //www. haas. berkeley. edu/~market/PAPERS/VILLAS/surveypaper. pdf.

33. Fudenberg, D. , and Kreps, D. , 1988, "A Theory of Learning, Experimentation and Equilibrium in Games", mimeo.

34. Fudenberg, D. , D. Levine, and E. Maskin, 1994, "The Folk Theorem in Repeated Games with Imperfect Public Information", Econometrica 62 (1994): pp. 997 - 1039.

35. Gabaix, X. and D. Laibson, 2006, "Shrouded Attributes, Consumer Myopia, and Information Suppression in Competitive Markets", Quarterly Journal of Economics 121 (2): forthcoming.

36. Gul, F. and W. Pesendorfer, 2001, "Temptation and Self-Control", Econometrica 69 (6): pp. 1403 -1435.

37. Heidhues, P. andKöszegi, B. , 2005, "The Impact of Consumer Loss Aversion on

Pricing", Available at http: //www. inno-tec. de/io/paper/pricing. pdf.

38. Hermalin, Benjamin E. , and Michael L. Katz, 2001, "Network Interconnection with Two-Sided User Benefits," unpublished manuscript, University of California, Berkeley.

39. Hermalin, E. Benjamin and Katz L. Michael, 2006, "Information and the Hold-Up Problem", working paper, Available at http: //faculty. haas. berkeley. edu/hermalin/Information_ and_ Holdup_ v60. pdf.

40. Hermalin, E. Benjamin and Katz L. Michael, 2004, "Customer Or Complementor? Intercarrier Compensation with Two-Sided Benefits", working paper, Available at http: // faculty. haas. berkeley. edu/katz/Customer%20or%20Complementor%20posted. pdf.

41. Jean-Pierre Dubé, Günter J. Hitsch, Peter E. Rossi, 2006, " Do Switching Costs Make Markets Less Competitive?", Available at papers. ssrn. com/sol3/papers. cfm? abstract_ id = 371921-28k.

42. Kahneman, D. , 2003, "Maps of bounded rationality: Psychology for behavioral economics", American Economic Review 93 (5): pp. 1449 – 1475.

43. Kahneman, D. and A. Tversky, 1979, "Prospect Theory-Analysis of Decision under Risk", Econometrica 47 (2): pp. 263 – 291.

44. Kahneman, D. , Jack L. Knetsch, and Richard Thaler, 1986, "Fairness as a Constraint on Profit Seeking: Entitlements in the Market", American Economic Review, American Economic Association, Vol. 76 (4), pp. 728 – 741.

45. Kahneman, Dand Tversky, A. , 1974, Judgement under uncertainty-Heuristics and biases, Science, 185 (3) .

46. Katz, M. L. , and Shapiro, C. , 1985, "Network Externalities, Competition and Compatibility", American Economic Review, 75 (3): pp. 424 – 440.

47. Köszegi, B. , and M. Rabin, 2004, "A Model of Reference-Dependent Preferences", Economics Department, University of California, Berkeley, Working Paper E04 – 337.

48. Laibson, D. , 1997, "Golden Eggs and Hyperbolic Discounting", The Quarterly Journal of Economics 112 (2), In Memory of Amos Tversky (1937 – 1996): pp. 443 – 477.

49. Lemley A. Mark and Shapiro C. , 2005, "Probabilistic Patents", Journal of Economic Perspectives—Volume 19, Number 2 – Spring 2005, pp. 75 – 98.

50. Liebowitz, S. J. and S. E. Margolis, 1995, "Path dependence, lock-in and history", Journal of Law Economics and Organization 11: pp. 205 – 226.

51. Michele P. , and Rubinstein A. , 2003, "Modeling the Economic Interaction of Agents with Diverse Abilities to Recognize Equilibrium Patterns", Journal of the European

Economic Association, 1, pp. 212 – 223.

52. Nelson, R., S. Winter, 1982, An Evolutionary Theory of Economic Change. Cambridge, MA: The Belknap Press of Harvard University Press.

53. Ostrovsky, M., and Schwartz, M., 2002, "Coordination under Uncertainty", Harvard Institute of Economic Research Working Paper, #1969.

54. Rabin, M., 1998, "Economics and Psychology", Journal of Economic Literature Vol. 36, pp. 11 – 46.

55. Rohlfs, J., 1974, "A Theory of Interdependent Demand for a Communications Service", Bell Journal of Economics, Vol. 5, No. 1, pp. 16 – 37.

56. Rotemberg, J., 2005, "Fair Pricing," mimeo.

57. Rubinstein, A., 1993, "On Price Recognition and Computational Complexity in a Monopolistic Model", Journal of Political Economy, 101, pp. 473 – 484.

58. Schlag, K., 2004, "Competing for Boundedly Rational Consumers", mimeo.

59. Schmalensee, R., 1978, "A Model of Advertising and Product Quality", Journal of Political Economy, 86, pp. 485 – 503.

60. Schmalensee, R., 1988, "Industrial Economics: An Overview", Economic Journal, 98, pp. 675 – 676.

61. Schmalensee, R., 2002, "Payment Systems and Interchange Fees", The Journal of Industrial Economics, Vol. 50: pp. 103 – 22.

62. Sen, A., 1996, "Introduction to Industrial Organization", 1st ed., Delhi: Oxford University Press.

63. Shapiro, C., 1999, "Competition Policy in The Information Economy", Available at http: //faculty. haas. berkeley. edu/shapiro/comppolicy. pdf.

64. Shapiro, C., 2000, "Setting Compatibility Standards: Cooperation or Collusion", available at http: //haas. berkeley. edu/~shapiro/standards. pdf.

65. Shapiro, C., 2001, "Navigating the Patent Thicket: Cross-Licenses, Patent Pools, and Standard-Setting", in NBER Innovation Policy and the Economy. Adam Jaffe, Joshua Lerner and Scott Stern, eds. Cambridge, Mass.: MIT Press, pp. 119 – 150.

66. Shapiro, C., 2002, "Competition Policy and Innovation", working paper, Available at http: //www. oecd. org/sti/working-papers.

67. Shapiro, C., 2003, "Antitrust Limits to Patent Settlements", RAND Journal of Economics. 34: 2, pp. 391 – 411.

68. Shapiro, C. and Varian R. Hal, 1999, "The art of standard wars", California Management Review Vol41, No. 2 WINTER.

69. Shy, Oz., 2001, The Economics of Network Industries, New York: Cambridge University Press.

70. Simcoe, T., 2003, "Committees and the Creation of Technical Standards", Work-ing Paper, University of California, Berkeley, Haas School of Business.

71. Skrzypacz, A., 2005, "Bargaining Under Asymmetric Information and the Hold-Up Problem", Unpublished manuscript, Stanford University.

72. Slovic, P. and S. Lichtenstein, 1968, "Importance of Variance Preferences in Gambling decisions", Journal of Experimental Psychology 78: pp. 646 – 654.

73. Smallwood, D. E. and J. Conlisk, 1979, "Product Quality in Markets where Consumers are Imperfectly Informed," Quarterly Journal of Economics, 93, pp. 1 – 23.

74. Sobel, J., 1984, "The Timing of Sales", Review of Economic Studies, 51, pp. 353 – 368.

75. Sobel, J., 2000, "A Model of Declining Standards", International Economic Review, 41, pp. 295 – 303.

76. Spiegler, R., 2006, "Competition over Agents with Boundedly Rational Expectations", Theoretical Economics, forthcoming.

77. Stango, V., 2004, "The Economics of Standards Wars", Review of Network Economics, Vol. 3, Issue 1 – March 2004.

78. Starmer, C., 2000, "Developments in Non-Expected Utility Theory: The Hunt for a Descriptive Theory of Choice under Risk", Journal of Economic Literature Vol. 38, pp. 332 – 382.

79. Tirole, J., 1988, The Theory of Industrial Organization, Cambridge: MIT Press.

80. Tor, A., 2003, "The Fable of Entry: Bounded Rationality, Market Discipline, and Legal Policy", Available at http://papers.ssrn.com/sol3/papers.cfm?abstract_id=934880.

81. Tversky, A. and D. Kahneman, 1992, "Advances in Prospect-Theory-Cumulative Representation of Uncertainty", Journal of Risk and Uncertainty 5 (4): pp. 297 – 323.

82. Varian, H., 1980, "A Model of Sales," American Economic Review, 70, pp. 651 – 659.

83. 董艳华、荣朝和:《产业组织理论的主要流派与近期进展》，载《北方交通大学学报》(社会科学) 2003 年第 4 期。

84. 牛晓帆、袁崇坚:《发展中的产业组织理论述评》，载《云南社会科学》2004 年第 2 期。

85. 吴福象:《产业经济学的发展与学科渗透的趋势》，载《当代财经》2004 年第 10 期。

第十三章　产业内贸易理论研究的新进展

20 世纪 70 年代以后，产业内贸易在世界贸易中占据了相当重要的地位，成为推动新型国际分工和促进新兴产业发展的关键性影响因素，是衡量一国或地区在国际分工中的地位以及国际市场应变能力的重要指标。随着跨国公司和垂直专业化国际分工在国际贸易中发挥越来越显著的作用，产业内贸易理论的研究深度和领域不断扩展，已成为国际贸易新理论的重要组成部分，国外学者在理论解释和实证检验方面都有深入的研究。主要集中在以下几个方面：各个国家和地区之间不同产业的产业内贸易现状；产业内贸易的理论解释；产业内贸易测量方法的不断发展；影响产业内贸易的因素分析等。

一、产业内贸易的理论解释

产业内贸易是指一个国家在出口的同时又进口某种同类产品。这里的同类产品是指按国际贸易标准分类（SITC）至少前 3 位数相同的产品，即至少属于同类、同章、同组的商品。产业内贸易可以分为同质产品产业内贸易和异质产品产业内贸易。前者是指具有完全替代性的同质产品的双向贸易，后者是指存在质量差异的同种产品的双向贸易。异质产品产业内贸易又可细分为水平差异产品的产业内贸易（通常称为水平型产业内贸易）和垂直差异产品的产业内贸易（通常称为垂直型产业内贸易）。

（一）同质产品产业内贸易的理论解释

Grubel 和 Lloyd（1975）认为运输成本、转口贸易、季节性贸易、需求条件、收入和消费者偏好的不同以及政府干预等均可导致同质产品产业内贸易的发生。Brander（1981）和 Krugman（1983）通过构造一个寡头垄断模型（即相互倾销模型）证明在寡占市场上，即使是以同样的成本在国内、国外市场上生产一种完全相同的产品，不存在成本差异和规模经济，并且存在运输成本，由寡头之间竞争性策略选择所导致的“相互倾销”也将使产业内贸易发生。也就是说在满足市场分割的前提条件下，只要其总利润水平不降低，厂商就会通过实施“差别定价策略”来扩展进而占领海外市场，当各厂商都采取该战略促进产品出口时，由相互倾销导致的产业内贸易就会出现。

（二）异质产品产业内贸易的理论解释

1. 水平差异产品的产业内贸易

Dixit（1977），Stiglitz（1977），Krugman（1979）和 Helpman（1981）基于垄断竞争的市场结构，认为产业内贸易产生的原因在于规模经济和产品差异化。将张伯伦的垄断竞争理论运用到产业内贸易分析中来，提出了新张伯伦产业内贸易模型。他们认为：如果存在不完全竞争、规模经济、产品差异化和需求多样化，则要素禀赋相同的国家之间就可能开展产业内贸易。Krugman（1979）通过把 Dixit 和 Stiglit 的模型由封闭扩展为开放，第一个提出水平差异产品产业内贸易的正式模型。他认为企业内部的规模经济使得市场成为垄断竞争的市场结构，即企业内部的规模经济导致贸易的发生。

Lancaster（1980）将其研究的消费者需求的实质部分引入，对上述垄断竞争条件下的产业内贸易模型加以发展，提出了新霍太宁模型。新霍太宁模型与新张伯伦模型具有一定的相似性，如对贸易结构和贸易方向的预测，但两者的显著差别在于对效用函数的构造不同。新张伯伦模型认为消费者对所有产品品种的偏好是对称的，每个消费者的消费偏好相同，都是消费变体种类越多，效用越大；而新霍太宁模型却认为消费者对不同品种的偏好并非对称，每个消费者偏好都不完全相同，但都有一种自己的理想变体。

2. 垂直差异产品的产业内贸易

其代表性研究为 Falvey 和 Kierzkowski（1984），在研究产业内贸易与要素比率之间的关系之后，认为就算不存在不完全竞争和收益递增，垂直型产业内贸易也会存在，规模经济和不完全竞争并不是产业内贸易发生的必要条件。要素禀赋、技术水平以及收入分配对各国垂直差异化产品的产业内贸易程度的影响不同。他们还考察了两国间要素禀赋相对差异的变化对于垂直型产业内贸易份额增减的影响，垂直型产业内贸易的增减取决于是哪个国家使自己的资本/劳动比率更高。

Shaked 和 Sutton（1984）建立了自然寡头垄断模型。重点关注研发支出不同造成的产品差异对市场的影响。根据自然寡头模型，产品质量的提高是固定成本（研发支出）提高的结果，随着产品质量的提高，可变成本的提高只是轻微的，价格并不随质量提高而大幅度上升。企业间在高质量产品生产中的竞争将使这些产品的价格达到一个水平，在这个水平上，所有消费者都愿意购买这些厂商的高质量产品，低质量产品将退出市场。假定存在两个相同的封闭市场，这两个市场中都有两个垄断者，一个企业生产高质量产品，另一个生产低质量产品。当贸易把不同的市场联系起来时，两个国家中生产高质量产品的企业将相互竞争，生产低质量产品的企业也会同样竞争。自由贸易的结果就是一个质量的产品只由一个企业生产，该生产者同时供应国内外两个市场。如果每个国家撤出一个企业，那么垂直型产业内贸易就会发生。

（三）赫克歇尔—俄林—李嘉图模型

Davis（1995）直接从比较优势角度（基于规模收益不变和完全竞争市场结构）解释产业内贸易模型。他指出产业内贸易与比较优势的内在关系，提出了对产业内贸易和产业间贸易做出统一解释的赫克歇尔—俄林—李嘉图模型。这个模型对现实中的贸易政策和实证分析都有很强的指导意义。他将综合要素比例理论和李嘉图的技术差异理论，引入赫克歇尔—俄林模型，认为在两国具有相同的要素禀赋时，所有的贸易都以产业内贸易的形式出现。劳动力密集的国家也可能出口资本密集型产品，并且贸易的流向是确定的。同时由于产业内贸易产品所内在的生产替代可能性，使生产可能性曲线会变得相当平缓，这就使贸易对于技术差异非常敏感，即使是微小的技术差异也将导致厂商的产业内专业化生产并引起产业内贸易，并决定了贸易的流向。他最后得出结论，规模经济与不完全竞争市场并不是解释产业内贸易所必需的。

二、产业内贸易的经济效应

Greenaway（1986）建立了产业内贸易静态利益模型，认为在产业内贸易之后，两国的生产者和消费者所得的净利益都比贸易前增加，而且如果两国的偏好重叠越大，则通过产业内贸易所得的静态利益越大。也有学者认为：产业内贸易导致的消费者剩余和生产者剩余的福利效应分析还要考虑到由生产专业化所导致的规模经济以及可以选择的产品变体种类的多样化对于一国福利水平的影响。

产业内贸易的动态贸易利益表现在：产业内贸易可以使更多的发展中国家节约研发费用和时间，获取技术外溢效应，加速本国知识和人力资本的积累，进而促进经济迅速增长。同时，由于消费者对同质产品和产品变体价格变化的反应更为敏感，因此单个厂商的需求曲线更富弹性，厂商之间的竞争激烈从而可以提高资源使用效率。此外，为了防御潜在竞争者的进入、更多地占领海外市场，产业内贸易的开展也可以促进厂商加快对新产品的开发和现有产品变体的改进。

产业内贸易对收入分配影响的研究，集中在与产业内贸易所导致的劳动力要素的调整成本的问题。Balassa（1966）提出"平滑调整假说"，其基本思想是：与产业间贸易相比，产业内贸易的调整成本更低。这是因为产业内贸易作为同类商品的交换，其要求生产商品的劳动力技能的相似性必然高于产业间贸易。当劳动力不需要经过更多的再培训就可以在同一产业内部的企业间流动时，其调整成本必然较低。另外，由于其他互补性生产要素在同一产业内可能更具流动性，也使劳动力市场在较小的工资调整下就能够获得均衡。Brulhart 和 Elliot（2002）对欧洲经济一体化的进程是否给各个国家施加了更多的调整成本这一问题进行了分析。通过用工人的失业率和工资的变化情况作为衡量调整成本的变量，发现欧盟的建立使得各国之间产业内贸易的水平大大增加，从而减少了要素调整的摩擦成本，促进了经济的发展，而这一结果也恰恰证实了"平滑调整假说"。

然而，"平滑调整假说"不断受到挑战。由于垂直差异产品的生产与劳动技能有关，它包含的是质量不同产品之间的交换。如果由于贸易变化导致原本专业化生产低质量品种的劳动技能被用于生产高质量品种，就需要进行劳动力的再培训等成本的支出，从而带来相当高的调整成本。Lovely 和 Nelson（1999）通过将边际产业内贸易度量植入一般均衡模型，将产业内贸易与产业内调整相联系，发现以前关于产业内贸易只会导致产业内调整的假设并不成立，产业内贸易通常会引发产业间调整，同时，增加的产业内贸易通常会导致相对要素价格的长期变化。在最近几年的实证研究中，越来越多地出现了与“平滑调整假说”相背离的结果。

三、产业内贸易的决定因素

产业内贸易的决定因素包括国家特征因素和产业特征因素。国家特征因素有经济发展水平、要素禀赋差异、地理距离、经济一体化，贸易不平衡以及贸易壁垒等。产业特征因素有产品差异化、规模经济、进入壁垒和国际直接投资等。现代计量经济学的运用使得对产业内贸易决定因素的研究取得了实质性的进展。虽然由于汇总水平、计量方法、使用模型的差异、不同行业和国家的产业内贸易水平的决定因素和影响程度都不同，但是大体和理论假设是一致的。同时，实证研究的结果也在不断促进理论研究的进一步发展。

最近几年国外研究集中在经济飞速发展的东亚国家中，具体的一些实证结果如下：Chan-Hyun Sohn 和 Zhaoyong Zhang（2005）研究了东亚国家的产业内贸易和收入差距以及外国直接投资之间的关系。他们使用日本和其他东亚国家 1990 ~ 2000 年制造业的进出口数据，发现日本和其他东亚国家的产业内贸易占到总贸易额的 20% 左右，研究结果表明人均收入和水平型产业内贸易是不显著负相关，和垂直型产业内贸易显著正相关。日本跨国公司海外直接投资对东亚区内垂直差异化产品产业内贸易迅速增长起到了重要作用，垂直差异化产品的产业内贸易有可能是由要素禀赋不同引起的，而地理距离远近与其显著负相关。

Toru Kikuchi，Koji Shimomura 和 Dao-Zhi Zeng（2005）通过扩展标准李嘉图贸易模型，建立了两个国家、两种产业的模型，认为在垄断竞争的前提条件下，两国之间技术差异程度对产业内贸易有很重要的影响。由于一体化产生的技术扩散导致国家之间技术标准化，促进产业内贸易的发生，同时两国之间相似产业的比例越大，则产业内贸易发生的可能性越大。对于发达国家和发展中国家来说，产业内贸易是相对工资率趋于平衡的结果，也就是说由于技术差异导致的产业之间的生产率的差异和工资率的差异，而相对工资均衡化的动机促使了产业内贸易的发生。

Hyun-Hoon Lee 和 Chan-Hyun Sohn（2004）使用 GL 指数和边际产业内贸易指数衡量韩国和不同伙伴国之间产业内贸易状况。他们对韩国 1991 ~2000 年的数据分析，发现中国、马来西亚、菲律宾等和韩国有着互补比较优势的国家，边际产业内贸易增长很快。产业内贸易程度和边际产业内贸易程度与贸易不平衡和地理距离是显著负相关，与贸易开放度显著正相关，而国民收入和人均国民收入对其没有影响，规模经济和需求多样化这两个因素对韩国的产业内和边际产业内贸易的影响不显著。他同时提出使用边际产业内贸易指数并不能够非常精确地分析要素市场的调整成本，因此需要不断研究更精准的估算指数。

Kishor 和 Sharma（2004）实证检验了自由化贸易政策引致的国内结构调整对产业内贸易和垂直型产业内贸易的不同影响。他把澳大利亚制造业产业内贸易分为水平型和垂直型产业内贸易，对比了贸易自由化政策前后两种模式的变化和其决定因素。得出结论，市场结构因素在自由化之前对垂直产业内贸易没有显著影响，但自由化之后有显著和负面相关关系；自由化之前的水平型产业内贸易和规模经济正向相关，和研发程度负向相关，而自由化之后这些因素对水平产业内贸易影响不显著。他同时提出区分水平型和垂直型产业内贸易的标准应该更加完善。

Joakim 和 Gullstrand（2002）关注南北贸易中的产业内贸易情况和影响因素。南北产业内贸易同时具有垂直产业内贸易和水平产业内贸易的特征。他认为在南北贸易中，收入分配和单位资本收益这些需求方面的影响因素对垂直型产业内贸易非常重要。他使用新古典 H－O 模型，选取 8 个欧盟国家和 52 个中低收入水平国家作为经验分析来验证假设，得出结论：贸易两国的单位资本收益水平相似的条件下，对于南方国家而言，国内收入分配的不均等会加大垂直产业内贸易，而对于北方国家则恰恰相反。两国单位资本收益差异和市场大小对南北垂直型产业内贸易显著正相关。Stanley（1999）对美国与发展中国家之间产业内贸易的决定因素进行分析时发现发展中国家的市场容量、经济发展水平和贸易方向与其正相关，地理距离远近与其负相关，要素禀赋差异程度与其负相关，规模经济因素的影响不确定，并且产业内贸易主要集中在存在全球化生产体系的非标准化、订购性的垂直差异化劳动密集型产品方面，工资差异是促使南北贸易中产业内贸易发展的重要因素。而对英国玩具业南北产业内贸易的经验分析结果表明其更具有水平差异化的特征。

Bernadette 和 Andreosso-Callaghan（2001）分析区域经济一体化对产业内贸易的影响，从日本的对外直接投资角度解释 EU 和 ASEAN 两个一体化经济体之间高技术产业的产业内贸易的状况，分析了产业内贸易、外国直接投资、企业间贸易的关系。日本对外直接投资是导致 EU 和 ASEAN 之间电子制造业和化工产业的产业内贸易增加的最主要解释变量。在化工产业，产业内贸易和两个经济体 GDP 差异反向相关；而在电子制造业，表现为正相关。这是由于全球专业化的分工网络的形成，日本在 EU 和 ASEAN 两个经济体的子公司之间的企业内贸易增加。对于运输设备产业，由于日本公司在其海外子公司建立了区域整合的生产网络，因此两个经济体之间的产业内贸易很少。

Kandogan（2003）研究的是转型国家贸易的决定因素。不需要进出口单位价值，只利用产业目录下各产品进出口金额的累加，把产业内贸易细分为水平产业内贸易和垂直产业内贸易。利用固定效应模型进行了实证分析，得出如下结论：转型国家的水平产业内贸易主要由规模经济、收入相似程度和产品的差异性决定的，符合规模报酬递增理论；转型国家的产业间贸易和垂直产业内贸易，则受到比较优势、收入差异程度和贸易伙伴国的发达与否等因素影响，这可以用 H－O 模型来解释，但是模型检验的置信度不高。

Fukao（ 2003 ）针对日本制造业部门，研究了劳动国际化分工的加剧对日本要素聚集的影响。发现诸如资本——劳动比率和熟练工人比例等宏观经济因素的变动对产业内贸易的推动很大。尽管日本对东亚其他地区和国家的投资很大而且垂直产业内贸易增长很快，但是实证研究表明劳动国际化分工的加剧对日本各行业的资本密集程度没有显著的作用。而且，如果日本同时也生产劳动密集型产品的话，会提高该行业对熟练劳动力的需求。同时，日本专注于资本密集型产品的生产也不会降低其资本的富裕程度。相关的政策建议是：日本不应该因为资本的充足，就仅仅专注于资本密集型产品的生产和出口。

以上关于决定因素的分析都把产业内贸易分为水平型和垂直型分别讨论，但 Nasser 和 Al-mavali（2005）使用贸易引力模型对决定南非产业内贸易的国家特征因素分析，发现区分水平型产业贸易和垂直型产业内贸易并没有多大的意义，原因是两者的决定因素是一致的。

四、产业内贸易研究的拓展

（一）研究领域的拓展

近期的研究涉及跨国公司与产业内贸易的关系，服务业的产业内贸易以及环境，知识产权保护对产业内贸易的影响等新的领域。例如，Markusen（2001）构建了一个有关商品贸易和跨国公司子公司生产的一般均衡模型，结果发现产业内贸易水平随着双边贸易成本上升而下降，但随着双边投资成本的上升而上升；当国家更加富裕，而且规模和要素禀赋越相似时，产业内子公司的销售指数相对于产业内贸易指数上升得越多。这说明在跨国公司存在的情况下，子公司在同一产业的跨国生产和销售在取代一般意义上的产业内贸易。Hartmut 和 Egger（2004）则从跨国公司利润汇回的角度证明了在跨国公司存在的情况下，不平衡的利润汇回及贸易成本均会对 G－L 指数造成扭曲，从而构建了一个有关贸易与跨国公司的三要素一般均衡模型，并对产业内贸易指数进行修正。

Nasser 和 Al-Mawali（2005）基于知识产权保护的国际差异角度，对双边产业内贸易流量的影响进行了经验研究。他认为根据南非制造业统计数据分析发现：知识产权保护和贸易伙伴国的模仿能力就本身而言都不是决定产业内贸易（水平型产业内贸易和垂直型产业内贸易）的重要因素。比如说一个国家拥有很强的模仿能力，但同时具有很强的知识产权保护能力，所以不会给贸易带来阻碍。但是知识产权保护和模仿能力的共同作用会对产业内贸易产生重大影响，比如说在模仿能力较弱的国家之间，外国知识产权保护和垂直型产业内贸易流是负相关关系。在模仿能力中等或是较强的国家之间，外国知识产权保护和产业内贸易是正相关关系。

Hyun-Hoon 和 Peter Lloyd（2002）利用 OECD 和 Eurostat 国际服务贸易的统计数据，分析了 20 个 OECD 国家的 1992～1996 年服务业产业内贸易状况，计算得出这些国家在此期间的平均 GL 指数为 0.73，而且多数国家的水平产业内贸易指数非常稳定。Donghui Li，Fariborz Moshirian 和 Ah-Boon Sim（2003）首次实证测量了美国和其伙伴国保险服务业产业内贸易的程度，验证了 7 个因素对产业内贸易的影响。具体是：单位资本收益差异和产业内贸易负相关，市场集中度和产业内贸易正相关，贸易不平衡和产业内贸易负相关，市场大小和产业内贸易负相关，国际直接投资对产业内贸易增长起促进作用，跨国公司向与其海外子公司服务产品的流量和产业内贸易负相关，国内市场开放程度和产业内贸易正相关 。此后，他们在 2005 年实证分析了美国和其伙伴国银行服务业的产业内贸易的影响因素，所得结果和保险服务业基本一致。

（二）研究角度的变化

随着国际分工的深化，同一产业或行业内同一产品的不同生产阶段（生产环节）之间的垂直专业化分工越来越明显，其表现形式是包含中间品的垂直型产业内贸易。垂直专业化分工使得标准贸易理论的研究视野由产品间分工扩展到产品内分工，因此，对垂直专业化分工的研究拓展了产业内贸易研究的角度。

目前的研究基本上是两个思路：

第一个思路是沿着传统贸易理论比较优势的思路，研究国家之间劳动生产率或要素禀赋的差异对垂直专业化分工的决定作用，认为比较优势是产品内分工的重要基础。在解释垂直专业化的起因及分析其经济影响时，都同样应用了李嘉图模型、赫克歇尔—俄林模型、特定要素模型等比较优势理论的模型框架。Hummels（2001）沿用李嘉图连续商品模型，构造了一个一种要素、两个国家的两阶段垂直专业化模型，该模型说明，垂直专业化贸易对经济增长的作用至少体现在两个方面：一是一国可以从专业化分工中获得好处，从而提高劳动生产率；二是垂直专业化贸易的乘数效应。在垂直专业化贸易中，配件、零部件和半成品在加工成最终产品并到达消费者之前需要多次通过海关，这就意味着关税对生产成本有倍增效应，因此，垂直专业化贸易能够扩大贸易壁垒降低带来的贸易利得。Kei-Mu Yi（2003）发展了关于垂直专业化的正式模型，通过两个国家动态李嘉图模型很好地刻画了在生产国际化、产品价值链全球重新分布的情况下国与国之间的贸易和产业分工关系。国际分工形式的改变使国际分工利益不再取决于企业产权和产品的产地，而是取决于参与国际分工的要素的数量和质量的增加，因此潜在的贸易量也会增加。Helg 和 Tajoli（2003）考察了垂直专业化分工对劳动力市场的影响，分析其对相对劳动需求的影响方式。当垂直产业化分工出现时，受影响的产业的相对要素密集度将会发生改变。Kohler（2001）运用一个特殊要素贸易模型分析了垂直专业化分工对国家福利和要素价格的影响。他的分析建立在一个完全竞争的两要素、两部门的开放经济之上，垂直专业化分工将使得原生产国的工资降低，同时收入分配效应将提高资本的收益，而对原生产国的整体福利的影响并不明确。

第二个思路是在新贸易理论框架内，在不完全竞争的市场结构下，把产品内分工和跨国公司的对外投资联系起来，将产业组织与契约理论的概念纳入贸易模型，考察跨国公司的行为动机、不完全契约和企业的产权形式对产品内分工的决定作用以及影响。也就是将贸易与企业组织模式选择相结合，以解释国际垂直专业化，特别是外包的发生。这一分析框架代表了国际垂直专业化理论与实证研究领域一个新的重要分支。McLaren（2000）应用交易成本理论分析外包与垂直一体化生产之间，或国内外包与国际外包之间的权衡，在分析中考虑市场厚度的一般均衡分析。Marin与Verdier（2003）应用委托—代理理论分析通过垂直一体化保持控制与外包之间的权衡。Grossman与Helpman（2004）应用激励系统理论分析企业在垂直一体化生产与契约外包之间的选择。Antràs与Helpman（2004）应用产权理论分析企业在垂直一体化生产与契约外包之间的选择。Levchenko（2004）和Nunn（2005）研究契约外包的情况下，各国制度差异对契约执行质量的影响。

参考文献

1. Aquino, 1978, Intro-industry trade and infra-industry specialization as concurrent sources of international trade in manufactures, Weltuirtschaftliches Archiv, Vol . 114.

2. Azhar, A. K, Elliott, 2003, On the Measurement of Trade, Induced Adjustment, Weltwirtschaftliches Archiv, Vol. 139 (3) , pp. 419 –439.

3. Azhar, A. k, Elliott, 2003, On the Measurement of Trade, Induced Adjustment, Weltwirtschaftliches Archiv, Vol. 139 (3), pp. 419 –439.

4. Antràs, 2004, Firms, Contracts and Trade Structure, Quarterly Journal of Economics, (118): pp. 1375 –1418.

5. Al-Mawali, Nasser, 2005, Disentangling total intra-industry trade into horizontal and vertical elements Atlantic Economic Journal, Dec, Vol. 33, Issue 4, pp. 491 –492.

6. Brander, J&Krugman P. R. , 1983, "A reciprocal Dumping" Model of International Trade, Journal of International Economics, pp. 313 –321.

7. Bergfitrand, 1983, Measurement and determinants of intro-industry international trade. In Tharakan.

8. Briilhart, 1994, Marginal Intra-Industry Trade; Measurement and Relevance for the Pattern of Industrial Adiustment, Weltwirtschaftliches Archiv. Vol. 130 (3): pp. 600 – 613.

9. Brülhart and Elliot, 2002, Adjustment to the European single market: inferences from intra-industry trade patterns, Journal of Economic Studies, Vol. 25, No. 3, pp. 225 – 247.

10. Bernadette, Andreosso-O'Callaghan, Bassino, 2001, Explaining the EU_ ASEAN intra-industry trade through Japanese foreign direct investment, Journal of the Asia Pacific Economy, Jun 2001, Vol. 6, Issue 2, pp. 179 – 193.

11. Chan-Hyun Sohn, Zhaoyong Zhang, 2005, How intra-industry trade is related to income difference and foreign direct investment ? East Asia Asian Economic Papers, Vol. 4, Issue 3, pp. 143 – 156.

12. Donald R. Davis, 1995, Infra-industry trade: a Hechscher-Ohlin-Ricardo Approach, Journal of International Economics, 39, pp. 201 – 226.

13. Falvey, R. E. &H. Kierzkowski, 1987, Product Quality, Intra-Industry Imperfect Competition, H Kierzkowski, (ed.), pp. 143 – 161.

14. Fontagne, Freudenberg, 1997, Intro-industry trade: methodological issues reconsidered. CEPII working paper.

15. Fukao, Kyoji; Ishido, Hikari, 2003, Vertical intra-industry trade and foreign direct investment in East Asia, Journal of the Japanese & International Economies, Dec, Vol. 17 Issue 4, P. 468.

16. Grubel and Lloyd, 1975, Infra-industry trade: the theory and measurement of iruerrsational trade in differentiated products, New York, Wiley.

17. Grubel. H. G. & Lloyd, P. J. , 1975, Intra-Industry Trade: The Theory and Measurement of International Trade in Differ-entiated Products, London The Macmillan Press Ltd.

18. Greenaway, Hine and Milner, 1994, Country specific factors and the pattern of horizontal and vertical intro-industry trade in the LK, Review of World Economics, Vol. 130, pp. 77 – 79.

19. Grossman, Gene M. and Elhanan Helpman, 2004, Managerial Incentivesand International Organization of Production, Journal of International Economics, (63): pp. 237 – 262.

20. Gullstrand, Joakim, 2002, Demand patterns and vertical intra-industry trade with special reference to North-South trade, Journal of International Trade & Economic Development, Dec, Vol. 11, Issue 4, pp. 429 – 455.

21. Hummels, David, Jun Ishii and Kei-Mu Y. i, 2001, The Nature and Growth of

Vertical Specialization in World Trade. Journal of International Economics, (54): pp. 75 - 96.

22. Helg, Rodolfo and Tajoli Lucia, 2003, Patterns of international fragmentation of production and implications for the labor markets, Flowenla Discussion Paper 14.

23. Hyun-Hoon Lee; Chan-Hyun Sohn, 2004, South Korea's Marginal Intra-Industry Trade and the Choice of Preferential Partners, Asian Economic Papers, Sep, Vol. 3, Issue 3, pp. 94 - 116.

24. Hyun-Hoon Lee; Chan-Hyun Sohn, 2004, South Korea's Marginal Intra-Industry Trade and the Choice of Preferential Partners Asian Economic Papers, Sep, Vol. 3, Issue 3, pp. 94 - 116.

25. Kikuchi, Toru; Shimomura, Koji; Dao-Zhi Zeng, 2006, On the Emergence of Intra-industry Trade, Journal of Economics, Jan, Vol. 87, Issue 1, pp. 15 - 28.

26. Kandogan, Yener, 2003, Intra-industry trade of transition countries: trends and determinants Emerging Markets Review, Sep, Vol. 4, Issue 3, P. 273.

27. Kohler, 2001, A specific-factors view on outsourcing, North American Journal of economics and Finance, 12: pp. 31 - 53.

28. Lancaster, K. , 1980, Intra-Industry Trade under Perfect Monopolistic Competition, Journal of International Economics, Vol. 10, pp. 151 - 175.

29. Lovely and Nelson, 1999, Marginal Intra-industry Trade and Labor Adjustment in a Division of Labor Model.

30. Li, Donghui; Moshirian, Fariborz; Sim, Ah-Boon, 2003, The determinants of intra-industry trade insurance services, Journal of Risk & Insurance, Jun, Vol. 70, Issue 2, pp. 269 - 287.

31. Levchenko, 2004, Institutional Qualityand International Trade, IMF Working Paper, WP/04/231.

32. Markusen, Maskus, 2001, A unified approach to infra-industry trade and direct foreign investment, NBER working paper 8335.

33. McLaren, John, 2000, Globalization and Vertical Structure (2000), American Economic Review 2000, 90 (5): pp. 1239 - 1254.

34. Marin, Dalia and Thierry Verdier, 2003, Globalization and the Empowerment of Talent, Centre for Economic Policy Research Discussion Paper, No. 4129.

35. Nunn, Nathan, 2005, Relationship-Specificity, Incomplete Contracts and the Pattern of Trade, Department of Economics and Institute for Policy Analysis, University of Toronto.

36. Paul Krugman, 1979, Increasing Returns, Monopolistic Competition and International Trade, Journal of International Economics November 9: pp. 469 - 479.

37. Shaked, A. and Sutton, J. , 1984, Natural oligopolies and international trade. In Kierzkowski.

38. Sharma, Kishor, 2004, Horizontal and vertical intra-industry trade in Australian manufacturing: does trade liberalization have any impact? Applied Economics, 8/20/2004, Vol. 36 Issue 15, pp. 1723 - 1730.

39. Thom R. and MeIMwell, 1999, Measuring marginal infra-industry trade, Wekwirtschaftliches Archive Vol. 135, pp. 48 - 61.

40. 韩燕：《产业内贸易研究综述》，载《首都经济贸易大学学报》2005 年第 6 期。

责任编辑：吕　萍　于海汛
责任校对：徐领弟
版式设计：代小卫
技术编辑：潘泽新

国外经济热点前沿

（第四辑）

黄泰岩　主编
经济科学出版社出版、发行　新华书店经销
社址：北京市海淀区阜成路甲 28 号　邮编：100036
总编室电话：88191217　发行部电话：88191540
网址：www. esp. com. cn
电子邮件：esp@ esp. com. cn
汉德鼎印刷厂印刷
永胜装订厂装订
787 × 1092　16 开　14. 5 印张　240000 字
2007 年 6 月第一版　2007 年 6 月第一次印刷
印数：0001—5000 册
ISBN 978 - 7 - 5058 - 6430 - 6/F · 5691　定价：25. 00 元